汲古選書 43

『老子』考索

澤田多喜男著

『老子』考索 目次

まえがき

正直にいって私は、これまで自分に得心のいった文章を書けたためしがない。その文章を本にして出すことにはかなりの抵抗があった。しかし出版する以上は、恥を忍んで堪えるほかない。またこのたび本を出版するにあたって、題名をどうするかいささか困惑した。これまでに書いたものは、研究すなわち研き究めるといったこととは程遠いし、また論文といえるものではないと思っている。したがって『何々研究』、『何々論文集』という書名はとてもつけられたものではない。それと、第一章から始まって、終章まで次々と一貫性をもって續けていく文章というのは、私のように怠惰なものにとって、どうも一貫性のために無理をしてしまい人工的になり、心にもない嘘をつきそうな心配が消え去らない。そこでどこから讀んでもらってもよいように第何章というものも附けない、ただそれぞれの文章の題名だけを竝べた書籍となった。ところが書籍の題名はつけないわけにはいかない。あれこれ考えているうちに、若いころに『莊子』外雜篇のことを調べていたとき、「〝莊子〟〝外〟〝雜篇〟探源」という論文を収めた羅根澤先生の『諸子考索』という書籍にめぐり逢ったことを思い出した。そしてその「考索」という名稱がいたく氣に入っていた。この名稱なら、考え索ぐるということで、その程度のことはしたのではないかと考えた。そこで羅根澤先生の書名にあやかって、これまでの雜文のうち『老子』に關わるものだけを集めておこがましくも《『老子』考索》という書名をつけて出版することとした。

いままで多くの方々から學恩をこうむりながら、何も報いることができないことを心苦しく思っていたので、いささかなりともそれに報いることができればと思っている。しかし何分にも世間の諸問題とは縁遠いことばかりしていたので、報いることができるかどうか心もとないところである。

從來からの『老子』に關係する公開されている文獻ですら、まだ目を通し究明すべきことは多く殘されていることは明白である。それらに本格的に面と向って手をつけていないことは怠惰の誹りをまぬがれない。しかしまだ考索の途中であるとはいえ、考索しているうちにそれでも人の作り出してきた思想史なるものが、どれほど信用できるものか、人の作り出してきたものとは何なのかを考えさせられたことは確かである。これから研學に向う人たちの一里塚になれば、望外の慶びである。『老子』に心醉している方々は多いと思われるが、そうした人々からは恐らく顰蹙を買うことになるであろう。しかしいずれにせよ、『莊子』にいう「以俗觀之、貴賤不在己」(秋水)、であって、評價は世間樣次第ということで、私はそれを平心に受け入れるだけである。

恐らく誤りも多いかと思うので、ご指摘いただければ大變ありがたく、率直に受け入れ訂正してよりよいものにしたいと思っている。

內容のあらましは、『老子』については、從來からその著者は不明というのが周知のことであった。『史記』の傳記では孔子の先輩である人物の著作とされているようであったが、『老子』という書籍の思想内容からして、孔子より前の時代ではありえないというのが、專門家の一致した見解のようである。しかしその書籍の成立時期は客觀的資料の缺如のため論證が不可能であった。ところが一九七三年、前漢の文帝頃の墓から、竹簡ではなく、錯簡のありえない帛に書かれた現行本『老子』と內容と量とがほぼ同じ書籍が出土した。これは中國古代思想の研究者にとって、二十世紀での極めて瞠目すべき出來事であった。これまで現行本『老子』に錯簡があるとして、所謂大家が他の書籍などをよりどころとして、綿密に比較檢討して『老子』の本文を大幅に改編した。その成果は全集にまで入っているが、帛書『老子』の出現によって、現段階ではその改編の努力は水泡に歸したことは明白である。帛書と現行本『老子』との閒には、重要な點での多少の文字の異同や章序の異同、および分章の相違などがあること、さらには帛書の一種の文末に、篇名乃至書名及び章名と文字數の記されているものがあり、このことから、現行本『老子』とほぼ同文の帛書は〈老子〉という名稱ではないことも明らかになった。しかもその後、出土した現行本『老子』に類似する帛書や竹簡からも〈老子〉という書名はまったく見當らない事實も確認できることとなった。ただ『老子』の中國思想史上での影響の大きさを考慮してか、〈老子〉という名稱はみえないという事實は、新たに出土した資料から明らかになったにも拘らず、〈老子〉という名稱は使用され續けている。

そこで新たに出土資料と現行本『老子』との比較檢討をするとともに、現存諸文獻を精査することによって、〈老子〉なる名稱の書籍は漢代のある時期から認められる。少なくとも現時點では、それ以前には、出土資料にも〈老子〉なる名稱の書籍はなかったことが明らかになった。これは單に出土資料によってだけではなく、現存の道家系の周邊文獻資料の檢討からも論證されることである。ここに古來から或る特定の人物の手になる一貫した思想の〈老子〉なる名稱の書籍がはじめから存在したという幻想は終りを告げることとなる。ただし『老子』の後代における思想史上のさまざまな大きな影響についての評價は、また別に考えるべき問題だと思う。

二〇〇五年六月

『老子』考索

老子——人物と書籍

前　言

この問題を扱うにあたっては、書籍の思想内容などにたちいって考察することは愼重でなければならない。とりあえずは書かれた事實に卽して述べ、主觀的な接近は避けるべきであろう。老子の人物についても『史記』の傳記を平心に讀むならば、どれほどの信頼がおけるものかは自ずから解るはずであろう。書籍についても、かつて武内義雄『老子の研究』[1]では、多くの周邊の資料を使いながらも、現代の論理的思考からは不自然であるとして、錯簡だと稱して大幅な改編を行い、その成果は氏の『全集』にまで入っている。しかしながら、馬王堆出土の帛書の出現によって改編したことの決定的な誤りであることが明らかになった。帛書では破損して判讀不可能な箇所はともかく、現行本『老子』(以下、『老子』と稱す。およそ版本として傳承されたものを指す)の文章は、多少の文字や章序の相違はあるものの、錯簡などありえないから氏の努力は水泡に歸したといえる。私たちが眼にする古代の文獻は、いわばこま切れな文章が多く、すべてが論理的に一貫した文章は少ないといえよう。先秦の儒家系の書籍などは隨分整っていて、よほど整理者が手を加えて整えたのではないかと思われる。『荀子』

などかなり篇名に卽した文章が整っているが、それでもかなり篇名とは不自然な内容のものが一篇にまとめられたりしている。漢代初期の董仲舒の作とされる『春秋繁露』でもかなり斷片的で一貫しない文章が認められる。帛書でも《德篇》《道篇》と名づけられながらも、それぞれの篇に「道」も「德」も混入して說かれている。かつて武内義雄『老子原始』では『老子』には、道家言ばかりでなく縱横家言や兵家言や法家言なども混入していること、そうした諸家の文章を秦漢の際にまとめたものが『老子』だと指摘しているが[2]、それは閒違いのない事實であると考えられる。そうしたさまざまな思想の混在を認めたように、各章の文章もあるがままに認めて『老子』という書籍を扱うべきであったと思う。ただし、あるがままとはいうものの單純に鵜呑みにするということではない。どこをどう檢討するかは、各人が自分のできる限りの知識で行うほかない。

一 『老子傳』考

老子の傳記は、『史記』の列傳にある。しかし列傳にみえる戰國の思想家たちの傳記はいずれもあまり信用できない。例えば莊子の傳記のばあいなど、『莊子』にみえる二種類の莊子說話を一部ずつ繫げて作られている。老子のばあいも同樣にあまり信用できない。第一に三人の老子ではないかとされる人物を擧げている。すなわち李耳・老萊子・太史儋である。司馬遷は老子が誰であったかに確信がもてなかったのであろう。その中で李耳の傳記が最も詳しく、姓・名・字から出生地の鄉・里まで記している。すなわち次のように始まる。

老子者、楚苦縣厲鄕曲仁里人也。姓李氏、名耳、字聃。(3) 周守藏室之史也。孔子適周、將問禮於老子。(4) 老子曰「子所言者、其人與骨皆已朽矣、獨其言在耳。且君子得其時則駕、不得其時則蓬累而行。吾聞之、良賈深藏若虛、君子盛德容貌若愚。去子之驕氣與多欲、態色與淫志、是皆無益於子之身。吾所以告子、若是而已。(5)」孔子去、謂弟子曰「鳥、吾知其能飛、魚、吾知其能游、獸、吾知其能走。走者可以爲罔、游者可以爲綸、飛者可以爲矰。至於龍、吾不能知其乘風雲而上天。吾今日見老子、其猶龍邪。(6)」老子脩道德、其學以自隱無名爲務。居周久之、見周之衰、迺遂去。至關、關令尹喜曰「子將隱矣、强爲我著書。」於是老子迺著書上下篇、言道德之意五千餘言而去、莫知其所終。

或曰、老萊子亦楚人也、著書十五篇、言道家之用、與孔子同時云。

蓋老子百有六十餘歲、或言二百餘歲、以其脩道而養壽也。(7)

自孔子死之後百二十九年、而史記周太史儋見秦獻公曰、「始秦與周合、合五百歲而離、離七十歲而霸王者出焉。」或曰儋卽老子、或曰非也、世莫知其然否。老子、隱君子也。

老子之子名宗、宗爲魏將、封於段干。宗子注、注子宮、宮玄孫假、假仕於漢孝文帝。而假之子解爲膠西王卬太傅、因家于齊焉。

世之學老子者則絀儒學、儒學亦絀老子。「道不同不相爲謀」(『論語』衛靈公40の語)、豈謂是邪。◯

李耳無爲自化、清靜自正。(8)

(『史記』巻六三、老子韓非列傳)

この傳記で、先ず氣がつくのは、どこで亡くなったか不明で、歴史的に年代の確實な君主などとの接點もない人物でありながら、國や郡縣はともかく鄕里まで明確にわかっているのは不思議である。しかも、その縣・鄕・里の名稱が、「苦」は苦しい、「厲」は癩病に通じる（『莊子』齊物論篇に「厲與西施、通爲一」とみえ、美人と對比する醜い人物の代表とされている）、「曲仁」は儒家の最高の道德原理「仁」に關係し、曲がった仁、或は仁を曲げた、の意味に通ずる、儒家批判に通ずるものである。これは隨分ひねくれた縣・鄕・里の名稱であり、作爲的だと考えられる。從ってこの出身地は信用できない。

老子が「禮」に詳しい者とされ、それを學ぶべく孔子は彼のいる周にまで訪れるが、老子に會見して忠告され、そのことばに感心してか、老子の印象を萬能の能力をもつ「龍」のごとき人だと弟子に語っている。老子と孔子との會見は儒家側の書籍にもみえるが、老子が「禮」に通じており、孔子が彼に「禮」についての教えを乞うたというのは、どこまで事實かは明らかではないが、『史記』に、

孔子年十七、魯大夫孟釐子病且死、誡其嗣懿子曰「孔丘、聖人之後、……今孔丘年少好禮、其達者歟。吾卽沒、若必師之。」及釐子卒、懿子與魯人南宮敬叔往學禮焉。是歲、季武子卒、平子代立。……魯南宮敬叔言魯君曰「請與孔子適周。」魯君與之一乘車、兩馬、一豎子俱、適周問禮、蓋見老子云。辭去、而老子送之曰「吾聞富貴者送人以財、仁人者送人以言。吾不能富貴、竊仁人之號、送子以言、曰〈聰明深察而近於死者、好議人者也。博辯廣大危其身者、發人之惡者也。爲人子者毋以有己、爲人臣者毋以有己。〉」孔子反于魯、弟子稍益進焉。（卷四七、孔子世家）

とみえる。また特に孔子が老子に教えを乞うという說話はどのような狀況で作られたものか検討が必

要であろう。すなわち司馬遷の活動期は、儒家思想よりも道家系の黄老思想が支配者層に盛行していたという状況を考慮しておくことである。

また老子の學問や著作についても、傳記に示された著作の内容や形態・量が所謂『老子』と極めて類似するところから、『老子』の著者であると一般には考えられ、司馬遷もそう考えていたふしも認められる。しかし、そうではないと考えていたらしい點もある。事實、『史記』にはしばしば所謂『老子』の語句を老子或は老氏のことばとしているが、そうでない事實もあることは、やはり注意すべきであろう。

さらに「禮」に通じており、孔子がその教えを乞いに周へ行き、教訓を與えられ、しかのみならず老子を讚嘆するということは、いかなる事情からそうした説話が作成されたのかは不明である。讚嘆はともかく教えを乞う話は他の儒家系の書籍にもみえている。

しかしいずれにしても最も詳細な傳記は李耳であり、かつその子孫の系譜まで記されていることからして、また五千餘言の「道德の意」を述べた著作があるとの記述は現存する書籍との整合性もあり、決定的ではないにしても、彼についての傳承がもっとも信頼できると、司馬遷は考えていたと思われる。しかし決定的に李耳が老子であり『老子』に近い著作の著者だと確信をもっていたかどうかは明らかではない。そのことは種々あるが、次に示す『史記』をみれば自ずから明らかになろう。すなわち、

(1)或曰「天道無親、常與善人」〈七十九章〉。若伯夷・叔齊、可謂善人者非邪。積仁絜行如此而餓死。

……余甚惑焉、儻所謂天道、是邪非邪。（卷六一、伯夷列傳）

(2)太史公曰、女無美悪、居宮見妒、士無賢不肖、入朝見疑。故扁鵲以其伎見殃、倉公乃匿跡自隱而當刑。緹縈通尺牘、父得以後寧。故老子曰「美好者不祥之器」〈三十一章〉、豈謂扁鵲等邪。若倉公者、可謂近之矣。＊（なお「美好者不祥之器」は、『老子』には「夫佳兵者、不祥之器」〈三十八章〉とあるが、それに相當するか。帛書では「佳」字がない。）（卷一〇五、扁鵲倉公列傳）

(3)老氏稱「上德不德、是以有德。下德不失德、是以無德」〈三十八章〉。「法令滋章、盜賊多有」〈五十七章〉。（卷一二二、酷吏列傳）

(4)太史公曰、……故曰「聽訟、吾猶人也、必也使無訟乎」。「下士聞道大笑之」〈四十一章〉。非虛言也。（卷一二二、酷吏列傳）

(5)居三日、宋忠見賈誼於殿門外、乃相引屏語相謂自歎曰、道高益安、勢高益危。……爲人主計而不審、身無所處。此相去遠矣、猶天冠地屨也、此老子所謂「無名者萬物之始」〈一章〉也。（卷一二七、日者列傳）

(6)『老子』曰、「至治之極、隣國相望、鷄狗之聲相聞、民各甘其食、美其服、安其俗、樂其業、至老死不相往來」〈八十章〉。必用此爲務、輓近世塗民耳目、則幾無行矣。（卷一二九、貨殖列傳）

〔〈 〉括弧内は『老子』の章序〕

などとみえていて、伯夷列傳や酷吏列傳などでは老子のことばとはされておらず、或る人または或る書のことばともとれる。貨殖列傳の『老子』の言は、『老子』の前半がなく、『老子』にない「至治之極」の句が加っている。これは『莊子』に「至德之世」の有様として「昔者容成氏、大庭氏、伯皇氏、中央氏、栗陸氏、驪畜氏、軒轅氏、赫胥氏、尊盧氏、祝融氏、伏羲氏、神農氏、當是時也、民結繩而用之、甘其食、美其服、樂其俗、安其居、鄰國相望、雞狗之音相聞、民至老死而不相往來、若此之時、則至治已」（胠篋）として、老子のことばとしてではなく胠篋篇の作者のことばとして記されている。貨殖列傳では「至治之極」ということばがあるが、この『莊子』のことばを取ってきて、老子のことばとしたのではないかとも推測される。このことは『老子』のことばが、伯夷列傳では老子のこととされていないことと關係があろう。どうやら司馬遷は『老子』は老子の著作とは確信をもって考えておらず、搖れ動いていたのではないかと思われる。

そもそも姓に子をつけることは、孔子を初めとして一般的に行れるし、先學の指摘するように匡章や冉有が章子、有子と呼ばれ、子の上に名をつけて稱する例も稀にはある。しかし李耳なる人物が何故に老子と呼ばれるのかについては、すでに疑問が提出されているが、十分納得される説明はなされていない。六朝末から唐代にかけての資料を示す注にみえるような、奇怪な説明が生まれることとなったのもそのためではないかと思われる。姓が李、名が耳、字が聃であって、その人物を老子と稱するのは餘りにも不自然だからである。それでは李耳乃至老子はどう考えたらよいのか。

唐の張守節の『史記』注『正義』の一部を示せば、「……李母八十一年而生」（『朱韜玉札』や『神仙傳』）とか、「李母懷胎八十一載、逍遙李樹下、迺割左腋而生。」（『玄妙内篇』）とか「玄妙玉女夢流星入口而有娠、七十二年而生老子。」（同上）などと記す書籍を引用し、李耳が〈老子〉と呼ばれる理由を殊に釋迦の誕生説話を用いてまで、説明しようと苦心しているさまが明らかである。『史記』の本文には老子と李耳との關聯をつけようとする意圖はまったく見當らないのは、兩者を結びつけることが元來無理があったからだと考えられる。そうでなければ初めから兩者の關聯を明白に述べているはずであろう。

すでに觸れたことであるが[9]、近年でも次のような指摘がある。胡適は、名は耼、字は耳、別の字が「老」ではないかとして、春秋時代の字が先で後に名のくる例を擧げる。さらに字の下に「子」をつける例もあるとして、孔子の弟子の場合では冉求の字は有で、有子と呼ばれている例を擧げる。或はまた「老」は姓ではないか、古代では姓と氏は區別されたが、後にそれが混同されたのであって、老子の姓は「老」であったから、老耼とか老子と呼ばれたのだともいう（以上、胡適「老子略傳」（『古史辨』第四冊下所收、一九六三年、一九三八年初版））。また唐蘭は、古書にみえる老子の姓は李ではない、『史記』の老子傳は後人の改竄を經ている、博識な鄭玄すら「老耼、古壽考者之號也、與孔子同時」（『禮記』曾子問注）と云って李耳説を取っていない、の三點を擧げて「姓李氏、名耳」は信用できないとする（以上、唐蘭「老耼的姓名和時代考」（『古史辨』第四冊下編所收、一九六三年、一九三八年初版））。さらに羅根澤は、老子は太史儋に他ならないという（羅根澤「老子及老子書的問題」（『古史辨』第四冊下編所收、一九六三年、一九三八年初版））。譚戒甫は、『世本』『左氏傳』杜注『史記』などを考慮しながら、先秦で老子と呼稱されるのは、老萊子と老耼の二人だとし、周の老陽子の子孫が老耼ではないかという（譚戒甫「『史記』老子傳考正」（『古史辨』第六冊下編所收、一九六三年、一九三八年初版））。

次に傳記にでてくる老萊子については、

亦楚人也、著書十五篇、言道家之用、與孔子同時。

とあるだけで、著書は量的にも所謂『老子』とは異なる。

なお、老萊子については、『莊子』雜篇に次のようにみえる。

老萊子之弟子出薪、遇仲尼。反以告曰、有人於彼、修上而趨下、末僂而後耳、若營四海不知其誰氏之子。老萊子曰、是丘也。召而來。仲尼至。曰「丘、去汝躬矜、與汝容知、斯爲君子矣。」仲尼揖而退、蹙然改容而問曰「業可得進乎。」老萊子曰「夫不忍一世之傷、……」（外物）

この資料からみる限り、老萊子は孔子に忠告する先輩的な人物であり、孔子への老萊子の忠告は、先にみた李耳の孔子への忠告の一部と酷似すると指摘されている。司馬遷の莊子の傳記などをみると、『莊子』にみえる複數の莊周說話を斷片的にとり上げて繫ぎ併せて彼の傳記を作成している。そうした點を考えると、老子の傳記も幾つかの斷片的說話を參考にして作成されたものかもしれない。とにかく、『史記』にみえる先秦の思想家たちの傳記はあまり信用できないというほかない。

また『史記』の仲尼弟子列傳冒頭近くには、

孔子之所嚴事、於周則老子。於衞、蘧伯玉。於齊、晏平仲。於楚、老萊子。於鄭、子產。於魯、孟公綽。

などとあって、老子と老萊子は明白に別人だとしている。ところが老子本傳では、老萊子について單に同時代人とのみ記されていて、孔子との關係については何ら觸れていないのとは對照的である。[10]なお、上引の句に續く「蓋老子百有六十餘歳、或言二百餘歳、以其脩道而養壽也」の文は、老萊子についてのことかどうか不明である。人によっては太史儋の記述の後に、置かれるべきだとする。つまり最初にみえる李耳についての記述だというのである。確かに一理あるといえる。

周太史儋については、なんともいえないが、著作についての言及がなく、その姓も不明であり、その發言も『老子』とは何の關係もない。ただ、孔子の後輩ということで、『老子』に仁義批判がみえるところからこの著作が孔子より後のものであり、その點で年代的に合致することに著目して、老子との接點をみる向きもある。太史儋について、「自孔子死之後百二十九年、而史記周太史儋見秦獻公」とあり、秦の獻公（在位二十三年、前三八四－前三六二）に會見しており、孔子の死後百二十九年頃の人とされ、著作については言及がない。しかも「或曰儋卽老子、或曰非也、世莫知其然否」と附言し、老子と呼ばれる人物かどうか評價が定まっていないことを示している。[11]また續けて「老子、隱君子也」とあるのは、やはり儋のことについての言及かどうかは不明である。

また儒家と道家との確執を述べた後「李耳無爲自化、淸靜自正」の句は、唐の司馬貞のいうように、太史公の評語であろう。この傳記の中には『老子』のことばは、まったくみえず、老子のことばとしての引用もないのに、ここのみ「我無爲而民自化、我好靜而民自正、」（『老子』第五十七章）に類似のことばがあるのは、不自然と思われるからである。

ところで、傳記について老子のと孔子のとを單純に比較してみると、孔子のばあいは『論語』にみえる孔子のことばを多く引用しているのに對して、老子のばあいは『老子』のことばはまったく引用されていないのは不可解というほかない。老子と同じ『史記』の列傳にある韓非子の傳記でさえ、彼の自著かどうか現在では疑問が出されている『韓非子』の説難篇を引用していることを、考慮するとますます不可解である。『老子』は老子の著作であるかどうか検討が不可避であろう。

次に、系譜について孔子[12]と老子を比較してみると、先學もすでに指摘しているように、

○〈1〉老子（李耳）―〈2〉宗（魏將、封於段干）―〈3〉注―〈4〉宮―〈5〉○―
〈6〉○―〈7〉○―〈8〉假（仕於孝文帝）―〈9〉解（膠西王卬太傅[13]）

○〈1〉孔丘―〈2〉鯉（字伯魚）―〈3〉伋（字子思、年六二。作『中庸』）―
〈4〉白（字子上、年四七）―〈5〉求（字子家、年四五）―〈6〉箕（字子京、年四六）―
〈7〉穿（字子高、年五一）―〈8〉子愼（年五七、魏相）―
〈9〉鮒（年五七、陳王渉博士）―鮒弟子襄（年五七、孝惠帝博士、長沙太守）―
〈10〉忠（年五七）―〈11〉武―延年及〈12〉安國（今皇帝博士、臨淮太守）―〈13〉卬―
〈14〉驩

老子の子孫がいずれも長命であったとしても、老子の第九代目の子孫が、高祖の孫である文帝期の膠西王の太傅となったとされるのに對して、孔子の第十二代目の子孫がほぼ同世代の君主に仕えてい

ることになる。老子が孔子の先輩だとするとやはり繼承する世代數が不自然だと考えられている。こうした點でも李耳が老子で孔子の先輩だと考えるのは無理がある。從って李耳が老子であるとすることは不可能ではないかと思われる。孔子の先輩とされる李耳が『老子』の著者と考えるのも不可能である。ただ「老子廼著書上下篇、言道德之意五千餘言而去」とある記述は、『老子』と類似する點で、李耳卽ち老子說にかすかな可能性を殘している。しかし最終的には次の書籍についての考察を待たねばならない。

二 『老子』考

『老子』では、王弼注及び河上公注が注釋の代表とされて使用され、特に魏の王弼の『周易』注が象數『易』に對する義理『易』として尊重されるようになると、王弼注『老子』が一般的に通用するようになる。河上公は前漢の文帝期の人物だとされ、唐・陸德明撰『經典釋文』や唐・魏徵等撰『隋書』經籍志では最古の注釋とされるが、前漢末の事情を傳える『漢書』藝文志には記載されていない。前漢期の書籍であれば當然記載されているべきなのに、なぜ南北朝以降になって圖書目錄に記載されるようになったのか不明である。いま唐・魏徵等撰『隋書』、卷三十四、經籍志三　子部をみると、

『老子道德經』二卷（周柱下史李耳撰。漢文帝時、河上公注。梁有戰國時河上丈人注『老子經』二卷、漢長陵三老毋丘望之注『老子』二卷、漢徵士嚴遵注『老子』二卷、虞翻注『老子』二卷、亡。）

『老子道德經』二卷（王弼注。梁有『老子道德經』二卷、張嗣注；『老子道德經』二卷、蜀才注。亡。）

とあり、最古の注釋は河上公注で、「治身治國之要」を説くとされる政治的養生家的な注釋で現存する。他にも漢代の注釋はあったが現存しないという。ただ前漢末の書籍の狀況を傳える『漢書』藝文志には、河上公注は記載がないので、この注釋が前漢のものかどうか疑問視され、魏の王弼注が現存する完全な最古の注だと考えられている。魏の王弼注は、「妙得虛無之旨」とされる「無」を重視したいわば哲學的注釋である。

次いで遡って唐・陸德明撰の『經典釋文』序をみると、

……爲關令尹喜說道德二篇、尙虛無無爲。……

〔河上公〕作『老子章句』四篇以授文帝。言治身治國之要。其後談論者莫不宗尙玄言、唯王輔嗣妙得虛無之旨。今依王本博采衆家以明同異。

『河上公章句』四卷（不詳名氏）

『毋丘望之章句』二卷（字仲都、京兆人。漢長陵三老）

『嚴遵注』二卷（字君平、蜀都人。漢徵士。又作『老子指歸』十四卷）

『虞翻注』二卷

『王弼注』二卷（又作『老子指略』一卷）

『鍾會注』二卷

……

『蜀才注』二巻
『釋慧琳注』二巻
『想余注』二巻（不詳何人。一云張魯、或云劉表魯、字公旗、沛國豐人、漢鎭南將軍關內[14]）

とあって、河上公の『老子章句』四篇を擧げながら、王弼注本を基本とすると明言している。また序では書名は單に『老子』であるが本文の方では、『隋書』經籍志と同じく「老子道經音義」「老子德經音義」と「道經」「德經」という稱呼を使っている。『漢書』顏師古注にもこの「道經」「德經」の稱呼がみえることは、すでに別の拙稿で觸れている。

さらに遡って後漢・班固撰『漢書』卷三十、藝文志、諸子略・道家の項には、

『老子鄰氏經傳』四篇。（自注、姓李、名耳、鄰氏傳其學。）
『老子傅氏經說』三十七篇。（自注、述老子學。）
『老子徐氏經說』六篇。（自注、字少季、臨淮人、傳『老子』。）
『劉向說老子』四篇。
『老萊子』十六篇。（自注、楚人、與孔子同時。）
『鶡冠子』一篇。（自注、楚人、居深山、以鶡爲冠。）（師古曰、鶡鳥羽爲冠。）
『黃帝四經』四篇。
……右道三十七家、九百九十三篇。

とあって、『傳』や『說』はあるが、『注』はない。勿論、河上公の注本も記載されていない。從來は

王弼注が現存する完全な注釋の最古のものと考えられているが、最近では平明な注釋の河上公注の方が古いのではという見直しが検討されているといわれているが、究明途上の状況だといえよう。

次いで時代はいずれも明確ではないが、戰國末に死没した韓非子より後の誰の著作かは不明な『韓非子』解老・喩老篇などは、斷片的ではあるが最古の解説乃至は注釋であるといえる。これらの篇の十分な檢討はまだなされておらず、今後の『老子』研究の殘された課題といえよう。

前漢武帝期頃の狀況を傳える『史記』、戰國末から漢代にかけての著作とされる『莊子』、さらに前漢の淮南王劉安の食客らによる著作と考えられる『淮南子』の諸篇、集中的には道應篇などに『老子』理解の一端が窺える。

さて『史記』での『老子』の文章の扱いをみると、第七十九章のごときは、老子のことばではなく、或る人のことばとしているのは、司馬遷は誰のことばと考えたのであろうか。このことは、著作年代不明の『韓非子』解老・喩老篇や後にみる『莊子』で『老子』の文が、いずれも少しの例外を除いて〈老子〉の名稱を示さず、「故曰」として引用されていることや馬王堆出土の帛書での〈老子〉という書名の缺如と關聯するものと思われる。特に帛書は、前漢文帝期の筆寫とされる乙本で『老子』とほぼ同文の書籍でありながら、〈老子〉とは異なる書名が記されていることを考慮すると、先にも觸れたように司馬遷は『老子』と同文の書籍が〈老子〉であったか否か確信がもてず、搖れ動いていたのではないかと思われる。

司馬遷の『史記』より少し以前の淮南の食客の著作とされる『淮南子』では（一部のみ引用。〈 〉

括弧内は『老子』章序、道應篇所引の『老子』章序は末尾に記す）、

故老聃之言曰「天下至柔馳騁天下之至堅。出於無有、入於無閒、吾是以知無爲之有益」〈四十三章〉。

（原道）

太清問於無窮曰、子知道乎。……太清仰而歎曰、然則不知乃知邪。知乃不知邪。孰知知之爲弗知、弗知之爲知邪。無始曰、道不可聞、聞而非也。道不可見、見而非也。道不可言、言而非也。孰知形〔形〕之不形者乎。故老子曰「天下皆知善之爲善、斯不善也」〈二章〉。故「知者不言、言者不知」〈五十六章〉。……故老子曰「言有宗、事有君。夫唯無知、是以不吾知也」〈七十章〉。白公之謂也。……故曰「法令滋彰、盜賊多有」〈五十七章〉。此之謂也。

（道應）

惠子爲惠王爲國法、已成而示諸先生、先生皆善之。奏之惠王、惠王甚説之、以示翟煎、曰善。惠王曰、善、可行乎。翟煎曰、不可。惠王曰、善而不可行、何也。翟煎對曰、……治國有禮、不在文辯。故老子曰「法令滋彰、盜賊多有」〈五十七章〉。此之謂也。田駢以道術説齊王、王應之曰……田駢對曰「臣之言無政、……此老聃之所謂〈無狀之狀、無物之象〉〈十四章〉者也。」

（道應）

白公勝得荊國、不能以府庫分人、……故老子曰「持而盈之、不知其已。揣而鋭之、不可長保也」〈九章〉。

（道應）

趙簡子以襄子爲後、……故老子曰「知其雄、守其雌、其爲天下谿」〈二十八章〉。

（道應）

道應篇所引の『老子』章序（10・4・73・74・28・52・9・25・13・55・1・36・5・3・22・

70・22・45・4・78・78・27・2・21・7・39・23・28・20・27・71・52・莊子・38（72）・43・43・47・27・16・75・愼子・58・18・37）

とあるように、『老子』のことばは、ほぼ「老子」或は「老耼之言」として引用されている。この事實は、『淮南子』の時代或は地方或はある知識人集團では、『老子』とほぼ同文の書籍が〈老子〉という名稱で通用していたことを物語るといえよう。

また顧頡剛は、『史記』より少し成立年代の早い『淮南子』は、黄老思想の最盛期であったので『老子』の引用が非常に多く、原道篇などは『老子』中の語を組み立てて自分の文章を作っていて、一つも「老子曰」とは稱していないことは有り得ることだとしながらも、同篇後半の箇所で、『老子』のことばを老耼のことばとしていることを指摘する。更に齊俗篇の場合も暗に『老子』のことばを使用して文章を作るとともに、「故老子曰、不尙賢〈二章〉。」と明示する例があることも指摘している。(15)

ところが、次に『韓非子』をみると、解老篇や喩老篇では、

德者、內也。得者、外也。「上德不德」、言其神不淫於外也。……故曰「上德不德、是以有德。」所以貴無爲無思爲虛者、謂其意無所制也。……故曰「上德無爲而無不爲也。」仁者、謂其中心欣然愛人也。……故曰「上仁爲之而無以爲也。」義者、君臣上下之事、父子貴賤之差也、……故曰「上義爲之而有以爲也。」禮者、所以貌情也、羣義之文章也、……故曰、禮以貌情也。……凡人之爲外物動也、不知其爲身之禮也。……故曰「上禮爲之而莫之應。」……故曰「攘臂而仍之。」道有積而德有功、德者道之功。……故曰「失道而後失德、失德而後失仁、失仁而後失義、失義而後失

禮。」禮爲情貌者也、文爲質飾者也。……故曰「禮薄也。」……故曰「禮者、忠信之薄也、而亂之首乎。」先物行先理動之謂前識、前識者、無緣而忘意度也。……故曰「道之華也。」……是以曰「愚之首也。」故曰「前識者道之華也、而愚之首也。」〈以上、三十八章〉……故曰「去彼取此」〈三十八章・七十二章〉。

人有禍則心畏恐、……故曰「禍兮福之所倚。」夫緣道理以從事者無不能成。……故諭人曰「熟知其極。」……故曰「迷。」故曰「人之迷也、其日故以久矣。」所謂方者、內外相應也、言行相稱也。……故曰「方而不割、廉而不劌、直而不肆、光而不耀。」〈以上、五十八章〉。

聰明睿智天也、動靜思慮人也。……故曰「治人事天莫如嗇。」衆人之用神也躁、躁則多費、多費之謂侈。……故曰「夫謂嗇、是以蚤服。」知治人者其思慮靜、……故曰「蚤服是謂重積德。」……故曰「重積德則無不克。」戰易勝敵則兼有天下、……故曰「無不克則莫知其極。」凡有國而後亡之、有身而後殃之、故曰「莫知其極。」莫知其極「則可以有國。」所謂有國之母、母者、道也、……故曰「有國之母可以長久。」……故曰「深其根、固其柢、長生久視之道也。」〈以上、五十九章〉。

（以下省略）

解老第二十所引『老子』の章序（38・72・58・59・60・46・?・14・1・25・50・67・53・54）

『韓非子』喩老篇

「天下有道」〈四十六章〉無急患則曰靜、遽傳不用、故曰「卻走馬以糞」〈四十六章〉。「天下無道」〈四十六章〉、攻擊不休、相守數年不已、甲冑生蟣蝨、翟雀處帷幄、而兵不歸、故曰「戎馬生於郊」〈四十六章〉。

翟人有獻豐狐・玄豹之皮於晉文公、文公受客皮而歎曰、此以皮之美自爲罪。夫治國者以名號爲罪、徐偃王是也。以城與地爲罪、虞・虢是也。故曰「罪莫大於可欲」〈四十六章〉。智伯兼范・中行而攻趙不已、韓・魏反之、軍敗晉陽、身死高梁之東、遂卒被分、漆其首以爲溲器、故曰「知足之爲足矣」〈四十六章〉。

（以下省略）

喩老第二十一所引『老子』の章序（46・54・26・36・36・63・64・52・71・64・64・64・47・47・41・33・33・27）

とあるように、一貫して〈老子〉の名は現れず、まったく「故老子曰」とはいわず、「故曰」といって、誰のどの書籍かも不明である。しかも解老篇での第五十九章や第五十三章の解説の中で「書之所謂『治人』者、適動靜之節、省思慮之費也。」、「根者、書之所謂柢也。曼根者、木之所以持生也」や「書之所謂『大道』也者、端道也、書之所謂『貌施』也者、邪道也。……」と「書之所謂」といいながら、書名を示さないのは奇怪という他ない。管見のかぎりでは『韓非子』では唯一、六反篇に、

老耼有言曰「知足不辱、知止不殆」〈四十四章〉。夫以殆辱之故而不求於足之外者、老耼也。今以爲足民而可以治、是以民爲皆如老耼也。

と老耼の名を示している箇所もある。六反篇の成立時期は不明であるが、「比較的晩い韓非後學」の制作（木村英一説）といわれていることからすれば、漢代の著作と考えられる。『淮南子』にもみたよ

うに、漢代の或る時期から『老子』は公然と通用するようになったから、六反篇の記述は不思議ではない。[17]

次に、『莊子』にみえる『老子』とほぼ同文の引用についてみると、約十六箇所に亙るが、これはすでに別稿で事例を擧げての考察を發表したので、[18]ここでは概略を述べる。『莊子』には多くの『老子』のことばが引用されている。しかしそれは殆ど老聃のことばとしては引用されず、『韓非子』解老・喩老の諸篇のばあいのように、「故曰」として引用されている。このことは、『老子』と同じことばは、當時は老子のことばとは認められていなかったことを意味しよう。『莊子』の諸篇の成立年代は明らかではなく、漢代まで降るのであえて成立年代のほぼ確實な『史記』『淮南子』の後に述べる。

また「老子曰……」または「老聃曰……」とあっても、そこにみえることばは『老子』にはまったく見當らないものが殆どである。ただ例外的に「老子曰、……大白若辱、盛德若不足〈四十一章〉」(寓言篇)と「老聃曰、知其雄、守其雌、爲天下谿。知其白、守其辱、爲天下谷〈二十八章〉。人皆取先、己獨取後、曰、受天下之垢〈七十八章〉。人皆取實、己獨取虛。无藏也故有餘、歸然而有餘。其行身也、徐而不費、无爲也而笑巧。人皆求福、己獨曲全〈二十二章〉」(天下篇)のみに、老子または老聃のことばとして引用されている。他に庚桑楚篇で老聃の說く「衞生之經」にも『老子』と同じことばが少し認められる。そのほか老子のことばとはされていないが、先にも引用した「子獨不知至德之世乎。昔者容成氏、大庭氏、……當是時也、『民結繩而用之、甘其食、美其服、樂其俗、安其居、鄰國相望、雞狗之音相聞、民至老死而不相往來』〈八十章〉。」(胠篋)の二重括弧の箇所が『老子』のことばとほぼ同じである。かくして寓言篇と天下篇は、『老子』が老子の著作乃至は老子のことばとされるようになって以後の著作ではないかと推測される。これは單なる憶測ではない。そのことは馬王堆出土の帛書の出現によって、さらには郭店楚簡『老子』の出現によって裏づけられるであろう。

このほか、制作年代や書籍の信憑性については不明だが、『戰國策』に「老子曰」として二條ほど『老子』と同文のものが引用されている。いまそれを提示すれば、

齊宣王見顏斶、……斶對曰、斶聞……是以堯有九佐、舜有七友、禹有五丞、湯有三輔、……是以君王無羞亟問、不媿下學、是故成其道德、而揚功名於後世者、堯舜禹湯周文王是也。故曰、無形者形之君也、無端者事之本也。夫上見其原、下通其流。至聖人明學、何不吉之有哉。老子曰、雖貴必以賤爲本、雖高必以下爲基、是以侯王稱孤寡不穀。是其賤之本與〈三十九章〉。

（齊策四－五）

〔顏斶は（『史記』卷八二、田單傳）に、顏歜は（『漢書』卷二〇、古今人表、中中）にみえる〕

魏公叔痤爲魏將、而與韓趙戰澮北、禽樂祚。魏王說、迎郊、以賞田百萬祿之。公叔痤反走、再拜辭曰、……吳起之餘教也、……巴寧・爨襄之力也、……王之明法也、……王特爲臣之右手不倦、賞臣何也。……王曰、公叔痤豈非長者哉、……公叔何可無益乎。故又與田四十萬、加之百萬之上、使百四十萬。故老子曰、聖人無積、既以爲人、己兪有、既以與人、己愈多〈八十一章〉。公叔當之矣。

（魏策一－七）

というのがそれである。これらはすでに別稿で觸れたが故重澤俊郎教授は、時代的に齊の宣王、魏の

惠王の時代に固有名詞としての老子なる人物が存在したことには躊躇を覺えるといい、經驗と思考に卓越した老者のことばでは、との愼重な立場をとっている。當時の研究段階の結論からして固有名詞ではなかろうという。[18] この見解は帛書出土以前であり、極めて注目すべき愼重なもので帛書の出現を豫見したともいえる。

次に帛書について、これは周知のように俗に甲本、乙本と呼ばれる二種類の『老子』とほぼ同文のもの及び古佚書が出土した（一九七三年十二月、湖南省長沙馬王堆第三號漢墓出土）。そのうち、甲本及びそれと同じ帛に書かれた古佚書には書名或は篇名或は章名がまったく附されていない。書寫の順序は、『老子』とほぼ同文が前に、その後に版本としては現存しなかった古佚書約四篇。それに對して乙本及びそれと同じ帛に書かれた古佚書には、書名或は篇名或は章名と字數が、文末に記されていて、書寫の順序は、古佚書四篇が前に、そのあとに『老子』とほぼ同文。篇名が記されているので、いま主として乙本によって考察をすすめるが、考察は國家文物局古文獻研究室編『馬王堆漢墓帛書〔壹〕』（文物出版社、一九八〇年）の釋文に依存する。

「老子乙本」（『老子』とほぼ同文）は、次に示すように《德》《道》の二篇に分れる。

帛書『老子』章序（傍線部は『老子』の章序と異なるところ）

38・39・41・40・42・43・44・45・46・47・48・49・50・51・52・53・54・55・56・

57・58・59・60・61・62・63・64・65・66・80・81・67・68・69・70・71・72・73・

74・75・76・77・78・79《德》

01・02・03・04・05・06・07・08・09・10・11・12・13・14・15・16・17・18・19・20・21・24・22・23・25・26・27・28・29・30・31・32・33・34・35・36・37《道》

前掲書、釋文の内容を示すと次の通り。

「老子甲本」及巻後『古佚書』（書寫順）——全六篇、無篇名。

「老子甲本」（假篇名《德經》《道經》）

巻後『古佚書』（假篇名《五行》《九主》《明君》《德聖》）〔この『古佚書』は、後漢の趙岐「孟子題辭」所載の「『孟子外書』四篇（性善辨・文説・孝經・爲政）－現存せず－」と關係するか。なお、《五行》は《德行》とも命名され、魏啓鵬『德行校釋』（巴蜀書社、一九九一年）〕がある。

「老子乙本」及巻前『古佚書』（書寫順）——全六篇（含『老子』）、有篇名・章名。

《經法》（道法・國次・君正・六分・四度・論・亡論・論約・名理）——凡五千（括弧内は、ほぼ章名及び最後は篇名）

《經》（立命・觀・五正・果童・正亂・姓爭・雌雄節・兵容・成法・三禁・本伐・前道・行守・順道、十大）——凡四千六□□六（同上[19]）

《稱》——千六百

《道原》——四百六十四

《德》——三千四十一——「老子乙本」（『老子』下篇とほぼ同じ）

《道》——二千四百二十六——「老子乙本」（『老子』上篇とほぼ同じ）

巻前『古佚書』四篇は、『漢書』藝文志・諸子略・道家類所載の『黄帝四經』四篇（現存せず）と關係するか。多くの研究者は《經法篇》以下四篇をそれに同定する。

さて、乙本の體裁からして、『老子』と同文の書名とおぼしきものが明らかになり、《德》《道》が篇名とほぼ推定できる。〈老子〉という書名はどこにもみえない。『史記』の傳記で「道德之意」を述べたと記されているが、その記述とは或は合致するかもしれない。また甲本と乙本では避諱（ただし嚴密ではない）の相違から書寫年代を推定して、甲本が古いとしている。

甲本　高祖（劉邦）、高后（呂雉）の諱を避けず。
乙本　惠帝（劉盈）、文帝（劉恆）の諱を避けず。［邦］を避けて［國］とする。

［例文］

○……大盈若盅（沖）、其用不⿱穴郡（窘）。大直如詘（屈）、大巧如拙。（甲本・乙本）
……大滿若盅、其用不窮、大直若詘（屈）、大巧若拙。（傅奕本、〈四十五章〉）
○……獵射雉（兕）虎、必勝之、主非弗樂也。（甲本『古佚書』、明君）
○……萬物尊道而貴德、道之尊也德之貴也、夫莫之爵也而恆自然也、（甲本・乙本）
……萬物莫不尊道而貴德、道之尊德之貴、夫莫之爵而常自然、（傅奕本、〈五十一章〉）
○以邦觀邦、以天□觀□□、（甲本）　□□□國、以天下觀天下、（乙本）（傅奕本、〈五十四章〉）
○以正之邦、以畸用兵、（甲本）　以正之國、以畸用兵、（乙本）（傅奕本、〈五十七章〉）
○大邦者下流也、（甲本）　大國□□□□、（乙本）（傅奕本、〈六十一章〉）

この帛書乙本から、『老子』に相當する書籍の名稱が《老子》ではなく、《德篇》《道篇》であることが明らかになった。乙本卷前『古佚書』が、『漢書』藝文志に記載されている「黄帝四經、四篇」だとする研究者が多い。《經篇》にはほんの少しではあるが、「黄帝」の名がでてくるので、藝文志に記載されながらこれまで現存しなかった『黄帝四經』だとするのは、四篇という篇數とも合致することは確かである。いま假にそうだとすれば、『老子』に相當する帛書は《德篇》《道篇》と呼ばれるのが正當なのではないか。帛書甲本は〈老子〉の書名がない。『韓非子』解老・喩老の諸篇にも〈老子〉の書名がなく、『莊子』所引の多くにも〈老子〉の書名がないとすれば、『老子』は、もとは〈老子〉という書名ではなかったといえよう。

さらに一九九三年冬、湖北省荊門市郭店一號楚墓より出土した、三種類の『老子』とほぼ同文の竹簡（斷片的ではあるが）にも〈老子〉の書名はまったくみえないことも考慮すべきであろう。今後、〈老子〉の書名の文獻が新たに出土した曉には、この假說も改めることになろう。

結　語

これまで老子なる人物と書籍について檢討してきたが、事實として諸文獻を搜索した限りでは、『老子』はもともと〈老子〉と呼ばれた書籍ではなく、或る時期からそう呼ばれるようになり、道家の代表的著作でいわば絶對的權威をもつようになったものである。また、老子なる人物も實際はいかなる出自のいかなる時期の人物であるかは不明だというのが事實であり、後に如何にして『老子』の著者とされ、道家集團での最高位の人格の一人である「太上老君」としてあがめられるようになったのかも明らかではない。老子なる人物と『老子』なる書籍は、中國社會や思想史の上での限りなく大きな役割を果たしたし、限りなく大きな影響を及ぼした。それはそれとして評價し研究するに値するし、現にそうしたことに多くの研究者が攜わっている。ただそうした後代の現實は現實として、そもその源流はいかなるものであったの事實も究明してみる價値のあることと思う。人が考えて作りだした思想史なるものは一體いかなるものなのか、それはどのようにして作られるものなのか、しかも所謂眞實なのかを知っておくのもまた必要なことであろう。そうした點への究明は今後もなされていくであろうが、そうした究明の一助になればとも思いこの小論を草した。

（二〇〇五、二、四稿。四、五校訂）

注

（1）初刊は一九二六年、東京弘文堂。のち『武内義雄全集』第五卷、老子篇（角川書店、一九七八年）所收、五八頁以下、參照。以下、武内氏の説の引用頁數はすべて全集本による。

（2）初刊は一九二七年、東京改造社。のち前掲『武内義雄全集』第五卷、所收、二六一頁以下、參照。

（3）通行本は「姓李氏、名耳、字聃」に作るが、先學の種々の指摘があるように（『老子原始』、『武内義雄全集』第五卷、所收）、「名耳、字聃、姓李氏」とすべきであろう。例えば『後漢書』桓帝紀・延熹八年「春正月……祠老子。」の注に、「『史記』曰〈老子者、楚苦縣厲鄉曲仁里人也。名耳、字聃、姓李氏。爲周守藏〔吏〕〔史〕。〉……。」とある。また『史記』の列傳にも「商君者、衞之諸孼公子也、名鞅、姓公孫氏、其祖本姫姓也。」（巻六十八）「孟嘗君名文、姓田氏、文之父曰靖郭君田嬰、」（巻七十五）「春申君者、楚人也、名歇、姓黃氏。」（巻七十八）などと、姓・名の順ではなく、名・姓の順となっていることも參考になろう。

（4）孔子が老子に「禮」を尋ねるなどの說話は『禮記』（曾子問）に、次のようにみえる。

○曾子問曰、古者師行必以遷廟主行乎。孔子曰、天子巡守、以遷廟主行。……天子崩、國君薨、……吾聞諸老聃、曰、天子崩。國君薨、則祝取羣廟之主、而藏諸祖廟、禮也。卒哭成事、而后主各反其廟。……老聃云。

○曾子問曰、葬引至于堩、日有食之、則有變乎、且不乎。孔子曰、昔者吾從老聃、助葬於巷黨、及堩日有食之。老聃曰、丘、止柩就道右、止哭以聽變。既明反、而后行、曰、禮也。反葬而丘問之曰、……老聃曰、諸侯朝天子、見日而行、逮日而舍奠。……

○曾子問曰、下殤土周葬于園、遂……今墓遠、則其葬也如之何。孔子曰、吾聞諸老聃、曰、昔者史佚有子而死。下殤也、墓遠。召公謂之曰、……周公曰、……

○子夏問曰、三年之喪、卒哭金革之事無辟也者、禮與、……孔子曰、吾聞諸老聃、曰、昔者魯公伯禽、有爲爲之也。今以三年之喪、從其利者、吾弗知也。

（5）武內前揭書（1）は、『大戴禮』曾子制言上やここに引用した『莊子』外物篇に、老萊子の言としてみえると指摘する。

この資料からみる限り、老萊子は孔子に忠告する先輩的な人物であり、孔子への老萊子の忠告は、先にみた李耳の孔子への忠告の一部と酷似するとの先學の指摘は妥當といえよう。

（6）武内前掲書（1）は、類似の語が、『莊子』天運にみえると指摘する。
（7）ここの三句は、李耳に關しての記述と思われる。ただ老子の事實上の壽命であったかどうかは保證の限りではない。
（8）〇印以下の二句は、唐の司馬貞の『索隱』も「此太史公因其行事、於當篇之末結以此言、亦是贊也。按、老子曰〈我無爲而民自化、我好靜而民自正〉、此昔人所評老耼之德、故太史公於此引以記之。」というように、司馬遷の評語であろう。
（9）本書所収、拙稿「『莊子』所見老耼考」（『汲古』第二十八號所收、一九九五年）。
（10）下見隆雄「老萊子孝行說話における孝の眞意」（『東方學』第九十二輯、所收）には老萊子が隱遁者ではなく、孝行者としての說話が傳承されている。最古のものは『孟子』萬章上篇の後漢の趙岐注にみえ、唐の徐堅『初學記』巻十七、孝、唐の歐陽詢『藝文類聚』巻二十、人部、孝に、彼のその方面に關する多くの話がみえる。
（11）顧頡剛は「儋卽老子」という。「『史記』的『老子傳』」（『古史辨』第六冊下編所收、一九六三年、一九三八年初版）參照。
（12）『漢書』巻八一孔光傳によれば、孔子十四世の孫は孔子光とされる。いま孔光傳によれば、孔子の子孫の世系は第七代目以下は、次のようになる。數字は世代。
〈7〉穿―〈8〉順―〈9〉鮒―〔子襄は弟ゆえ世代から除く〕―襄―〈10〉忠―〈11〉武〔及安國〕―〈12〉延年―〈13〉霸―〈14〉光。
（13）膠西王卬については、『史記』巻五十二、齊悼惠王世家に「齊悼惠王劉肥者、高祖長庶男也。……高祖六年、立肥爲齊王、……悼惠王卽位十三年、以惠帝六年卒。子襄卒、是爲哀王。……孝文帝元年、……是歲、

齊哀王卒、太子〔則〕立、是爲文王。……〔齊文王〕二年、濟北王反、漢誅殺之、地入于漢。後二年、孝文帝盡封齊悼惠王子罷軍等七人皆爲列侯。齊文王立十四年卒、無子、國除、地入于漢。後一歲、孝文帝以所封悼惠王子分齊爲王、……子卬爲膠西王、……」とある。この記述によれば、すなわち劉卬は文帝期の人物である。

（14）この『經典釋文』の「相余注」は、『老子』想爾注のことと推定される。「想爾注」については、饒宗頤『老子想爾注校證』（上海古籍出版社、一九九一年）がある。「道篇」の部分の寫本が殘存しており、その注を河上公注と比較している。結論としては河上公注の方が古いであろうとのこと。しかも「想爾注」は張道陵の著作ともいわれるとのことで、そうなると河上公注は、魏の王弼注よりも古いことになり、『老子』の最古の完全な注釋ということになる。

（15）「從『呂氏春秋』推測『老子』之成書年代（二）」（『古史辨』第四册所收、一九六三年、一九三三年初版）。

（16）木村英一『法家思想の研究』（弘文堂書房、一九四四年）附錄―韓非子考證「比較的古い韓非學派の手に出た諸篇」參照。なお、容肇祖『韓非子考證』（台聯國風出版社、一九七二年重刊）は、内容からみて韓非の自著と同じ手になる作品とする。

（17）本稿注（9）所揭、拙稿「『莊子』所見老耼考」參照。

（18）重澤俊郎「思想史的に見た戰國策の諸問題」（『中國の文化と社會』第八輯、一九六〇年）。本書所収の拙稿「郭店本『老子』攷（二）」（廣島大學東洋古典學研究會『東洋古典學研究』第十七集所收、二〇〇四年）でも故重澤教授の説を簡單に紹介。

（19）乙本古佚書に收められた四篇は、初め「經法」「十大經」「稱」「道原」と釋文されて發表された。やがて帛書では「大」と「六」が極めて近似していて、どちらとも解讀できることから、「十大經」は「十六經」

と解讀されて、『馬王堆漢墓帛書〔壹〕』（文物出版社、一九八〇年）では「十六經」としてほぼ定著したかの感があった。しかしこの篇は十六章はなく、（立命・觀・五正・果童・正亂・姓爭・雌雄節・兵容・成法・三禁・本伐・前道・行守・順道・十六經）－凡四千六□□六）と明白な章名は十四章で、順道章に續く短い文章があるが、一章の體をなしていないとみなされ、章名をつけず、文末の「十六經凡四千六□□六」に續けてしまい、章名なしの文章でこの篇は終っていた（なお『經法』（文物出版社、一九七六年）では、經篇の字數は「四千□□六」であったが、先の一九八〇年版では「四千六□□六」と釋文されている。この□の前の字は判讀しがたく、「六」と解するのは無理があった。李氏は四千五十六字」と推定している。）しかしこれらの文章を一書とみるか一篇とみるかはとにかく、無名の文章で終り、直ちに篇名乃至書名がくるのは不自然である。その上、章數も十六章なく、「十六經」との名稱にそぐわず十四章プラスαという變則的構成であるため、篇名は確定しない狀況であった。陳鼓應氏は、全體の書名（陳氏は「十大經」と釋文し、書名と考えている。）については『十大經』としている。そして末尾の篇名不明の文章に、獨自にその內容から「名刑」篇と命名して獨立の文章とした。すなわち「名刑」（篇または章）で終り、書名乃至篇名がくるとした。だが、書名は『十大經』として殘している（陳鼓應註譯『黄帝四經今註今譯』（臺灣商務印書館、一九九五年））。「名刑」の篇名は陳氏の創作で決定的な根據はない。

ところで、すでに李學勤「馬王堆帛書《經法・大分》及其他」（『道家文化研究』第三輯、所收、一九九三年）では、經法篇と同じくこの無名と思われていた章を含む「立命」以下の諸章にはすべて章名がありその章の終りに章名がつけられ、その後に篇名があるのが當然だとして、內容も檢討した上でこの篇の最終章の章名を「十大」、篇名を「經」とするのが妥當だとの說を提出していた。これは極めて穩當な見解であると思われる。また《經法篇》の中の從來は「六分」章についても「十分」章とすべきだとの見解を提出しており、最近出版された谷斌・張慧姝・鄭開注譯『黃帝四經・道德經註譯』（中國社會科學出版社、二〇〇四年第二版、第一版は未見）では、李氏の見解を採用し、從來の「十大經」「十六經」に替えて「十大」章を加え、全體を《經篇》とし、「六分」章を「十分」章としている。いま李氏の「十大」章、《經篇》の説については以下これに従う。ただし《經法篇》の「十分」章及び《經篇》の字數については、一九八〇年版のままにして後考を待ちたい。以下、《經篇》については李氏の説に従って記述する。篇名の表記がこれまでの見慣れた乙本古佚書の表記と異なることをお断わりしておきたい。

帛書『老子』考——書名〈老子〉成立過程初探——

はじめに

従來から、老子と『老子』との關係については問題になっていた。『史記』にみえる老子の傳記についても、早くから疑問が提出されてきた。[1] 周知のように、そもそも司馬遷自身がすでに老子の正確な傳記を知らなかったらしく、三人の人物を擧げて老子に比定している。その上、一番詳細な記述がなされ、『老子』と最も關係が深いと思われる李耳という人物の戶籍は、詳細ではあるが作爲的だとして疑問視され、且つ孔子の先輩とされていること、などからあまり信用されていない。さらに三人の傳記の後に附せられた子孫の系圖の世代數からすると、孔子の子孫の世代數と比較したとき、老子の子孫の世代數が餘りにも少なく、到底孔子の先輩とは考えにくいとされていることはすでに述べた。その點からも李耳の傳記が疑われている。ただ彼の著作が「上下篇、言道德之意五千餘言」とされていることから、『老子』がそれに最も近いことは確かであるが、〈老子〉という書名は出てこない。また『老子』の思想內容には儒家思想を前提にしている點が指摘されてもいる。

さて、老子と『老子』の關係はともかくとして、『老子』という書籍そのものが何時頃に成立したのかということも、これまで問題とされてきた。『老子』の思想内容を検討してみると、様々な思想傾向がみられるところから、秦漢の際に成立したとする主張もある。[2] 或は『呂氏春秋』には〈老子〉という名稱の書籍からの引用はないが、『淮南子』には明らかにそれがあるという事實から、兩書の成立期の閒に成立したのではないかと言う主張もある。[3] 様々な見解が出されているものの、要するに、戰國時代にはまだ〈老子〉という名稱の書籍は成立していなかったというのが、現在までに出された結論的な見解だといえよう。こうした從來の見解に對して、馬王堆からの帛書『老子』の出現はどのような意味を持つ、と言えるのであろうか。そのことを検討しようとするのが、小論の意圖である。もとより、『老子』の成立が何時であるかに關わりなく、現實に『老子』が歴史の上で思想的に大きな影響を與えてきたのであるから、その事實を追求することこそ思想史的研究の意義があるとする見解もあるであろう。それはそれとして、重要な思想史的研究の課題であることは言うまでもないが、當面は上述の成立の問題に絞って検討する。

一

先にも觸れたことだが『漢書』巻三十、藝文志・諸子略・道家類には、次のように記されている。

老子鄰氏經傳四篇。〔自注〕姓李、名耳、鄰氏傳其學。
老子傅氏經說三十七篇。〔自注〕述老子學。

老子徐氏經說六篇。〔自注〕字少季、臨淮人、傳『老子』。

劉向說老子四篇。

すなわち、後漢の初期に『老子』という書籍があったとされる。しかし藝文志は、後漢の班固の著作とはいえ、前漢末の劉歆の『七略』を繼承したものであり、さらには彼の父劉向らがそれまでにあった書籍を整理して作成した『別錄』を承けたものである。從って、正確に言えば、前漢の成帝期にはすでに『老子』という書籍は成立していたということになる。いま「鄰氏傳」「傅氏說」「徐氏說」などは佚失してしまったが、「劉向說老子」は現存『說苑』『新序』などに殘存しているとも言われている。(4)

『老子』全文の最古の注釋は、魏の王弼注本で、全八十一章（上篇三十七章、下篇四十四章）とされるが、董思靖『道德眞經集解』(5)序說所引『七略』には、

劉向定著二篇八十一章、上經三十四章、下經四十七章。

とあって、前漢末の『老子』は、現存王弼注本が上經三十七章、下經四十四章に章分けしているのとは、異なるものであったらしい。王弼本『老子』は『道德經』といって道經と德經とに分けていなかったのは古い形態に近いらしいと、晁說之（一〇五九～一一二九）が考えていたとしたうえで、陸游（一一二五～一二一〇）は、南宋の當時の本はすでに上下に分けられているとしている。(6)しかし、また顧實も指摘する如く、唐代初期にはすでに道經と德經とに分かれていたことが資料的に確認できるので、(7)陸游の見解は信用しかねる。とにかく、『七略』段階では「經」は「上下二篇」というのである

から、漢志にみえる「經傳四篇」「經說三十七篇」「經說六篇」などは、いずれも「經」そのものは二篇に分かれていたと考えられる。そして『七略』にいう注のない『老子』の經「二篇」は、『老子』の上篇・下篇とは章數に違いはあるものの、ほぼ馬王堆で發見された帛書『老子』と同じものに他ならないと考えられる。

周知のように、所謂帛書『老子』は甲本と乙本の二種が發見された。前者は劉邦の「邦」、呂后すなわち呂雉の「雉」の諱が避けられていないことや字體の古さなどから、ほぼ高祖劉邦の時期（前二〇六～前一九五在位）に、後者は惠帝劉盈の「盈」、文帝劉恆の「恆」の諱が避けられていないことなどから、ほぼ文帝劉恆の時期（前一七九～前一六九在位）に書寫されたと推定されている。[8]ということは、それ以前に帛書『老子』は成立していたことを示す。そのことはまた、先秦期のものと思われる書籍に、所謂帛書『老子』が引用されていることからも裏づけられている。ところが、この所謂帛書『老子』には〈老子〉という名稱は全くみえない。みえるのは、《德》《道》という二つの篇名である。なお乙本『古佚書』の四つの文章を『漢書』藝文志にみえる「黃帝四經、四篇」だとする說が多く、それに從えば《德篇》《道篇》かもしれない（以後とりあえず篇名で扱う）。しかも、この篇名は乙本にのみ記されているもので、甲本には全くみえない。ただし、甲本の場合も《德》《道》兩篇閒の段落がおなじであることは確認される。この兩篇の文章が、『老子』とほぼ全く同じであるところから、この帛に書かれた兩篇を帛書『老子』と呼んでいるに過ぎない。元來、この兩篇は書寫された當時には〈老子〉とは呼ばれていなかったのである。このことはまた、先秦期のものとされる書籍での引用から推定することができる。それでは、『漢書』藝文志に『老子』という書名がみえるが、それは何時頃からそう呼ばれるようになったのかといえば、現在のところ明確ではない。すなわち所謂帛書『老子』から『漢書』藝文志にみえる『老子』との閒には、まだ解明されていない謎つまり空白があるのであり、何らかの事情に依り《德篇》《道篇》が〈老子〉と呼ばれるようになった、と考えられる。そこでいま、前漢時代初期での《德篇》《道篇》が『老子』という書籍に定著するに到った時期と、さらにできればそうなった事情の一端を、資料に卽して考察してみたい。

二

先述したように、司馬遷は老子の傳記では、〈老子〉という名稱の書籍の存在には一言も觸れていない。「道德之意五千餘言」を述べたとされる「上下二篇」の書籍が『老子』だとも言っていない。また傳記中に記された老子の語ったことばで、『老子』と一致するものもない。さらに傳記の締めくくりの「太史公曰」でも、

老子所貴道、虛無、因應變化於無爲、故著書辭稱微妙難識。

と言い、《道篇》《德篇》を特に念頭に置いての文章とも受け取れない。ただ老子の傳記の末尾に「李耳無爲自化、淸靜自正」とあり、唐の司馬貞は「按、老子曰、我無爲而民自化、我好靜而民自正。此是昔人所評老聃之德、故太史公於此引以記之」と『老子』（五十七章）を引用し、それとの關聯に言

及している。これは司馬遷の評語だともいわれ、司馬遷は李耳と『老子』の著者とをほぼ同一人物とみていたと、司馬貞は考えたものと思われる。

さらに前稿「老子――人物と書籍」（七～八頁）ですでに詳しく觸れたが『史記』には、多くはないが『老子』と同じ文章を「老子」や「老氏」のことばとして引用している。いま數例のみを擧げよう。(9)先ず、

太史公曰、女無美惡、居宮見妒、士無賢不肖、入朝見疑。……故老子曰、美好者不祥之器。豈謂扁鵲等邪。若倉公者、可謂近之矣。（卷一〇五、扁鵲倉公列傳）

とあるのは、『老子』三十一章に「夫佳兵者、不祥之器。……」とあり、「佳兵」が「美兵」になっているテキストもあるが（傅奕本）、司馬遷の引用と同じ語句はない。ただ、後の方でこの「兵」はやむをえぬ時に用いるもので、「美」しとしてはならないのであって、「美之者、是樂殺人」と說いている。司馬遷の記憶違いによるのか、或は誤寫によるのか不明である。しかし『老子』と呼ばれていたものからの引用であることは確かであろう。

次に、「政」「刑」ではなく「德」「禮」を尊重せよとの孔子のことばと竝べて、

老氏稱、上德不德、是以有德。下德不失德、是以無德。法令滋章、盜賊多有。（卷一二二、酷吏列傳）

と記している。これは『老子』（三十八章・五十七章）にある文章からそれぞれ一部分を引用して繫ぎ合わせたものである。また、

老子曰、至治之極、鄰國相望、雞狗之聲相聞、民各甘其食、美其服、安其俗、樂其業、至老死不相往來。（巻一二九、貨殖列傳）

とあるのは、初句を除けば、多少の語句の順序や文字の違いは有るものの、ほぼ『老子』（八十章）の一部分と同じである（なお前稿『老子』考の項を參照。他に日者列傳、伯夷列傳などにも）。

以上の例から推測するならば、司馬遷は馬王堆帛書の《德篇》《道篇》を、老子の著作とみなしていたのではないかと考えられる。なお『史記』には、

不疑學老子言。（巻一〇三、萬石張叔列傳）

竇太后好老子書、召轅固生問老子書。固曰、此是家人言耳。（巻一二一、儒林傳）

などとみえ、その内容がいかなるものか不明であるが、「老子言」「老子書」なるものが武帝期以前に存したことが分かる。直不疑は、文帝に仕え太中大夫にまで出世し、次の景帝期には御史大夫となり、塞侯に封ぜられ、次いで武帝の建元年閒に丞相と共に罷免された人物である。また轅固生の事件は景帝期のことである。唐の司馬貞は、儒林傳の注で「案、老子道德篇、近而觀之、理國理身而已、故言此家人之言也」と言い、「老子書」が『老子』であるとしている。しかし『史記』についてみる限り、司馬遷はそのことを明言してはいない。

さらに、莊子の傳記には、

其學無所不闚、然其要本歸於老子之言。（巻六三、老子韓非列傳）

と記され、莊子の思想の要諦は、司馬遷の時代に存した「老子之言」に合致するものであったという。

この他にも、

聞膠西有蓋公、善治黄老言、使人厚幣請之。既見蓋公、蓋公爲言治道貴淸靜而民自定、推此類具言之。

（巻五四、曹相國世家）

と記されているのは、惠帝期に齊の丞相に任ぜられた曹參が、治世の師とした蓋公に言及した箇所である。ここにみえる「黃老言」の「老」が老子であることは、周知のことに屬する。

少なくとも司馬遷の時には「老子言」「老子書」「老子之言」があったことが、上述のことから言える。それでは、彼の少し前の時期にはどうであったであろうか。彼の父司馬談のことば乃至著述とされている所謂「六家要指」についてみてみよう。そこでは、先ず先秦の思想學派を「陰陽、儒、墨、名、法、道德」という名稱の六派に分け、「此務爲治者也、直所從言之異路、有省不省耳」と各學派の思想の共通性を述べた後で、各々の思想の長短を論じた箇所では、「道德」すなわち「道家」について次のように述べている。

道家使人精神專一、動合無形、贍足萬物。其爲術也、因陰陽之大順、采儒墨之善、撮名法之要、與時遷移、應物變化、立俗施事、無所不宜、指約而易操、事少而功多。……至於大道之要、去健羨、絀聰明、釋此而任術。……

さらに思想の特徵を多少詳しく紹介する箇所では、次のように述べる。

道家無爲、又曰無不爲、其實易行、其辭難知。其術以虛無爲本、以因循爲用。無成埶、無常形、故能究萬物之情。不爲物先、不爲物後、故能爲萬物主。有法無法、因時爲業。有度無度、因物與合。故曰聖人不朽、時變是守。虛者道之常也、因者君之綱也。羣臣竝至、使各自明也。

（以上、『史記』巻一三〇、太史公自序）

先に「道德」と言った所は、「道家」と言い換えられている。しかも、ここに言う「道家」は「陰陽、儒、墨、名、法」諸學派の長所を採り入れているという。このことは帛書『老子』甲本巻後『古佚書』や乙本巻前『古佚書』を、いかなる性格の書籍とみなすかということと深く關わってこよう。乙本巻前『古佚書』は四篇あり、すでに指摘されているように、『漢書』藝文志・道家類には著録されているが佚失したとされていた「黃帝四經、四篇」ではないかとも推定されている。[10] 確かに思想内容からみて、道家的傾向はもとより、法家的色彩も多く、陰陽についての言及もあり、『老子』や『莊子』等だけから導來される道家思想の枠を越えたものがあり、「六家要指」に言う「道家」であれば當てはまるかと思われる。

他方、甲本巻後『古佚書』には篇名もなく、《五行》《九主》《明君》《德聖》と言った篇名が假につけられている。《五行》は特に『孟子』獨特の語句と類似したものが認められ、『荀子』非十二子篇の孟子批判を手がかりにして、『孟子』の佚篇ではないかとも考えられている。[11] また《九主》《明君》には、『管子』と類似した語句もみえ法家的傾向が認められる。これ等のことや「六家要指」に言う「道家」が他學派の長所を採用しているという指摘を考慮するならば、甲本巻後古佚書も或は司馬談の當時は、道家の書籍と考えられていたのではないかとも思われる。しかしそう斷定するには現在の段階では根據が薄弱である。因みに言えば『史記』に、

召平曰、嗟乎、道家之言〈當斷不斷、反受其亂〉乃是也。（巻五二、齊悼惠王世家）

とある「道家之言」[12]は、乙本巻前『古佚書』《經篇》[13]所收の觀・兵容の兩章にみえる。少なくとも《經篇》は、文帝期直前の頃には「道家」の書とみなされていたことを示すといえよう。

さらに「六家要指」にみえる「聰明」を黜けることは『莊子』に、「無爲」「無不爲」ということばは『老子』に、それぞれみえる。しかし、例えば「故曰聖人不朽、……」の引用は、『漢書』藝文志・道家類所載の現存する書籍にはみえない。さらにこの學派は個人的には精神の集中と柔軟な處世を說くとともに、「虛無」「因循」の術による政治を說くものとされている。確かに司馬談の說く「道家」は、「道德」とも表現され、ほんの少しではあるがその解說に『老子』にある語句も引用されていることから、帛書『老子』すなわち《德篇》《道篇》も、彼の言う「道家」の書籍には含まれていたことは十分考えられる。しかし上述の兩篇を彼が『老子』と稱していたかどうかは不明である。

それでは、いま少し時代を遡って、ある程度成立時期の確かな『呂氏春秋』についてみると、『老子』を踏まえたと思われる文章が多くあることは、すでに先學が指摘している。[14]ただ、それらは殆ど『呂氏春秋』の作者の文章になっているが、例外的に引用形式のものが二條ほどあるという。[15]いまその内の一條を擧げる。すなわち、

故曰、不出於戶而知天下、不窺於窓而知天道。其出彌遠者、其知彌少。（君守）

とあるのがそれである。同書では「老耼」または「老耽」に言及しながら、この『老子』四十七章の語句を、「故曰」としていて『老子』のことばとはしていない。このことは、後にみる『莊子』の場

合と同様で、〈老子〉という名稱の書籍の成立時期を考える上で、興味ある事實である。『呂氏春秋』のこの部分が、確實に戰國末年に成立していたとするならば、〈老子〉という名稱の書籍は當時なかったが、《德篇》《道篇》という書籍はあったことを、上述の事實は示すであろう。また、その他の『呂氏春秋』にみえる『老子』を踏まえたと思われる文章の引用も、[16]やはり同様であろう。

成立時期は不明であるが、『韓非子』[17]解老・喩老の兩篇についても『呂氏春秋』と同様の事實が認められる。篇名にこそ「老」すなわち『老子』を示す語があるものの、いま兩篇の冒頭部分を擧げるならば、次の如くである。

德者、内也。得者、外也。上德不德、言其神不淫於外也。……故曰、上德不德、是以有德。

（解老）〔『老子』三十八章〕

天下有道、無急患則曰靜、遽傳不用、故曰、卻走馬以糞。天下無道、攻擊不休、相守數年不已、……故曰、戎馬生於郊。翟人有獻豐狐玄豹之皮於晉文公、文公受客皮而歎曰、此以皮之美自爲罪。夫治國者以名號爲罪、徐偃王是也。以城與地爲罪、虞・虢是也。故曰、罪莫大於可欲。

（以上、喩老）〔『老子』四十六章〕

これらから明らかなように、篇内の引用はすべて「故曰」であって、〈老子〉の名稱は全くみえない。しかも解老篇での解說の順序は帛書『老子』と同様に、『老子』の下篇の首章から始まっているのは興味深いことである。これら解老・喩老の兩篇の制作された時期には、『呂氏春秋』の場合と同様に、『老子』は〈老子〉という名稱の書籍としてではなく、《德篇》《道篇》としてあったと考えられる。従って、これら兩篇に〈老子〉の名が全然現れず、しかも從來の『韓非子』の文獻學的研究から、これら兩篇が戰國最末期の韓非の自著以降の著作であるとされていても、帛書『老子』乙本の書寫年代が前漢文帝期頃であるとするならば、何ら差し支えないことになろう。また喩老篇の場合も、多くは說話を擧げて最後に「故曰、云々」と〈老子〉という名を出さず、『老子』の語句を引用して締めくくっている。しかも前稿でも觸れたように、解老篇には「書之所謂」とあって『老子』の語を引用するが、何の書であるか示していない。しかも帛書乙本より古い甲本及びその『古佚書』には、篇名が附せられていないことを考慮すると、「解老」「喩老」の篇名は《德篇》《道篇》が〈老子〉と呼ばれるようになった後で附された可能性が極めて高い(18)。

ところが、漢の景帝初期頃の著作とされる『淮南子』では、喩老篇とほぼ同様の形式を採用している道應篇で、說話の最後に「故老子曰、云々」と、〈老子〉という名稱を附して『老子』の語句を引用して締めくくっていることが注目される。このことは、『淮南子』成立(19)の頃には、すでに《德篇》《道篇》を〈老子〉と呼んでいた人々がいたことを示すものということができよう。

三

『老子』と竝んで道家の代表的書籍として現存するのは『莊子』で、そこにはしばしば老聃が登場し、また『老子』の引用がみられる（重複するが、別稿「『莊子』所見老聃考」で詳しく述べている）。ただその引用のされ方は様々であって、検討を要する問題である。『莊子』の文獻學的研究によれば、そこに含まれる思想内容は、一應戰國中頃から漢初にまで亙るであろうとされていることは周知のことである。殊に外篇雜篇に關しては、本格的な研究とは言えないまでも様々な角度から考察がなされており、『老子』との關聯にも言及されている。(20)

外篇の初めの駢拇・馬蹄・胠篋・在宥の四篇については、從來の研究者はいずれも一まとまりのもので、同一人の手になるものだとか或は同傾向の著作だとみなしている。その中で關鋒だけが、これら四篇を「老子後學左派」の著作だとしている。(21)その有力な根據として、これらの諸篇に『老子』と類似の語句や思想が認められることや、權威づけのために『老子』と同じ語句の引用を指摘している。例えば、

聖人生而大盜起、掊擊聖人、縱舍盜賊、而天下始治矣。……聖人不死、大盜不止。……彼竊鉤者誅、竊國者諸侯、諸侯之門而仁義存焉、則是非竊仁義聖知邪。……此重利盜跖而使不可禁者、是乃聖人之過也。故曰、魚不可脫於淵、國之利器、不可以示人（三十六章）。彼聖人者、天下之利器也、非所以明天下也。故絕聖棄知（十九章）、大盜乃止、擿玉毀珠、小盜不起。……毀絕鉤繩而棄規矩、攦工垂之指、而天下始人有其巧矣。故曰、大巧若拙（四十五章）。（以上、胠篋）

老聃曰、……吾未知聖知之不爲桁楊椄槢也、仁義之不爲桎梏鑿枘也、焉知曾史之不爲桀跖嚆矢也。

故曰、絕聖棄知而天下大治（十九章）。（在宥）(22)

などである。しかもその同類のことばの前にあるのは「老子曰」ではなく、「故曰」乃至「故」であ

って、〈老子〉という名稱の書籍の存在を示していない。殊に在宥篇の場合は、老聃說話の中での老聃のことばの一部とも、或は說話全體の內容を保證するためのことばとも考えられる。もしも前者の場合であれば、老聃と《道篇》との結びつきの初期的段階を示すものと言えるかも知れない。こうした點については、『莊子』の他の諸篇を扱う際にまた觸れることになろう。

さらに『老子』に類似する語句としては、

故純樸不殘、孰爲犧尊。白玉不毀、孰爲珪璋。道德不廢、安取仁義。性情不離、安用禮樂。五色不亂、孰爲文采。五聲不亂、孰應六律。夫殘樸以爲器、工匠之罪也。毀道德以爲仁義、聖人之過也。（馬蹄）

昔者齊國鄰邑相望、雞狗之音相聞、罔罟之所布、……

當是時也、民結繩而用之、甘其食、美其服、樂其俗、安其居、鄰國相望、雞狗之音相聞、民至老死而不相往來。若此之時、則至治已。（以上、胠篋）

故貴以身於爲天下、則可以託天下。愛以身於爲天下、則可以寄天下。（在宥）

などがある。これらは、次に示す『老子』の語句や思想、すなわち、

知其雄、守其雌、……樸散則爲器、聖人用之則爲官長。故大制不割。（二十八章）

大道廢、有仁義。（十八章）

五色令人目盲、五音令人耳聾。（十二章）

小國寡民、……使人復結繩而用之。甘其食、美其服、安其居、樂其俗。鄰國相望、雞犬之聲相聞、

民至老死不相往來。（八十章）

寵辱若驚、貴大患若身。……及吾無身、吾有何患。故貴以身爲天下、若可寄天下。愛以身爲天下、若可託天下。（十三章）

と深い關係があると思われ、恐らくこれらを踏まえているものと考えられる。ただ、いずれも〈老子〉と言う名稱は全く出て來ない點は、先の場合と同樣である。このことは、少なくとも『老子』と同じ内容の書籍が、『莊子』にみえる文章が書かれた當時にはあったことを示すといえようか。

また、同じく外篇に屬する知北遊篇にも、[23]『老子』と全く或は殆ど同じ語句が次のようにみえる。

黃帝曰、……夫知者不言、言者不知（五十六章）、故聖人行不言之教（二章）。道不可致、德不可至。仁可爲也、義可虧也、禮相僞也。故曰、失道而後德、失德而後仁、失仁而後義、失義而日禮。禮者道之華、而亂之首也（三十八章）。故曰、爲道者日損、損之又損之、以至於无爲、无爲而无不爲也（四十八章）。

光曜問乎无有曰、夫子有乎、其无有乎。光曜不得問、而孰視其狀貌、窅然空然、終日視之而不見、聽之而不聞、搏之而不得也（十四章）。

殊に前者の黃帝と知との對話では、黃帝が『老子』にみえることばを自らのことばとして語っているばかりでなく、「故曰」亦は「故」として『老子』にみえるのと同じことばを引用して、自らの主張を權威づけている。しかも、ここでも〈老子〉なる書名は出てきていないことが注意されよう。なお、この對話で注目すべきことは、黃帝が『老子』にみえることばを引用している事實である。このことは『史記』にしばしばみえる「黄老」との關聯を示唆するものと考えられるからである。「黄老」とは、言うまでもなく黄帝と老子のことで、この兩者の名を結びつけた名稱で呼ばれる「黄老思想」は、漢初の支配的な思想であったことは周知のことに屬する。[24] また、後者の光曜と无有との對話では、光曜が无有に對して、お前は存在するものなのか否かと問うたが答を得られず、相手を熟視したあげく、『老子』での「道」についての記述の一部と同じような表現を用いて、无有について言い表している。

雜篇では、外篇とは違って「故曰」に依る引用は見當らない。庚桑楚篇では、老聃の弟子庚桑楚が、自分の弟子を南方にいる老聃の許に遣わした時に、その弟子に老聃が語った「衞生之經」なるものの中に、

老子曰、衞生之經、能抱一乎、能勿失乎。……兒子終日嘷而嗌不嗄、和之至也。終日握而手不掜、共其德也。

とあって、『老子』にみえる次の語句と密接に關聯するであろう。

載營魄抱一、能無離乎。……（十章）

含德之厚、比于赤子、……骨弱筋柔而握固、……終日號而不嗄、和之至也。（五十五章）

「衞生之經」のほぼ前半部分と類似の文章は、『管子』心術下篇・内業篇や馬王堆出土の《經篇》[24]にみえる。後半部分の「兒子」に關する部分の一部は、『老子』乃至は《德篇》に類似の文章がみえる。全體としてみれば、『莊子』と他の書籍との關係については斷定的なことは言えないが、『管子』や

『老子』等からの借用文に附加してできあがったのが「衛生之經」ではないかと推定される。[25]
次に寓言篇には、老耼と彼に教えを受ける陽子居[26]の登場する説話があり、老耼が陽子居の過ちを指摘して戒めることばの中に、

老子曰、……大白若辱、盛德若不足。

とある。これは、『老子』の中でも逆説的表現に滿ちた次の文章すなわち、

上士聞道、勤而行之。……明道若昧、進道若退、……大白若辱、廣德若不足、……大器晩成、大音希聲、大象無形。……（四十一章）

の中の二句にほぼ當るであろう。
さらに『莊子』最末の天下篇にも老耼のことばが記されている。すなわち、道家系統の思想家を中心とした古代思想史とも言える同篇前半の、關尹・老耼二人の思想を一緒に紹介した箇所で、老耼に關して次のように述べられている。

老耼曰、知其雄、守其雌、爲天下谿。知其白、守其辱、爲天下谷。人皆取先、己獨取後、曰受天下垢。人皆取實、己獨取虛、無藏也故有餘、巋然而有餘。其行身也、徐而不費、無爲也而笑巧。人皆求福、己獨曲全、曰苟免於咎。以深爲根、以約爲紀、曰堅則毀矣、鋭則挫矣。常寬容於物、不削於人、可謂至極。（天下）

この記述の中で、「老耼曰」以下の或る部分が老耼のことばと思われるが、どこ迄が彼のことばなのかは、必ずしも明らかではない。[27] いま『老子』についてみるならば、

知其雄、守其雌、爲天下谿。爲天下谿、常德不離、復歸於嬰兒。知其白、守其黑、爲天下式。……知其榮、守其辱、爲天下谷。……（二十八章）

我有三寶、……三曰不敢爲天下先。……不敢爲天下先、故能成器長。（六十七章）

天長地久。……是以聖人後其身而身先、外其身而身存。……（七章）

天下莫弱于水、而攻堅强者莫之能勝、……弱之勝强、柔之勝剛、天下莫不知、莫能行。是以聖人云、受國之垢、是謂社稷主。……正言若反。（七十八章）

是故甚愛必大費、多藏必厚亡。（四十四章）

信言不美、……聖人不積、既以爲人、己愈有。既以與人、己愈多。（八十一章）

人多伎巧、奇物滋起。……故聖人云、我無爲而民自化、……（五十七章）

曲則全、枉則直、窪則盈、敝則新、少則得、多則惑。……夫唯不爭、故天下莫能與之爭。古之所謂曲則全者、豈虛言哉。誠全而歸之。（二十二章）

天下有道、……禍莫大于不知足、咎莫大于欲得、……（四十六章）

是謂深根固柢、長生久視之道。（五十九章）

道沖而用之或不盈、淵兮似萬物之宗。挫其鋭、解其紛、……（四章）

知者不言、言者不知。……挫其鋭、解其分、……（五十六章）

といったところが、天下篇にみえる老聃についての記述に關聯する箇所といえよう。ここに擧げた『老子』の中で冒頭の文章は、特に天下篇にみえる老聃の冒頭のことばの一節と近似している。しかし仔細にみると、天下篇では「雄」と「雌」、「白」と「辱」が對應している。これに對して『老子』では「雄」と「雌」、「白」と「黒」、「榮」と「辱」が對應している。いま帛書『老子』をみると、

知其雄、守其雌、爲天下溪、爲天下溪、恆德不離。恆德不離、復歸于嬰兒。知其白、守其辱、爲天下谷。……知其白、守其黑、爲天下之式。……

とあって、天下篇での老聃のことばにおける對應や順序と一致する。このことは、天下篇にみえる老聃のことばは『老子』ではなく、帛書『老子』すなわち《道篇》と同系統のテキストに基づいて書かれたものであることを示すといえよう。「白」と「辱」とが對應することは、先にみた寓言篇や『老子』に「大白若辱」（四十一章）とあることに依っても明白である。(28)

このほか天下篇の「曰」以下の文章は、老聃のことばか彼に關係のある書籍からの引用であろうが、『老子』に近似しているのは「受天下之垢」（「受國之垢」七十八章）位である。その他の大部分は、思想内容や語句が『老子』と關聯しているということはできるが、『老子』乃至は《德篇》《道篇》からの直接の引用とは認められない。要するに、ここでも老聃と『老子』の關係は、後の時代のようには密接ではなかったことが認められる。

なお餘談になるが、天下篇の成立時期については從來から問題があって、莊子自著説から漢初著作説まで様々である。(29)

その成立時期は比較的新しいとの見解をとる者は、この篇の儒家思想について觸れた箇所に、

其在於詩書禮樂者、……詩以道志、書以道事、禮以道行、樂以道和、易以道陰陽、春秋以道名分。

……

と、六經を擧げている事實に注目する。しかも、戰國最末期の思想狀況を傳えているとされる『荀子』勸學篇などでも、經典化されているのは『禮』『樂』『詩』『書』『春秋』の五經であって、[30]『易』は含まれていない。「易」は卜筮の書と認められたために秦の始皇帝の焚書を免れたと言われているので、[31]經典化されたのはそれ以後だと考えられている。從って、『易』を他の五經とともに經典に數えている天下篇の成立時期は、先秦期ではありえないと考える。

これに對して、この篇の成立を古く考える立場の者は、上引の「易」を含んだ部分の文章は、後代の插入であって天下篇の原形にはなかったものだと主張する。そして『史記』等にみられるように、自序は書籍の最後にあるのが古代の通例であるから、『莊子』の場合も同樣に、最末にある天下篇は莊子の自序に他ならないとする。

いまどちらの說が正しいかは、にわかには判斷しかねるところである。ただ天下篇における老聃と『老子』の關係の考察からするならば、漢初の『淮南子』成立期以前であることはほぼ確實であるが、《德篇》《道篇》と老子とを結びつけようとしていた時期の著作ではないかと考えられる。その時期の絕對的な年代は明言できないが、相對的には《德篇》《道篇》を老子とは無關係に扱って、「故曰」と引用していた外篇の諸篇の成立時期よりは後の成立ではないかと推定される。

以上、『莊子』雜篇における『老子』とほぼ對應する語句についてみてきたが、外篇と異なる點は、それらの語句が「故曰」「故」の引用の形ではなく、老子や老聃のことばとされていることである。

外篇でも、『老子』と同じ語句が、引用としてではなく用いられている例もあるにはあるが、それは老子や老耼のことばとはされていない。しかも、『老子』とほぼ同じ語句が、「老子曰」「老耼曰」ではなく、「故曰」として老子のことばとは全く關係ないものとして引用されている。先にもみた在宥篇で、老耼のことばとも或はその後への附加とも考えられる文章に、「故曰」として『老子』十九章の一部に該當する文が引用されてはいる。けれども、例えそれが老耼のことばであったとしても、他の書籍或は傳聞に依るものであることが明示されていて、老耼自身のことばとはされていない點が注意される。このことは、外篇の場合には、老子や老耼と帛書『老子』すなわち《德篇》《道篇》との關聯は殆どなかったことを示唆する。ところが、雜篇になると「故曰」「故」に依る引用はなくなり、斷片的ながらも《德篇》《道篇》の語句が、老子や老耼のことばの一部として現れてくる。すなわち《德篇》《道篇》と老子との關聯が兆し始めていることを示すと言えようか。ただ、《德篇》《道篇》の長文の一節がそのままの形で老子のことばとなっている事例はない。このような事實からすると、上述の雜篇が制作された時期においても、《德篇》《道篇》はあったかも知れないが、〈老子〉という名稱の書籍の存在はまだ確認されない。

『莊子』外篇雜篇での『老子』と老耼の關係については、上述の如くであった。いま嚴密な意味では問題があるものの、一般的に外篇雜篇より比較的古いと言われている內篇にみえる老耼と『老子』との關係はどうであろうか。內篇の場合、老耼の登場する說話が養生主・德充符・應帝王の三篇に一箇所ずつ登場する。前の二篇の場合、『莊子』的理想の立場から批判されたり、『莊子』的理想を語る人物であったりして、『老子』にみえる思想とはまったく無關係であるが、『莊子』應帝王篇では陽子居との對話の中で彼の理想政治を、次のように述べている。

老聃曰、明王之治、功蓋天下而似不自己。化貸萬物而民弗恃。有莫擧名、使物自喜。立乎不測、而遊於无有者也。

これは『老子』の「生而不有、爲而不恃、功成而弗居」（二章）と同じ意味だとも言われている。[32]同様の意味の語句は、「道」のはたらきを述べた箇所にも「生而不有、爲而不恃、長而不宰」（五十一章）とある。この他にも大宗師篇には、

夫道、有情有信、无爲无形。可傳而不可受、可得而不可見。自本自根、未有天地、自古以固存。……

と、『老子』の「道之爲物、……其中有精、……其中有信」（二十一章）に類似する文章もみえる。ただ、これらには、いずれも多少の字の同一や意味の類似はあるものの、外篇雜篇にみたような『老子』と同一の句や文章は見當らない。

おわりに

これまで、漢初から先秦にかけての書籍にみえる『老子』と同じか或は類似したことばに焦點を當てて、老子と『老子』との關係すなわち〈老子〉という名稱の書籍成立の過程を檢討してきた。いま

小論を終えるに當って、ここで少し視點を換えて先秦の書籍に現れた人物〈老子〉の思想について言及しておこう。

戰國中期の思想狀況を傳えるとされる『孟子』には、周知のごとく老子や老耼の名が全く現れない。そこに現れる道家的人物は「爲我」を主張した楊朱で、彼の學派の思想は墨家の「兼愛」思想と、儒家を除けば當時の思想界を二分する程の勢いであったとされる。そこで後の道家の中での老子の位置づけから考えて、楊朱はすなわち老子に他ならないという主張さえなされるようになった。しかしながら、この主張は十分な說得性をもつとは認められていない。從って、戰國中期頃の老子については、人物も思想も全く不明だといわざるを得ない。

次いで戰國末期の思想狀況を傳える『荀子』には、愼子・墨子・宋子に對する思想的特徵（それぞれ「後」「齊」「少」）の指摘とともに、老子の思想的特徵を次のように指摘している。

老子有見于詘（屈）、無見于信（伸）。……有詘而無信、則貴賤不分。（天論）

『荀子』には非十二子篇・解蔽篇・富國篇など他の篇にも、當時に傳わっていた多くの思想家批判がみえるが、彼の時代に〈老子〉という人物の思想が傳承されていたことは、ほぼ確實だと考えられる。それが書籍によるのか傳聞によるのか、どのような形によって出會ったかは定かではないが、その思想の特徵は「伸」という積極性ではなく、「屈」という消極性にあるという。これは『老子』にみえる「後其身」（七章）「守靜篤」（十六章）「不自是故彰、不自伐故有功」（二十二章）「守其雌」（二十八章）「反者道之動」（四十章）「知者不言」（五十六章）「我無爲而……我好靜而……我無事而……」（五十七章）「牝常以靜勝牡」（六十一章）などの思想と關聯するであろう。

同じく戰國末期の書籍とされる『呂氏春秋』にも、次のようにみえる。

老耽貴柔、孔子貴仁、墨翟貴廉、關尹貴清、子列子貴虛、陳駢貴齊、楊朱貴己、……　（不二）

故聖人聽於無聲、視於無形。詹何・田子方・老耽是也。　（重言）

と老耽が登場する。不二篇での老耽以外の人物の思想についての批評はほぼ的確だと思われるので、老耽についても同様だと考えられる。ここの「柔」の尊重は、『老子』にみえる「柔弱勝剛强」（三十六章）「弱者道之用」（四十章）「天下莫柔弱于水、……弱之勝强、柔之勝剛、天下莫不知」（七十八章）や、先にも擧げた「靜」「無爲」「雌」「牝」などの尊重と一致する。[33]また「無聲」「無形」については、有名な感覺的には把握できない道についての記述（十四章）と密接に關聯する。

これまでに觸れた、ほぼ成立時期の確かな書籍に現れた老子や老耽の中心的思想は、『老子』の思想と極めて近いものであったと言うことができよう。それでは、一體いかなるところから〈老子〉という人物の思想を知り得たのであろうか。これらの著者は〈老子〉という名稱の書籍をみたのであろうか。それは不可能であったことは、帛書『老子』の存在がはっきりと確證する。すなわち、漢初の文帝期においても、『老子』は《德篇》《道篇》としてしか存在しなかったからである。現段階で我々に提供されている資料からでは、この疑問に明確に回答することは不可能だと言わざるを得ない。例えば、『荀子』は唐の注釋者楊倞による改編を經たものであり、さらには前漢末の劉向の編纂に關わるものに他ならない。従って『老子』と同じように、劉向編纂前の『荀子』が今後出現したとするならば、或は明確な回答を出すことができるかも知れない。

當面いえることは、前漢文帝期頃までは《徳篇》《道篇》としてあった書籍が、景帝期頃には老子という人物と結びついていたらしいこと、さらに武帝期の司馬遷の頃になるとそのことがほぼ明確になり、前漢中頃には『老子』という名稱の書籍としてほぼ定着したらしいことである。しかも『莊子』においてみる限り、〈老子〉という名稱の書籍とは明確に異なる書籍として扱われている事實が確認される一方、老耼または老子のことばの中に、斷片的ながら《徳篇》《道篇》のことばが混入している事實が認められる。この後者の事實が、老子という人物と帛書『老子』すなわち《徳篇》《道篇》との結合に、何等かの役割を果たしていると推測される。就中、天下篇での老耼の語と『老子』との一致は、天下篇のことばこそが元來の『老子』の原文だと主張する者を出現せしめた程で、極めて注目すべきことと考えられる。しかしながら、そうした老耼と帛書『老子』との接近の事實が、何故に生じたのかは不明である。そして、その後、《徳篇》《道篇》が『老子』に完全に變身した眞の理由は何なのか、そのことの究明は今後に殘された課題である。

（一九八九、五、一稿、二〇〇五、四、五補訂）

注

（1）　武内義雄『老子原始』（『武内義雄全集』第五巻所收、角川書店、一九八〇年、一九二六年初出）第一章老子傳、二　史記老子傳の批判、參照。

（2）武内義雄、前掲論文の第四章　老子五千文の性質、及び同氏『老子の研究』（同上全集所收、一九二六年初出）第四章　道德經の考察、參照。

（3）顧頡剛「從呂氏春秋推測老子之成書年代」（『古史辨』第四册下編所收、香港太平書局、一九三三年初版、一九六三年重版）五一七～五一八頁、參照。

（4）顧實『漢書藝文志講疏』（臺灣商務印書館、一九七七年）一二二頁、參照。

（5）道藏本では『道德眞經集解』であるが、靜嘉堂文庫藏元刊本では『集解老子道德經』である。

（6）以上この節に述べたことは、顧實前掲書（一二〇～一二一頁）の指摘による。なお、陸游の說は『放翁題跋』（『津逮祕書』第十二集所收）卷三「跋王輔嗣老子」にみえる。

（7）顧實は、唐の顏師古の『漢書』注に、次のようにあることを指摘する。

卷三十三　魏豹傳注「師古曰、……『老子』道經曰、國家昏亂有忠臣」

卷三十三　田橫傳注「師古曰、……『老子』德經曰、貴以賤爲本、高以下爲基、是以侯王自謂孤寡不穀」

卷三十六　楚元王傳（劉德）注「師古曰、『老子』德經云、知足不辱」

卷六十四　嚴助傳注「師古曰、『老子』道經之言也」

卷九十　酷吏傳注「師古曰、『老子』德經之言也」

卷九十六　西域傳注「師古曰、……『老子』德經曰、天下有道、卻走馬以糞」

『隋書』經籍志にも、

老子道德經二卷　周柱下史李耳撰。漢文帝時、河上公注。

老子道德經二巻　王弼注。
老子道德經二巻　鍾會注。
老子道德經二巻　晉尚書郎孫登注。
老子道德經二巻　劉仲融注。

とあることから確認されよう。

（8）『馬王堆漢墓帛書〔壹〕』（文物出版社、一九八〇年）出版說明、參照。
（9）『老子』のテキストは、以下すべて樓宇烈『王弼集校釋』（中華書局、一九八〇年）による。
（10）唐蘭「馬王堆出土〈老子〉乙本卷前古佚書的研究——兼論其與漢初儒法鬪爭的關係——」（馬王堆漢墓帛書整理小組編『經法』所收、文物出版社、一九七六年）參照。
（11）龐樸『帛書五行篇研究』（齊魯書社、一九八〇年）附錄、思孟五行新考、參照。なお、周知のように『莊子』大宗師篇には、道家が否定的に評價する「刑」「禮」「知」「德」に關する肯定的記述の存在が注目されていることを指摘しておく。
（12）同じ語句が、『史記』卷七十八春申君列傳の「太史公曰」では、「語曰」として引かれている。
（13）本書所收、拙稿「老子——人物と書籍」注（18）參照。
（14）注（3）顧頡剛、前揭論文、參照。
（15）いま一つの例は、

詩曰、將欲毀之、必重累之、將欲倍之、必高舉之。（行論）

というもので、

將欲歙之、必固張之。將欲弱之、必固强之。將欲廢之、必固興之。將欲奪之、必固與之。

（『老子』三十六章）

の句法と思想が甚だ類似する。『呂氏春秋』の高誘注は、ここにいう「詩」は『詩』に無いことから「逸詩」だとする。しかし、顧頡剛はその説に疑問を投げかけて次のように推定する。

同じく『呂氏春秋』原亂篇にみえる「故詩曰、毋過亂門。所以遠之也」についても、高誘は「逸詩」だとしているが、『左氏傳』昭公十九年の條に記載する子産の話の中に、

諺曰、無過亂門。民有亂兵、猶憚過之。

とあって、「諺」となっているので、はっきりしたことは解らないが、行論篇の場合も當時通用していた「諺」が、單に有韻であることから「詩」とされたのではなかろうかと。顧氏、前掲論文、參照。

（16）同書の貴公・當染・去尤・重言・不二などの諸篇（顧頡剛、前掲論文による）。

（17）篇名については、『韓非子』の制作年代からして戰國末年では勿論なく、漢代初期以降の命名であろう。從って解老・喩老の篇名は、《德篇》《道篇》が『老子』と呼ばれるようになってからの命名といえよう。

（18）『韓非子』の文獻學的研究については、容肇祖『韓非子考證』（上海商務印書館、一九三六年）、木村英一『法家思想の研究』（弘文堂書房、一九四四年）參照。

（19）『淮南子』は、漢の高祖の孫にあたる淮南王劉安（前一七九～前一二二）の食客たちによる制作で、その成立時期は景帝期（前一五六～前一四一在位）から武帝期（前一四〇～前八七在位）初頃とされる。正確な成立時期は決めがたいが、「淮南王安……招致賓客方術之士數千人、作爲『內書』二十一篇、『外書』甚衆、……時武帝方好藝文、以安屬爲諸父、……初、〔劉〕安入朝、獻所作『內篇』、新出、上愛祕之、……安初入朝、雅善太尉武安侯、武安侯迎之霸上、與語曰、……」（『漢書』卷四四、本傳）とある。『漢書』

（巻一四、百官公卿表）によれば、武安侯田蚡が太尉であったのは建元元年であり、翌建元二年には田蚡は太尉を免ぜられ、太尉の官も廢止されている。したがって『淮南子』の獻上は、武帝のごとく初期のことと推定されるから、制作完成はそれ以前とも考えられ、景帝期とも考えられる。

（20）『莊子』外篇・雜篇研究の代表的なものとしては、次のような諸論考がある。
　武内義雄『老子と莊子』（岩波書店、一九三〇年）第三章。
　羅根澤「莊子外雜篇探源」（『諸子考索』所收、人民出版社、一九五八年、一九三六年初出）。
　關鋒「莊子外雜篇初探」（『莊子内篇譯解和批判』所收、中華書局、一九六一年）。
　福永光司『莊子』外篇、外篇雜篇（朝日新聞社、一九六六年～六七年）の各篇解題。
　張恆壽『莊子新探』（湖北人民出版社、一九八三年）
　劉笑敢『莊子哲學及其演變』（中國社會科學出版社、一九八七年）
　崔大華『莊子研究』（人民出版社、一九九二年）

（21）もっとも、清の蘇輿が「駢拇下四篇、多釋老子之義、……四篇於申老外、別無精義。蓋學老者緣莊爲之、且文氣直衍、無所發明、……」（錢穆『莊子纂箋』駢拇篇・篇題注所引、東南印務出版社、一九五一年初版、一九六三年重版）とすでに言っている。

（22）『老子』では「絕聖棄智、〈民利百倍〉」となっていて、「而天下大治」とはなっていない。「智」は帛書『老子』では「知」となっている。なお帛書『老子』の原文は、すべて許抗生『帛書老子注釋與研究（增訂本）』（浙江人民出版社、一九八五年）所載の〈校訂本〉に依る。また、引用の『莊子』の原文は、すべて郭慶藩輯、王孝魚點校『莊子集釋』（中華書局、一九六一年）に依る。

（23）關鋒は「莊子後學」の著作で大宗師篇との關聯があるとしているが、羅根澤は「老子派後學」の著作だとしている（注（19）論文參照）。

（24）黄老思想については、先學の諸論文もあるが、漢初に支配的であった點については、『史記』にみえる次の諸記述が原點である。

竇太后好黄帝老子言、帝及太子諸竇不得不讀黄帝老子、尊其術。（巻四十九、外戚世家）

參之相齊、……聞膠西有蓋公、善治黄老言、使人厚幣請之。……其治要用黄老術、故相齊九年、齊國安集、大稱賢相。（巻五十四、曹相國世家）

申子之學、本於黄老而主刑名。（巻六十三、老子韓非列傳）

及至孝景不任儒者、而竇太后又好黄老之術、……（巻一二一、儒林列傳）

（25）〈衞生之經〉の原文は、次の通り。

老子曰、衞生之經、能抱一乎。能勿失乎。能无卜筮而知吉凶乎。能止乎。能已乎。能舍諸人而求諸己乎。能翛然乎。能侗然乎。能兒子乎。兒子終日嗥而嗌不嗄、和之至也。終日握而手不掜、共其德也。終日視而目不瞚、偏不在外也。行不知所之、居不知所爲、與物委蛇、而同其波。是衞生之經已。

この「衞生之經」は、道家の養生思想にも關聯がある。拙稿「先秦漢初期養生思想の諸相」（坂出祥伸編『中國古代養生思想の總合的研究』所收、平河出版社、一九八八年）二四四～二七三頁、參照。なお、この拙稿二六六頁所載の『老子』十章の引用文は、「一を抱ち」の一句が脱誤している。

（26）『列子』黄帝篇にも同種の説話がある。そこでは「陽子居」は「楊朱」となっている。なお、張湛注所引の『莊子』では「陽子居」は「楊子居」となっている。

（27）注（21）言及の『莊子集釋』は、「爲天下谷」迄を括弧でくくり老聃のことばとする。

（28）「白」と「辱」の問題に關聯して、郭沫若は『十批判書』（人民出版社、一九五四年）〈稷下黄老學派的批判〉で、天下篇の老耼の冒頭のことばについて、『老子』四十一章を引き合いに出し、二十八章と天下篇とを比較して、二十八章の著者は「白」と「辱」とが對應する事に無知であったため、天下篇の二十字の文章を敷衍して「爲天下谿、……復歸於嬰兒」「守其黑、……知其榮」「爲天下谷、……故大制不割」の六十六字を附加したのだという。しかし、この說はまだ帛書『老子』を目にすることができなかった時期のものである。これより先、すでに淸の易順鼎が、天下篇の二十字が『老子』原文であるとして、「辱有黑義、儀禮注以白造緇曰辱、此古義之可證者。後人不知辱與白對、以爲必黑始可對白、……」と指摘し、『老子』の文章は、王弼が「式」字等の句に注しているので、改竄は「魏晉之初」に行われたであろうとしている（『讀老札記』〔未見〕――朱謙之『老子校釋』（龍門聯合書局、一九五八年）所引による――）。

（29）注（19）の諸論考を參照。

（30）勸學篇で、五經について觸れた主な箇所を擧げれば、次の通り。

故書者、政事之紀也、詩者、中聲之所止也、禮者、法之大分、類之綱紀也、故學至乎禮而止矣。夫是之謂道德之極。禮之敬文也、樂之中和也、詩書之博也、春秋之微也、在天地之閒者畢矣。

（31）『漢書』卷三十、藝文志・六藝略・易類の條には、次のように記されている。

及秦燔書、而易爲筮卜之事、傳者不絕。

また、『史記』卷六、秦始皇本紀、始皇三十四年の條に、臣下の上奏を始皇が許可したことが、次のように記されている。

僕射周靑臣進頌曰、……非博士官所職、天下敢有藏詩書百家語者、悉詣守尉雜燒之。有敢偶語詩書者棄市。……所不去者、醫藥卜筮種樹之書。……。制曰、可。

（32）明の陸西星（字長庚）『南華眞經副墨』（明・孫大綬校、萬曆六年序刊本）の說。

（33）本書所収、拙稿「『老子』の思想の基本的特徴について――地上的なるもの・女性的なるものの重視――」参照。

馬王堆漢墓出土の帛書《德篇》《道篇》考

――原初的『老子』試探――

前言

『史記』でも老子本傳には、李耳なる人物が「道德之意」を說いた「五千餘言」の上下篇を著したとは說かれるが、書名〈老子〉の名稱は全くみえないし、彼の語ることばにも『老子』と同じものはみられない。また卷末の太史公自序にある司馬談の六家要指にも、『老子』からの明白な引用はない。ただ『史記』全般についてみると、司馬遷は馬王堆漢墓出土の帛書《德篇》《道篇》を老子なる人物の著作とみていたようであるし、內容はとにかく「老子書」「老子之言」の存在に言及しているし、さらには『老子』とほぼ同じ文を「老子曰」「老子稱」としている場合もあることは、すでに指摘したところである。(1)

また『韓非子』解老・喩老兩篇では「故曰」として『老子』とほぼ同じ語句を引用しているが、前漢武帝期頃の『淮南子』道應篇では「故老子曰」として『老子』とほぼ同じ語句を引用している。從って、前漢武帝期頃には、近年かの馬王堆漢墓から出土した帛書《德篇》《道篇》は〈老子〉なる名あり、『老子』とほぼ同じであると称の書籍として定着しつつあったと思われることも、やはりすでに指摘したところである。[2]

その帛書《德》《道》(一般には帛書『老子』と呼ばれている)は、内容的には『老子』とほぼ同じであり、『老子』の原形であることは閒違いない。ただ内容的にはほぼ同じであるとはいえ、多少の章序や文章の差異が認められる。そこでいま上述の帛書兩篇と先秦乃至漢初の文獻にみえる『老子』の引用や『老子』の代表的諸本などとを比較して、『老子』の原形は果たしてどのようなものであったのかを確かめてみたい。小論での行論は次のごとくである。

先ず、現存する最も早い《德篇》《道篇》の解説とみなされている『韓非子』解老篇[3]に引用された、『老子』とほぼ合致する斷片的な文章を參考にしながら、帛書兩篇をも加えて『老子』を検討する。次いで、思想内容にも關わる兩篇と『老子』との文章の差異や、幾箇所かに認められる『老子』と帛書兩篇との章序の差異、さらには帛書甲本に僅かに認められる分章の表示と思われる中黒點などの考察を通じて、部分的にではあるがその最も原初的と思われる文章の復原に努める。そしてできれば『老子』について、いささかの訂正を要すると思われる點を指摘する。終りに、『老子』をさまざまな角度から考察して、原『老子』復原を試みた先學の努力の貴重な失敗例を擧げて、先秦の書籍の文獻學的討究のむずかしさの一端を示したい。

一　『韓非子』解老篇と帛書『老子』

解老篇は、『老子』下篇冒頭の第三十八章、すなわち帛書『老子』《徳篇》冒頭の解説から始まっていることは、興味ある事實である。解老篇での解説は、ほぼ『老子』八十一章のうち十一章に亙るが、上篇すなわち帛書『老子』《道篇》に屬するのは、第一と第十四の兩章の一部に過ぎない。他は總て下篇すなわち《徳篇》についての解説である。ちなみに解老篇で解説される順序は、『老子』の章序でいえば、

三十八、五十八、五十九、六十、四十六、十四、一、五十、六十七、五十三、五十四

のごとくである。解老篇では中頃に第十四、第一の兩章の解説があり、後はまた《徳篇》の解説が續く。第十四章は『老子』全篇の中でも「道」の性格について最も詳細に述べた章であり、それに續いて「道可道」の語に始まる「道」の神祕性を説いた第一章の解説があるのは、なかなか手際がよいといえよう。

また喩老篇の場合も、引用は『老子』では十三章に亙るが、そのうち四章が《道篇》に屬するが、殘りの九章は《徳篇》に屬する。しかも冒頭の引用は第四十六章、次は第五十五章であり、『老子』上篇からの引用で始まってはいない。いま『老子』の章序で引用の順序を示せば、次のごとくである。

四十六、五十五、二十六、三十六、六十三、六十四、五十二、七十一、六十四、四十七、四十一、

三十三、二十七

特に解老篇の場合に、『老子』下篇の初め第三十八章の解説から始まっているという事實は象徴的であって、外形からだけみても『韓非子』が基づいた書籍は、帛書『老子』とほぼ同形式の書籍すなわち《德篇》が先で《道篇》が後であったことが推測される。しかも解老・喩老の兩篇の本文には、「故曰」といって『老子』と同じか近似する引用文はあるが、書名〈老子〉なる名稱がまったくみえないことはすでに言及したところである。從って『韓非子』での篇名は、帛書兩篇が〈老子〉と呼ばれるようになってからつけられたものと思われる。ただ『韓非子』での解説は完全なものではなく斷片的なものではあるが、いずれにしても上述の兩篇の最古の解説であることは間違いないといえよう。ではこの解説に引用された元の書籍は帛書兩篇とまったく同一のものなのであろうか。解老篇について、問題になる箇所について考察してみよう。

解老篇冒頭の『老子』第三十八章に相當すると思われる「故曰」または「所謂」として引用された文を、順次集めると次のごとくである。

上德不德、是以有德」上德無爲而無不爲也」上仁爲之而無以爲也」上義爲之而有以爲也」禮以貌情也」上禮爲之而莫之應」攘臂而仍之」失道而後失德、失德而後失仁、失仁而後失義、失義而後失禮」禮薄也」禮者、忠信之薄也、而亂之首乎」道之華也」愚之首也」前識者道之華也、而愚之首也」大丈夫」處其厚不處其薄」處其實不處其華」去彼取此」

これらは、解老篇で解説されている原『老子』の一部分であって、此のほかに解説していない文章も原『老子』と思われる元の書籍には當然あったと思われる。これらの中には重複しての引用と思われるもの、(4)單に原文の集約と思われるものもある。いま帛書『老子』と最も近いとされる傅奕本とを比較してみると、傅奕本では、冒頭第一段の句はこれと同じであるが、その後に「下德不失德、是以無德」(帛書・王弼本・河上公本も同じ) の句がある。第二段の句は同じであるが (帛書・王弼本・河上公本は「上德無德而無以爲〔也〕」)、この後に「下德爲之而無以爲」の句がある (但し帛書にはこの「下德」以下の一句が無い)。第八段は「失道而後德、失德而後仁、失仁而後義、失義而後禮」(帛書・王弼本・河上公本も同じ) となっていて、何れも「而後」の後に「失」字が無い。

諸テキストにある第一段の「下德不失德、是以無德」の句は、解説の必要を認めなかったので、解老篇では省略したものと考えられる。第二段の「無不爲」と「無以爲」との違いや、帛書『老子』に「下德爲之而、……」の句が無い點、また第八段の「失」字の有無については、どう考えたらよいかは問題であろう。いま帛書『老子』乙本がほぼ完全な形で殘っているので、それを基本に甲本をも參照しながら、第二段以下の必要な箇所を示すと、次のごとくである。

上德無爲而無以爲也、上仁爲之而無以爲也、上義爲之而有以爲也、……　(乙本)

これに對して、『老子』は次のごとくである。

上德無爲而無以爲、下德爲之而有以爲、上仁爲之而無以爲、上義爲之而有以爲、……　(王弼本・河上公本)

上德無爲而無不爲、下德爲之而無以爲、上仁爲之而未以爲、上義爲之而有以爲、……

（傅奕本）

以上の三例を比べてみると、すでに指摘したように帛書『老子』では「下徳」以下の一句が無い。しかし帛書『老子』の「上仁」の働きは、他の諸本の「上仁」の働きと同じであることに氣づく。帛書『老子』に無い「下徳」については、傅奕本では「上仁」と同じ働きをするとされていて違いがない。とすれば「下徳」か「上仁」のどちらかが、衍文ではないかと考えられる。王弼本・河上公本では、「下徳」と「上義」との働きが同じとされていて、これもどちらかが衍文ではないかと考えられる。要するに帛書『老子』以外では「下徳爲之……」の一句が、他の句の記述と重複することになる。とすれば、解老篇にも引用されていない「下徳爲之……」の一句は、帛書『老子』のように元來はなかったのだと考えられる。また傅奕本の「上徳」の記述は、『老子』第三十七章の「道常無爲而無不爲」（帛書『老子』では、「道恆無名」となっていて、『老子』のように「無爲而無不爲」とはなっていない）などの文章があることから、後に改められたのかも知れない。第八段の「後失」の「失」字の有無については、帛書『老子』はもとより、『老子』の諸本のすべてに無いことに加えて、『莊子』知北遊篇にも「故曰」として「失道」以下の引用があるが、やはり「而後失……」の「失」字は無い。さらに同篇には、この引用に續いて『老子』第四十八章の一部をも引用するが、それも『老子』と一致する。これらのことから、解老篇は現存最古の『老子』の注釋であるとはいえ、帛書『老子』のように「失」字が無いのが元來のテキストだと思われる。

「其政……」で始まる第五十八章と、「治大國……」で始まる第六十章は、いずれも政治的内容を扱った章で『韓非子』にはふさわしいといえよう。語句については、省略が有る程度で殆ど問題はない。強いて擧げれば[5]「兩不相傷、則特交歸焉」（六十章）の「則」字が、現行諸本及び乙本では「故」字になっていることなどであろう（なお、乙本は「禍福之所倚」（五十八章）の句が脫落、甲本は確認される字數からして脫落せず）。「治人」「有國」や「長生久視之道」を說く第五十九章については、重複部分を除いて解老篇の引用文を記すと次のごとくである。

治人事天、莫若嗇」夫謂嗇、是以蚤服」蚤服是謂重積德」重積德則無不克」無不克則莫知其極」莫知其極、則可以有國」有國之母可以長久」深其根、固其柢、長生久視之道也」

いま差異のある箇所についてのみ言及するならば、第二段は、王弼本・河上公本は「夫唯嗇、是謂早服」、傅奕本は「夫唯嗇、是以早服」、甲本はこの章前半三分の二ほどは缺損が多く比較不可能であるが、乙本は「夫唯嗇、是以蚤服」とあって、解老篇・傅奕本とほぼ同じ（「謂」「惟」「唯」は音が同じであり、共通の意味の字として用いられたらしい。「早」「蚤」も同じ）。第三段は、乙本以外はすべて「早服謂之重積德」であり、乙本のみ解老篇と同じである。最末段の「深其根、固其柢」は、『老子』では河上公本が「深根固蒂」となっている以外は、すべて「深根固柢」となっている。帛書『老子』の場合も、それぞれ多少の字の違いはあるものの、同音と思われる字を用いていて、しかも四字句となっている點では變りがない。解老篇の場合は、具體的に樹木の根を例に擧げて「根」とは橫に廣がる「曼根」であり、「柢」とは主根たる「直根」であるなどと、根の種別にまで亙って說明しているので、「其根」「其柢」としたのであろうか。この箇所で解老篇が依ったものと同じテキストは、現在のところ存在しない。なお、この「柢」については「書之所謂柢者」とあって「『老子』之所謂」とはいっていない點は問題で、書名を示さないことは究明する必要がある（別稿本書所収の拙稿「郭店本『老子』攷(二)」二七三、四頁などでも言及している）。「天下有道……」で始まる第四十六章については、分章について後に改めて問題とするが、當面、解老篇の引用については、同章後半の次の部分についてのみ問題としよう。

罪莫大於可欲[6]」禍莫大於不知足」咎莫憯於欲利」

帛書『老子』や傅奕本はこれとほぼ同じであるが、第三段の「欲利」が「欲得」である點のみ異なる。この段の解説をみる限りでは「欲利」の方が適當かと思われるが、ただおなじくこの三句を引用解説している喩老篇では「欲得」となっていることからすると、「欲得」の誤りであろうか。また王弼本・河上公本では「莫憯」が「莫大」となっていて、上の二句と同じになっているが、恐らく帛書『老子』とおなじ解老篇の「莫憯」が元來のものであろう。また王弼本には第一段が無いのは、脱落しているものと思われる。

この第四十六章の解説と、第十四章、第一章のほんの一部の引用と解説との閒に、「道」の性格と働きについての記述があるが、そこに「故曰……」として引用される「道、理之者也」については、『老子』にも帛書『老子』にもそれに相當する文章が無い。第十四章末句の「是謂道紀」を解説したものだとの説もあるが、あまり説得性はないように思われる。

軍事について説いていると考えられる第五十章についての解老篇の引用は、重複もあるがいま全文を記せば次のごとくである。

出生入死」生之徒十有三、死之徒十有三」民之生生而動、動皆之死地、亦十有三」

陸行不遇兕虎」入軍不備甲兵」兕無所投其角、虎無所錯其爪、兵無所容其刃」無死地焉」

第四段は、『老子』では「人之生動之死地、亦十有三」であるが、甲本では「而民生生、動皆之死地之十有三」、乙本では「而民生生、生僮皆之死地之十有三」、傅奕本では「而民之生生而動、動皆之死地、亦十有三」とある。何れにしても解老篇の引用は、帛書『老子』または傅奕本に近く、このことは解老篇が『老子』の原形に近いものを、今に傳えていることの一端を示すものといえようか。第五・六・七段は、帛書『老子』は「陸行」を「陵行」に、「不備」を「不被」に、「爪」を「蚤」に作る。「不遇」は甲本は不明であるが、乙本は「不辟」につくる。「兕」は、甲本は「矢」に、乙本は「⿱罒家」に作る。(7)「甲兵」を、乙本は「兵革」に作る。「投」「錯」は、乙本は不明だが、甲本は「端」「昔」に作る。(8)『老子』は「不備」「錯」を「不被」「措」に作る以外は、解老篇と同じである。

前と同じく軍事乃至は政治を説いていると考えられる第六十七章の引用については、解老篇では次のような順序になっている。

茲故能勇」儉故能廣」不敢爲天下先、故能爲成事長」茲於戰則勝、以守則固」吾有三寶、持而寶之」

ここの最末段は、『老子』や帛書『老子』では、これらの引用句の中では最初に來るべきものである。こういう順序になっているのは、恐らく解説のためであろう。この引用で注意さるべきは、第三段の「故能爲成事長」で、『老子』も含めて「故能成器長」となっているのに對して、乙本は「故能爲成器長」、甲本は「故能爲成事長」となっていて、解老篇は甲本と一致する點である。また最末段は傅奕本と一致するが、他の『老子』は「……持而保之」となっている。また甲本は「我恆有三葆之」、乙本は「我恆有三琛（寶）、市（持）而琛（寶）之」となっていて、「恆」字の有無の點を除けば、解老篇は乙本に近い。王弼本が「而保之」となっているのは、誤寫であろうか（ただ傅奕本・河上公本は「而寶之」）。

やはり政治について說いている第五十三章の重複を含めての引用は、次のような順序になっている。

大道」貌施」徑大」朝甚除」服文采」帶利劍」資貨有餘」服文采、帶利劍、厭飲食、而資貨有餘者、是之謂盜竽矣」

現行王弼本は次のようであり、圏點部が解老篇の引用に相當すると思われる。

使我介然有知、行于大道、唯施是畏、大道甚夷、而民好徑、朝甚除、田甚蕪、倉甚虛、服文采、帶利劍、厭飲食、資貨有餘、是謂盜夸、非道也哉。

いま兩者を比較すると、解老篇の「貌施」の「貌」字、「徑大」の「大」字は『老子』には無く、「資貨」は傅奕本を除く『老子』では「財貨」となっている。傅奕本も對應する部分はほぼ同じで、『老子』での「財貨」が「貨財」となっているに過ぎない。帛書『老子』についてみても、後半部に缺字はあるが、「貌」字「大」字が無い點は『老子』とほぼ同じで、「徑」は「解」に作り、「飲食」の「飲」字が無く、「資貨」は「貨口」（甲本）「賚（資）[9]財」（乙本）となっている。

最後に、解老篇末尾の第五十四章についての引用文は、引用の順序で示せば次のごとくである。

拔」不拔」不脫」祭祀不絶」脩之身、其德眞」脩之家、其德有餘」脩之鄕、其德乃長」脩之邦、其德乃豐」脩之天下、其德乃普」以身觀身、以家觀家、以鄕觀鄕、以邦觀邦、以天下觀天下、吾奚以知天下之然也、以此」

『老子』と帛書『老子』は次のようであり、圏點部が解老篇の引用部に當ると思われる。

善建者不拔、善抱者不脫、子孫以祭祀不輟、脩之於身、其德乃眞、脩之于家、其德乃餘、脩之于鄕、其德乃長、脩之于國、其德之豐、修之于天下、其德乃普、故以身觀身、以家觀家、以鄕觀鄕、以國觀國、以天下觀天下、吾何以知天下然哉、以此。　（王弼本）

建者□□、□□□□□、子孫以祭祀不絶、脩之身、亓（其）德乃眞、脩之家、亓（其）德有餘、脩之鄕、亓（其）德乃長、脩之國、亓（其）德之夆（豐）、脩之天下、亓（其）德乃博、以身觀身、以家觀□、□□□國、以天下觀天下、吾何□知天下之然茲、以□。　（乙本）

三者を比較してみると、王弼本の場合は右の文をみれば差異は明らかであるが、傅奕本は王弼本と違って、王弼本の「抱」「普」「國」は、傅奕本ではそれぞれ「裒」「溥」「邦」となっている。帛書『老子』甲本は缺落が多いが、「國」は「邦」となっていることだけは確認できる（「邦」と「豐」は押韻しているとされるので、本來は「邦」であったものを劉邦の諱を避けて「國」としたことは明らかである）。

解老篇の「豐」「普」「奚」は、帛書『老子』乙本では、それぞれ「夆（豐）」「博」「何」となっており、且つ文末に近い「也」は、王弼本では「哉」、乙本では「茲」となっている。帛書『老子』甲本は缺落が多く、乙本との差異は先に指摘した程度しか認められない。ただ乙本よりも字數が四字ほど多いことが確認されている。また甲本の殘餘の部分でみる限りでは、「以身觀身」の前に「其」字があることと、乙本には缺落している「以鄕觀鄕」の四字の句があることが確かめられる。そうだとすれば甲本は乙本より一字多くなってしまう。從って字數からして、甲本には、乙本の「茲」に當たる字がなかったと考えるのが妥當であろう。このように字數を調整して、甲本と乙本とはぼ同じ字句であったとするならば、「夆」は「豐」の當て字であろうから、「普」「奚」以外はすべて甲本と同じということになる。「普」は甲本ではいかなる字を用いたか不明であるが、諸本の例からみて、恐らく「普」またはそれに近い音の字を用いたと推定される。「奚」は甲本での用字をみる限りでは、「何」を用いたのではないかと推定される。また帛書『老子』に關していえば、漢の高祖劉邦の諱を避けたか否かということから、「邦」字のテキストより「國」字のテキストの方が、後時のものと推定されていることは周知のことに屬する。このようにみてくると、ここの解老篇での引用文は、甲本に最も近いものということになり、帛書『老子』と解老篇との近似性がここでも認められる。

二　帛書『老子』と『老子』

これまでに『韓非子』解老篇に引用される『老子』の斷片と、帛書『老子』や『老子』とを、表面的にではあるが比較檢討してきた。その結果は先にみた通りであるが、いま方向を少し變えて馬王堆出土の帛書『老子』と『老子』とを相互に比較檢討してみたい。所謂帛書『老子』は、『老子』と章序が多少異なったり、兩篇の順序が逆であったりする點もあるが、文章は殆ど同じである。しかしながら互いに對應する章の文についても異なるところがあって、その文章の差異が意味内容の差異にも關係することが認められる。そこで『老子』と帛書『老子』との比較に絞って、それらの差異が何らかの意味を持つか否か、もし持つとすればどのような意味を持つものなのか、などについて檢討してみよう。

『老子』は全部で八十一章に分けられているが、大きくは第一章から第三十七章までの上篇と、第三十八章から第八十一章までの下篇との、二篇に分けられていることは周知のことである。しかし八十一章に分けられたのは、何時また誰によるものかは現在のところ明らかではない。ところでこれらの章序は『老子』すべてにほぼ一貫している。しかも前半は「道」を中心に説く「道經」、後半は「德」を中心に説く「德經」と呼ばれ、兩者を併せて「道德經」ともいわれる。これに對して帛書『老子』では、甲乙兩本とも、『老子』第三十八章以降の部分が前にあり、それに續いて第一章以降第三十七章までの部分がある。殊に乙本の場合には、前者が《德》、後者が《道》と篇名がつけられていて、兩篇名をそのまま取って名をつければ「德道經」とでもいうことになろう。

いま『老子』と帛書『老子』とを比較するに當って、先ず初めに、兩者の對應すると思われる章で、語句の差異の大きい章及びその差異からして思想内容に違いの出てくる章について檢討し、次に分章は現行通りでよいのか否かについて、部分的にではあるが甲本にのみ認められる分章の印とも思われる中黒點を頼りに考察する。第三には『老子』と帛書『老子』との間に認められる章序の差異について考えてみようと思う。

本文の差異について

『老子』と帛書『老子』との差異といっても、『老子』そのものにも差異があって、どの『老子』と比較するかによってその異同は異なる。しかも細かい差異を取り上げたら毎章に亙ることになろう。『老子』と帛書『老子』との字句の異同など、細かい差異についても多少は觸れるつもりではあるが、ここでは、兩者の對應すると思われる章で、語句の差異の大きい章及び差異からして思想内容に違いの出てくる章について檢討を行う。この檢討に當っては帛書『老子』の文章を基準に考察を行う。従って、『老子』では第三十八章から考察を始める。なお、引用文の末尾には、帛書『老子』は甲本・乙本、『老子』は王弼本・傅奕本・河上公本など、テキストの種類を明示する。

上德不德、是以有德、下德不失德、是以無德。上德無爲而無以爲也、上仁爲之而無以爲也、上義爲之而有以爲也、上禮爲之而莫之應也、……（乙本）

帛書『老子』は右のごとくであるが、『老子』は、「上德無爲……」と「上仁爲之……」といった説明の部分の閒に、いずれも次に示すように「下德……」の一句がある。いま「上德不德、……下德不失德、是以無德」の箇所は、帛書『老子』も『老子』も差異がないので、説明の部分のみ引用する。

上德無爲而無不爲、下德爲之而無以爲、上仁爲之而無以爲、上義爲之而有以爲、……

上徳無爲而無不爲、下徳爲之而有以爲、上仁爲之而無以爲、上義爲之而有以爲、……（傅奕本）

（王弼本・河上公本）

確かに「上徳」「下徳」と前に言及されているので、ここに「下徳」の説明があっても當然だといえるかも知れない。ただ「上仁」「上義」「上禮」については、それ以前になにも言及されていない。ここでは「上」のつくことばのみ述べているとしても不思議ではない。傅奕本は最も古い形を傳えているのではないかといわれているが、[10] そこでの「下徳」についての記述は、帛書『老子』の「上仁」についての記述と同じであるばかりでなく、自らの「上仁」の記述とも重複することは先にも觸れた。さらに「上徳」について「無爲而無不爲」と、帛書『老子』や他の諸本と異なる記述をしている。また王弼・河上公兩本の「下徳」についての記述は、帛書『老子』の「上義」についての記述と同じであるばかりでなく、自らの「上仁」の記述と重複することも先に言及した。とすれば、この章の第四句に「下徳」についての記述のない帛書『老子』が、重複もなくすっきりしているといえよう。帛書『老子』以外の諸本にある、ここに指摘した「下徳……」（圏點部）の句は、後人の附加したものと考えられる。

次いで「一」の重要性を説いた第三十九章にも、帛書『老子』に無い句が『老子』にはみえる。帛書『老子』は次のごとくである。

昔之得一者、天得一以清、地得□以寧、神得一以霝（靈）、浴（谷）得一以盈、侯□□□而以爲正、……胃（謂）浴（谷）毋已盈將恐渴（竭）、胃（謂）侯王毋已貴□□□□□、故必貴而以賤爲本、……

（甲本）

昔得一者、天得一以淸、地得一以寧、神得一以霝（靈）、浴（谷）得一以盈、侯王得一以爲天下正、……谷毋已□將渴（竭）、侯王毋已貴以高將恐欮（蹶）、故必貴以賤爲本、……

（乙本）

これに對して、『老子』ではいずれも「浴……」乃至「谷……」と「侯王……」の句の間に、次のように圈點をつけた餘分な二句がある。

昔之得一者[11]、天得一以淸、地……、神……、谷得一以盈、萬物得一以生、侯王得一以爲天下貞、……谷無以盈將恐竭、萬物無以生將恐滅、侯王無以爲貞而貴高將恐蹶[12]、故貴以賤爲本、……

（傅奕本）

すなわち「萬物……」の句が二箇所に亙って增加している。この點については、中國の帛書『老子』の注釋でも言及しているが、いずれもその理由については何も言及していない。考えてみるに、ここでの「一」の働きは、天・地・神・浴（谷）・侯王などの本來の働きを成さしめる源だとされている。すなわち現に存在するものの活動の源とされている。ところが「萬物……」についての記述は、「一」が「萬物」そのものを生み出す働きをするものとして記されている點で、「一」の働きの意味が他の諸句の記述の場合とは異なっていて不自然である。「天」「地」「神」について、「淸」「寧」「靈」などと言われるのは、それら現に存在するものがその本性を充分に發揮することを意味する。それが「一」の果たす役割であろう。「萬物得一以生」の「生」を、「いきいきとさせる」の意味に解釋するむきもあるが、「滅」に對する「生」をそのように解するのは無理があろう。恐らくこれら「萬物」に關する記述は、後人の附加ではないかと思われる。[13] なお、「萬物……」の語句については、すでにこれらの事實は上述の推測を裏づけるものといえようか。ただし、王弼注には「各以其一、致此清寧靈盈生貞」とあるから、王弼のみたのはすでに「萬物」以下十四字の加わったテキストであったらしい。

この章の數章後（『老子』第四十二章）にみえる「道」から「一」、「一」から「二」、「二」から「三」、「三」から「萬物」が生ずる、という記述などに影響されての附加ではないかと推測される。

次に、兵略的なことを説く第六十一章には、次のような箇所がある。

……故大邦□下小□則取小邦、小邦以下大邦則取於大邦、故或下以取、或下而取、（甲本）

……故大國以下小國則取小國、小國以下大國則取大國、故或下以取、或下而取、（王弼本）

……故大國以下小國則取於小國、小國以下大國則取於大國、故或下以取、或下而取、（傅奕本）

……故大國以下小國則取小國、小國以下大國則聚大國、故或下以取、或下而聚、（河上公本）

なお、乙本は「邦」字が「國」字となっているのみで、ここの箇所は甲本と同文である。ところで帛書『老子』及び現行諸本はいずれも少しではあるが異なっている。ただ現行諸本のうち、河上公本を除くと「大國」の場合と「小國」の場合とは、前半の二句では同じこととして記されていて、文意が不明確である。「大國」が「小國」に遜っても、「小國」が「大國」に遜っても、同じく相手を取り込むというのでは意味をなさない。これに對して、甲本では「大邦」の場合は「小邦」を併合するのに對し、「小邦」の場合は「大邦」に併合されると、明確に記されていて意味がよくとれる。引用は省略したが、この點では乙本でも同様である。河上公本では「取」と「聚」に使い分けていて、恐らく「聚」は「吸收される」の意味で使われているのではないかと推測され、「大國」と「小國」とで使い分けられていると思われる。そこで河上公本以外の諸本でも、下文で「以取」と「而取」とに使い分けがなされている意味があるのだといえよう。結局のところ帛書『老子』のようであった原文が誤解されて、大國小國に關らず「下手にでることによって相手に勝てる」の意味にとり、その結果、王弼本や傅奕本のようになったのであろう。

次に『老子』第一章、《道篇》の冒頭をみよう。

道可道也、……無名、萬物之始也、有名、萬物之母也、……兩者同出、異名同胃（謂）。玄之又玄、衆眇（妙）之門。 （乙本）

道可道、……無名、天地之始、有名、萬物之母、……此兩者同出而異名、同謂之玄。玄之又玄、衆妙之門。 （王弼本）

いま兩テキストについてみると、帛書『老子』では「無名」も「有名」も、ともに「萬物」に關することで、『老子』のように「天地」と「萬物」とに區別していない。ただ「無名……」の箇所の王弼の注に「凡有皆始於無、故未形無名之時、則爲萬物之始」とあることから、王弼が注釋した元來のテキストは、いずれも「萬物」であり、さらに『史記』日者列傳所引の『老子』に「無名者、萬物之始也」とあるのも帛書『老子』と同義で、いずれも「萬物」であるのがよいとの說がある。[14] 恐らく帛書『老子』《道篇》が原形であったと思われる。さらに最末の諸句は、帛書『老子』（甲本・乙本）と『老子』では「異名同謂」と「……異名、同謂之玄」との文章と句讀が分かれる。帛書『老子』には他に「是謂……」という形で「玄牝」（六章）「玄德」（十・五十一・六十五章）「玄同」（五十六章）などについての説明がみえるが、「玄」一字の説明はみえない。その上、この章では「異名」といっているのであるから、同じ命名ではおかしいことになろう。とすれば、ここもやはり元來は帛書『老子』のごときものであったかも知れない。ただ王弼の注には「同出者、同出於玄也」「而言謂之玄者、……」などとあることからすれば、彼の依ったテキストでは、この箇所はすでに『老子』と同様だったのであろうか。しかしまた、先の「無名……」の句の注の末尾に「道以無形無名、始成萬物、以始以成、而不知其所以、玄之又玄也」とあるのも、氣になるところである。

「道」の名は全く出てこないが、「道」について知るうえで不可缺な第十四章は、甲本及び傅奕本は、次のようになっている。

視之而弗見、名之曰微、聽之而弗聞、名之曰希、捪之而弗得、名之曰夷、三者不可至計、故圂□□□、一者、其上不謬、……執今之道、以御今之有、以知古始、……（甲本）

視之而弗見、名曰夷、聽之而弗聞、名曰希、摶之不得、名曰微、此三者不可致詰、故混而爲一、一者、其上不謬、……執古之道、可以御今之有、能致古始、……（傅奕本）

このうち「一者」の句は、王弼本・河上公本には無い。また帛書『老子』での「今之道」が、傅奕本をも含めた『老子』ではいずれも「古之道」となっている點や、「微」と「夷」とが帛書『老子』

と『老子』ではいずれも逆になっている點が異なる。また「⿴囗束□□□」の箇所は、乙本では「緒而爲一」となっていて、「緒」は「混」字の誤りではないかとされる。この「一者」は明らかに「道」を意味していて、『老子』での「一」の意味を考えるうえで重要である。また甲本での「今之道」でというのは、「古之道」が儒家思想などで理想化され一般化された固定観念であることからすると奇異に思われたために、『老子』では改められたのではないかと推測される。「微」と「夷」の改變についてはどうであろう。藤堂明保は、「微」は『説文』に「隱れて行くなり」とあり、みえないように行く微行ということばがあると指摘する(15)ことからすると、帛書『老子』の方がよいように思われる。他方、藤堂氏は「夷」については「低」(せがひくい)と同系のことばだとし、『老子』を引用して「低くて目立たない物に與えた命名」とする。これは見方を換えれば、目立たないで觸れても區別がつかないの意味に連なるように思われる。とすれば、やはりこの章の場合も帛書『老子』の方が、テキストとして優れているといえようか。

第二十五章について。

・有物昆成、先天地生。蕭(寂)呵漻(寥)呵、獨立而不玹(改)、可以爲天地母。吾未知其名也、字之曰道。吾强爲之名曰大。大曰筮(逝)曰遠、遠曰反。道大、天大、天亦大。國中有四大、而王居爲一焉。人法地、地法天、天法道、道法自然。(乙本)

有物混成、先天地生、寂兮寥兮、獨立而不改、〔周行而不殆〕可以爲天下母。吾不知其名、字之曰道、〔吾〕强爲之名曰大。大曰逝、逝曰遠、遠曰反。道大、天大、地大、天亦大。國中有四大、

而王居一焉。人法地、地法天、天法道、道法自然。（王弼所注本）

先ず、帛書『老子』と王弼所注本とを比べて氣がつくことは、帛書『老子』には、王弼所注本にある〔　〕括弧内の「周行而不殆」の句がないことである。この句は、『老子』での「道」が萬物に遍在することを示す重要な言葉とされてきた。『莊子』（知北遊）には、說話とはいえ具體的に「道」の萬物における遍在が莊子の口から述べられている。「周行而不殆」の句が無ければ、「道」の遍在は後に强調されることはなかったであろう。また『老子』の「天下」が帛書『老子』では「天地」となっていて上の句の「天地」との適合も指摘できる。

章序について

『老子』は八十一章に分けられているが、そうした分章と章序が何時頃からそのように定まったのかは明らかではない。それでは前漢初期ではどうであったかを、帛書『老子』についてみてみよう。『老子』の上下篇の順序が、帛書『老子』では逆になっていることは周知のことに屬する。しかも、上篇の內容は《道篇》の內容と、下篇の內容は《德篇》の內容と、ほぼ同じである。ただ『老子』の上下篇の中での章序は、必ずしも帛書『老子』の文章の順序とは一致しないところが數箇所ある。以下帛書『老子』の文章の順序に從って、《德篇》から考察する。章の表示は『老子』の分章に依って示すこととする。

『老子』での第三十九、四十、四十一、四十二の章序は、帛書『老子』では第三十九、四十一・四十・四十二の章序になっている。いま《德篇》に從って、各章の冒頭部分について文章を對比しながら示すと、次のごとくである。（初めに帛書『老子』、次行が傅奕本）

○昔之得一者、天得一以清、……（甲本）
昔之得一者、天得一以清、……（三十九章）

○上□□道、堇（勤）能行之、中士聞道、若存若夫唯道善貸且成。（乙本）
上士聞道、而勤行之、中士聞道、若存若亡、……夫唯道善始且善成。（四十一章）

○反者、道之動、弱者、道之用、天下之物、生於有、有□於无。（甲本・乙本折衷）
反也者、道之動也、弱也者、道之用也、天下之物、生於有、有生於無。(16)（四十章）

○道生一、一生二、二生三、三生□……（乙本）
道生一、一生二、二生三、三生萬物、……（四十二章）

『老子』についていえば、第三十九章は「一」が主題となっていて、「道」に關しては全く言及していない。なお、『老子』にある「萬物得一以生」や「萬物無以生將恐滅」などの句は、帛書『老子』には無い點はすでに觸れたところである。ところが第四十一章になると、「道」が主題となり章末も「道」の働きで締めくくっている。そして第四十章で「物」（傅奕本）または「萬物」（王弼本・河上公本）の發生のことが論じられ、第四十二章で「道」からの「萬物」の生成が論じられている。このようにみてくると、帛書『老子』の方が文章の續きぐあいとしては、より自然であるように思われる。「生」字も帛書『老子』の章序であれば、繋がるといえようか。恐らく『老子』は「道善貸且成」（四十一末）

とあるところから、「道生一、……」（四十二章）という「道」の生成論に繋げて章序を改めたものと推測される。

次に章序の差異のあるのは、帛書『老子』では、『老子』の章序でいえば第六十五、六十六、六十七、六十八、……八十、八十一、六十七、六十八、……七十九の順序で、第七十九章が最末になって《德篇》が終っている。やはり《德篇》に従って肝要な箇所を示すと、次のごとくである（排列は前例と同じ）。

○古之爲道者[17]……將以愚之也、夫民之難治也、以亓（其）知也、故以知治國、國之賊也、……（乙本）〔以下〈其〉は原文では〈亓〉〕

古之善爲道者、……將以愚之、民之難治、以其多知也、故以知治國、國之賊也、……（六十五章）

○江海所以能爲百浴（谷）□□□其□下之也。是以能爲百浴王、是以耶（聖）人之欲上民也、必、以其言下之、其欲先民也、必以其身後之、故居上而民弗重也。居前而民弗害、天下皆樂誰（推）而弗猒（厭）也。不□其無爭與、故天下莫能與爭。〔以下〈聖〉は原文は〈耶〉〕（乙本）

江海所以能爲百谷王者、以其善下之也。故能爲百谷王。是以聖人欲上民、必以其言下之欲先民、必以其身後之、是以聖人處之上而民弗重、處之前而民不害也。是以天下樂推而不厭、不以其不爭、故天下莫能與之爭。（六十六章）

○小國寡民、……使民復結繩而用之、甘其食、美其服、樂其俗、安其居、哭（鄰）國相望、……

小國寡民、……使民復結繩而用之、至治之極、甘其食、美其服、安其俗、樂其業、鄰國相望[18]……

（乙本）

（八十章）

○信言不美、美言不信、知者不博、博者不知、善者不多、多者不善。耶（聖）人無積、既以爲人己愈有、既以與人有、既以予人矣己愈多。故天之道、利而不害、人之道、爲而弗爭。

（乙本）

信言不美、美言不信、善言不辯、辯言不善、知者不博、博者不知。聖人不積、既以爲人己愈有。既以爲人己愈多、天之道、利而不害、聖人之道、爲而不爭。

（八十一章）

○天下□胃（謂）吾大、大而不宵（肖）、……夫茲（慈）以單（戰）則朕（勝）、以守則固、……

（乙本）

天下皆謂吾大似不肖、……夫慈以陳則正[19]、以守則固、……

（六十七章）

○善爲士者不武、善戰者不怒、善勝敵者不□……

（甲本）

古之善爲士者不武也、善戰者不怒、善勝敵者不爭、……

（六十八章）

○用兵有言曰、吾不敢爲主而爲客、……故抗兵相若、則哀若、則哀者勝矣。

（甲本）

用兵有言曰、吾不敢爲主而爲客、……故稱兵相者勝矣。

（六十九章）

第六十五章は「治國」を、第六十六章は「治民」を説いている。帛書『老子』の章序では、續く第八十章は理想政治の國を説いていて、主題はある程度連續しており、次の第八十一章前半は「美言」「信言」「知者」「博者」「善者」「多者」について語り、ついで「多者不善」のことばを承けてであろうか、聖人の「無積」を説くとともに、「天之道」の「不害」、「人之道」の「弗爭」を説いている。この「弗爭」に關聯するためであろうか、帛書『老子』では、『老子』第六十七章以下數章が、第八十一章に續いている。それらの章では「死」「戰」「勝」「武」「兵」など、第八十一章にみえる「不害」「弗爭」に關聯することが言及されている。このようにみてくると、帛書『老子』での章序の方が、意味上の連續の點で繋がりが、よりよいように思われる。『老子』のような章序が、いかなる理由に基づいて何時頃に定まったのかは、現時點では不明である。

次に、《道篇》では一箇所だけ『老子』と章序が異なる。すなわち『老子』で第二十二、二十三、二十四、二十五の章序になっているところが、《道篇》では第二十四、二十二、二十三、二十五の章序になっている。いま、《道篇》に從ってその箇所の文を示すと、次のごとくである。（排列は前例と同じ）

○炊（跂）者不立、自視者不章、自見者不明、自伐者無功、自矜者不長、其在道也、曰、餘食贅行、物或亞（惡）之、故有欲者弗居。（乙本）

企者不立、跨者不行、自見者不明、自是者不彰、自伐者無功、自矜者不長、其在道也、曰、餘食贅行、物或惡之、故有道者不處也。（二十四章）

○曲則全、汪則正、圭則盈、㢢則新、少則得、多則惑、是以聖人執一以爲天下牧、不自見也故明、[20]不自伐故有功、弗矜故能長、夫唯不爭、故莫能與之爭、古之所謂曲全者、……（乙本）

曲則全、枉則正、窪則盈、敝則新、少則得、多則惑、聖人抱一以爲天下式、不自見故明、不自是

故彰、不自伐故有功、不自矜故長、夫唯不爭、故天下莫能與、古之所謂曲則全者、豈虛言也哉、誠全而歸之。（二十二章）

○希言自然、飄風不冬（終）朝、暴雨不冬（終）日、孰爲此、天地而弗能久、有（又）兄（況）於人乎、故從事而道者、同於道、德者同於德、失者同於失、同於德者道亦德之、同於失者亦失之。

（甲本乙本折衷）

稀言自然[21]、故飄風不終朝、驟雨不終日、孰爲此者、天地也、天地尙不能久、而況於人乎、故從事於道者、道者同於道、得者同於得、失者同於失、同於道者、道亦樂得之、同於德者、德亦樂得之、同於失者、失亦樂得之、信不足焉、有不信焉。（二十三章）

○有物混成、先天地生、蕭（寂）呵漻（寥）呵、獨立而不玹（改）、可以天地母、吾未知其名也、字之曰道、吾强爲之名曰大、大曰筮、筮曰遠、……（乙本）

有物混成、先天地生、寂兮寞兮、獨立而不改、周行而不殆、可以天下母、吾不知其名、故彊字之曰道、彊爲名曰大、大曰逝、逝曰遠、……（二十五章）

これらの文章は、内容的にみれば、各章での主張が必ずしも緊密に連續しているとは考えられない。ただ、『老子』第二十二章と第二十四章は、「自見」「自是」「自伐」「自矜」などの語が共通することや、それについての主張が一致する點では關聯があると考えられる。とすれば帛書『老子』のような章序の方が、本來の姿であったと思われる。しかも『老子』第二十四章の、先に擧げた「自見」以下「自矜」までの句には王弼の注が無く、その箇所の注に相當すると思われる注が、第二十二章の「曲則全、……敝則新」の箇所に、次のようにつけられているという事實は注目すべきことであろう。

曲則全、（不自見、〔則〕其明全也。）
枉則正、（不自是、則其是彰也。）
窪則盈、（不自伐、則其功有也。）
敝則新、（不自矜、則其德長也。）

〔括弧内は王弼注(22)。〕

これらの注は、『老子』第二十二章後半の、上掲「不自見故明、……」の四句に極めて類似している。北京大學の樓宇烈教授は、淸の易順鼎『讀老札記』の說に依って、これらの注を第二十四章に移している。何ゆえにこれらの注が第二十二章に紛れ込んだかについては言及していない。しかし帛書『老子』が出現した現在となってみれば、王弼が注釋を施した本來の『老子』の章序は、帛書『老子』のごとくであったためと考えられる。元來、注釋は本文とは別に作られた獨立のものであった。それは例えば『儀禮』の經注の「疏」が、先ず經文や注文の箇所を標起止に依って示し、その箇所の「疏」の文だけを記した『單疏本』が現存することからも明らかなように、注文だけの『老子注』が先ず作成されたのであろうか(23)。その後で版本にするときに誤って『老子』本文に插入されたが、本文の章序が何らかの理由で換えられ、本來第二十二章にあるべき「企者……」の文章が、後の第二十四章の位置に移されたため、本文と注釋の齟齬が生じたものと考えられる。恐らく王弼の注釋を施したテキストは、この部分に關しては帛書『老子』と同じ章序であったと推測される。さらにこれら兩章のみえる類似の句からするならば、『老子』のように離れているよりは、帛書『老子』のように兩章が接續している方が自然でもある。
以上の考察によれば、『老子』の章序より帛書『老子』の章序の方が、内容的に接續がより密接でより自然であり、帛書『老子』の章序が本來の形態であったように思われる。

分章について

『老子』は八十一章に分章されている。この分章が何時なされたのか不明であることは先に言及した。前漢末の劉歆『七略』には、[24] 上篇三十四、下篇四十七と章數が示されている例もある。『老子』の上篇三十七、下篇四十四の章數とは一致しない。とすれば、八十一章の分章以前はどのように分章されていたのであろうか。勿論、正確なところは解らないが、その實態を知る手がかりの一端となるのが、帛書『老子』甲本である。そこには、時には句讀點も多少は認められるが、同時にそれとはまた異なった文章の途中に中黒點が幾箇所かに認められる。殘缺の遙かに少ない乙本には、殘念ながら句讀點その他の印は一切認められない。そこで不完全ではあるが、いま甲本を頼りに『老子』の分章について考え直す餘地のありそうな箇所を指摘してみよう。

先ず、《德篇》の『老子』での第四十六章に相當する箇所には、次のように冒頭と中間の「天下」と「罪莫大」の前に、中黒點が認められる。

・天下有道□走馬以糞天下无道戎馬生於郊
・罪莫大於可欲[illegible]（禍）莫大於不知足咎莫憯於欲得□□□□□恆足矣[25]

（括弧内は相當する現行漢字）

天下有道、卻走馬以播、天下無道、戎馬生於郊。罪莫大於可欲、禍莫大於不知足、咎莫憯於欲得、故知足之足常足矣。

（傅奕本）

『老子』では、「天下」から「足矣」までが一章として扱われ解釋されている。しかし仔細に文章全體の意味を考えてみると、「天下」から「於郊」までと、「罪莫」から「足矣」までとは、意味内容がつながらないことは明らかである。この章は帛書『老子』のように、兩章に分けるのが穩當であろう。同じく、《德篇》の『老子』での第五十一章に相當する箇所には、次のように二箇所の「道生之」の前に中黑點が認められる。

・道生之而德畜之物刑（形）之而器成之是以萬物尊道而貴□□之尊德之貴也夫莫之时（爵）而恆自然也

（甲本）

・道生之畜之長之遂之亭之□之□□□□□□□弗有也爲而弗寺（恃）也長而弗宰也此之謂玄德

（甲本）

道生之、德畜之、物形之、勢成之、是以萬物莫不尊道而貴德、道之尊、德之貴、夫莫之命、常自然。「故」道生之、「德」畜之、長之育之、亭之毒之、養之覆之、生而不有、爲而不恃、長而不宰、是謂玄德。

（王弼本）

前者の中黑點は、『老子』の分章と一致するが、後者の中黑點は帛書『老子』獨自の分章と思われる。また前者では「道生之而德畜之……」とあって、「道」と「德」との働きを分けているのに對して、後半では「故」字や「德」字はなく「道生之畜之……」と、すべてが同じく「道」の働きとされている。その道のはたらきが「玄德」なのである。そうした點で、後者の中黑點を境として「道」の働きが異なったものとなっている。從って、『老子』で一章となっているこの章もやはり分章すべきであろう[26]。そもそも「故」字があるばあい、『老子』では必ず前文と連續している點に注意すべきで、「故」字を入れて前文と繫げたものと思われる。

なお、「玄德」の語は、『老子』にはほかに、

載營魄褎一、能無離乎、……愛民活國、能無以知乎、……生之畜之、生而不有、爲而不恃、長而不宰、是謂玄德。（傅奕本、十章）

古之善爲道者、非以明民、將以愚之、民之難治、以其多知也、故以知治國、國之賊也、不以知治國、國之福也、常知此兩者亦稽式也、能知稽式、是謂玄德。玄德深矣遠矣、與物反矣、乃復至於大順。（傅奕本、六十五章）

とみえる。殊に第十章の定義は上引帛書『老子』後半末尾の定義とほぼ同じであるが、帛書では甲乙兩本とも「爲而不恃」の句が缺落している。第六十五章の場合には「知」による政治をするか否かにより國の禍福が決定されることを知るのが「稽式」で、常にこの「稽式」をわきまえているのが「玄德」だとしている。

續いて、《德篇》の『老子』での第五十二章に相當する箇所には、次のように「塞其悶……」の前に中黑點がある。

天下有始以爲天下母既得其母以知其□復守其母沒身不殆
・塞其悶閉其門終身不堇（勤）啓其悶濟其事終身□□□小曰□守柔曰强用其光復歸其明毋道身央（殃）是胃（謂）襲常

乙本によれば、「道身央」の「道」字は「遺」となっていて、意味上からして乙本の方が正しいであろう。『老子』も乙本と同じである。この文章は、前半も中黑點以後も、內容的にはいずれも保身乃至養身に關することであるから、全體として一章としてもおかしくはないが、記述の具體性からいえば、やはり中黑點の前後は分章すべきであろう。

《德篇》の『老子』での最末尾の第八十一章に相當する箇所は、缺落が多く文意は測りがたいが、途中に次のように「聖人」の前に中黑點がある。いま乙本及び『老子』と併置すると次のようである。

□□□□□□不□□者不博□者不知善□□□者不善
・聖人无積□以爲□□□□□□□□□□□□□□□□□（甲本）

信言不美美言不信知者不博博者不知善者不多多者不善
聖人无積既以爲人己兪有既以予人矣己兪多故天之道利而不害人之道爲而弗爭（乙本）

信言不美、美言不信、善言不辯、辯言不善、知者不博、博者不知。聖人無積、既以爲人己愈有、既以與人己愈多、天之道利而不害、聖人之道爲而不爭。（傅奕本）

後半は確かに、前半の對になった句の集積とは、別の文章であったと考える方が自然で、分章する方がよいように思われる。語句表現の上からみれば、後半で聖人について「既以予人矣己兪多」と述べているのは、前半の「多者不善」と矛盾するようにみえる。あたかも第五十一章に相當する帛書『老子』で、「生」「畜」の働きが、前半では「道」と「德」とに分けられているのに對して、後半ではいずれも「道」のこととされていて文意が異なっているのと類似している。ただ「善者不多、多者不善」に相當する句が、『老子』では「善者不辯、辯者不善」（王弼本・河上公本）「善言不辯、辯言不善」（傅奕本）に變っている。その理由は不明であるが、語句表現の上で前半と矛盾するようにみえることと、關係があるかも知れない。意味内容からすれば、前半の「多」は「自ら稱讃する」の意味で、後半の場合は多い少ないの「多い」の意味であろうから、矛盾はないと思われる。いずれにしても別個の文章であったと推定され、この章も帛書『老子』甲本でのように、兩章に分けるべきかも知れない。なお、帛書『老子』では「天之道」に對して「人之道」となっているのに對して、『老子』では「人之道」が「聖人之道」になっていることが注意される。このように帛書『老子』では「人」となっている所が『老子』では「聖人」となっていることは、理由は不明であるが、他にも幾箇所かに認められることは、本書所收の拙稿（「馬王堆漢墓帛書續考」一七〇頁、一七二頁注（8））でも指摘した。

《德篇》の『老子』での第七十二章に相當する箇所は、甲本は冒頭が缺落していて、中黑點の有無が不明であるが、乙本乃至『老子』と併置すると、次のようである。

□□□畏畏則大□□□矣

・毋（毋）閘其所居毋猒（厭）其所生夫唯弗猒（厭）是□□□□□□□□□□□□□而不自貴也　故去被取此

（甲本）

民之不畏畏則大畏將至矣毋伊其所居毋猒（厭）其所生夫唯弗猒（厭）是以不猒（厭）是以聖人自知而不而見也自愛而不自貴也故去罷而取此（乙本）

民不畏威則大威至矣、無狎其所居、無猒其所生、夫惟無猒是以無猒、是以聖人自知而不自見、自愛而不自貴、故去彼取此。（傅奕本）

『老子』からすれば、中黑點の前と後では意味が續かない。いま甲本では、冒頭の箇所が缺落しているので、中黑點の有無は不明である。もし冒頭の缺落部分に中黑點があるとすれば、章としては短かすぎる。しかし文體も似ていないことはないし、「畏」乃至「威」を「病」と關聯するものと考えるならば、或は中黑點以前の部分は、前の第七十一章に連なっていたのかも知れない。

《德篇》の『老子』での第七十五章に相當する箇所には、冒頭と中閒に次のように中黑點がある。

・人之飢也以其取食涚（稅）之多也是以飢百姓之不治也以其上有以爲□是以不治（甲本）

・民之巠（輕）死以其求生之厚也是以巠（輕）死夫唯無以生爲者是賢貴生（甲本）

民之飢者、以其上食稅之多也、是以飢民之難治者、以其上之有爲也、是以難治。民之輕死者、以其上求生生之厚也、是以輕死。夫惟無以生爲貴者、是賢於貴生也。（傅奕本）

前半は政治に直接かかわるような主張であり、後半はいわば生命尊重にかかわる主張で、意味內容が異なる。ここも分章されて當然だと考えられる。

以上にみてきた甲本《德篇》での中黑點の存在が分章を意味するものとすれば、六章の增加となって、《德篇》すなわち『老子』の下篇の章數は、四十四章から五十章に增加する。先にみた『七略』の分章數が、前漢末期の姿を傳えるものとすると、前漢初期の《德篇》すなわち下篇の分章は、それよりさらに五乃至六章多かったことになる。以上が『七略』にみえる分章及び《德篇》での分章の、『老子』と異なるところである。そして帛書『老子』における分章の表示と思われる中黑點による章分けは、いずれも妥當なものと思われ、『老子』の章分けを訂正し、本文の正確な理解に有效なものであることが明らかになった。

いまこの節を終るに當って、次のことを附け加えておきたい。帛書『老子』甲本の《德篇》に續く《道篇》では、句讀點は何章かに亙って認められるが、冒頭に「・道可道……」と中黑點がある以外は全く見あたらない。從って、《道篇》での分章の狀況は不明である。なお、《德篇》には上に擧げた諸章のほかに、『老子』の分章と合致する中黑點が、『老子』での第五十三、五十七、六十三、六十四、八十、六十九、七十三、七十六の各章の冒頭に認められる。そのほかには、帛書『老子』での章の冒頭部分が缺落し、中黑點の有無が不明の場合もあるし、帛書『老子』での章の文頭が缺落していなくとも、中黑點の無い場合もある。中黑點は分章の決定的な指標ではないにしても、分章の指標の一端であることはほぼ確認されたといえよう。

また帛書『老子』における句讀點について附言すれば、その句讀は『老子』での句讀とほぼ一致する。例えば甲本の『老子』での第十八章に相當する箇所では、

故大道廢、案有仁義知（智）快（慧）出、案有大僞六親不和案有畜（孝）茲（慈）邦家閥（昏）

亂案有貞臣

と句讀點がつけられている（句讀の無い所は原文のまま）が、『老子』では、

大道廢焉有仁義、智慧出焉有大僞、六親不和有孝慈、國家昏亂有貞臣。（傅奕本）

大道廢[25]、有仁義、智慧出、有大僞、六親不和、有孝慈、國家昏亂、有忠臣。（王弼本）

となっている。傅奕本の場合は、「焉」字は句末か句頭か必ずしも明確ではない。後半の文章からすれば、「大道廢焉、有仁義、智慧出焉、有大僞」と區切ることになろう。甲本のように句讀がなされていれば、「案」字は「有仁義」など後句について、「すなわち」「そこで」の意味に解釋することが定まる。甲本では、他にも區切りの紛らわしい箇所などに、部分的にではあるが句讀點がつけられている（例えば、『老子』の第六十一、六十二、六十三、六十四章に相當する箇所など）。

三　『老子の研究』と帛書『老子』

一九七三年に湖南省長沙の馬王堆漢墓第三號墓から出土した、所謂帛書『老子』が發見される遙か以前に、武内義雄は『老子原始』[27]を著し、『老子』本文自體の意味を考えるとともに、周邊の關聯する文獻を參照しながら詳細な檢討を加え、五つの理由を擧げて「一人一時の著作とは考ふべからざるなり」（同上、六一頁）といい、「解老喩老の二篇は、現存する老子の傳と說との最古のもの」（同上、六三頁）と考え、氏の臆說だとしながらも「今本老子は、韓非後學之傳へし經文に本づき、章次を改

め、文字を校改せるものなるが如し」（同上、六三頁）と考える。またその成立時期について、「莊子胠篋篇の後韓非子解老及び喩老の前にありて、秦漢の際に當るべし」[28]（同上、七八頁）と推定している。さらに武内氏はその後『老子の研究』を著して、『老子』は「愼到から韓非まで西暦紀元前三百年から二百四十年に至る六十年間に編纂されたもの」[29]（一六七頁）と考えざるをえないという。

またさらに武内氏は『老子の研究』の「道德經析義」の章において、『老子』全章について檢討を加え、本文の大幅な改變を行っている。しかし馬王堆第三號墓出土の帛書『老子』の發見以前であったことから、それには決定的な異論は出なかったものの、發見以後の現在となっては、勢い主觀的な結論だったといわざるを得ないことが明らかになった。

例えば、本格的に本文の檢討に入る前の「道德經の考察」の章で、愼到說の混入と思われるものを幾章か指摘している。そのうち第六十五章について、愚民政治の力說から法家のことばとしか思えぬとし、且つ次のように四節に分けられるという。

古之善爲道者、非以明民、將以愚之、民之難治、以其多智也。

故以智治國、國之賊也、不以智治國、國之福也、知此兩者亦稽式也、能知稽式、是謂玄德。

玄德深矣遠矣、與物反矣。

然後乃至大順。〔武内氏原書では、必ずしも節毎に行分けしていない。以下同様〕

右のうち、最も古い語は第二節だけで、第一節と第三節は後に敷衍されたことばであり、第四節はさらに後人の說明注釋の本文への混入だと推測している。

しかしながら馬王堆漢墓出土の帛書『老子』をみると、[30] 意味に關わりのない助詞の有無など多少の違いはあるものの、『老子』そのままとほぼ同文である。『老子』との差異は、全般的には「智」字が「知」となっていること、第一節では傍線部「多」字が無いこと、第二節では傍線部がそれぞれ「以知知國（甲本作邦）」「以不知知國（甲本作邦）」「恆知」「恆知」となっていること、第四節では圏點部「然後」が無いことなどである（これは傅奕本も同じ）[31]。しかも、帛書の書寫年代は前漢のごく初期、高祖期から文帝期とされるが、書寫の形式からは注釋らしいと判斷されるものは全く見當らない。その成立が書寫よりも遙かに古いとしても、注釋であれば何らかのそれらしい形跡があってしかるべきだと考えられるが、それらしい痕跡は全く認められない。帛書『老子』をみた限りでは、現在の觀點からみて、假に『老子』の内容が不合理に思われるにしても、むしろ元來の本文に近いものであったと考える方が、遙かに自然である。

また武内氏は前掲書の「道徳經析義」の序文ともいえる箇所で、『韓非子』喩老篇での記述に基づいて、漢初までは『老子』は「老子書」の題名であったと推定し、「道徳經」と名づけられたのは、『史記』老子傳に「老子迺著書上下篇、言道德之意五千餘言」に基づいたとする。また『老子』第二十章の王弼注に「下篇云云」とあるところから、上篇下篇と呼んだことは、かなり古いことだと推定している。さらに上篇を「道經」、下篇を「德經」と呼ぶのは河上公本であって、最古の注釋である王弼本の時代には、まだ「道經」「德經」と題名がつけられていなかったとする。しかしこれらの推定は、殘念ながら馬王堆漢墓出土の帛書『老子』乙本の出現によって、誤りであることが明らかになった。すなわち漢初に『老子』の上下篇に相當する各篇に、「道」「德」という篇名がすでにつけられており、かえって上下という分割の名稱は認められない。假に上下と名づけたとすれば、『老子』の上下とは逆になってしまう。

武内氏は本文校訂すなわち「道德經析義」の凡例で、例えば、

二、經文中、後人の敷演注釋評語等の竄入と判斷せられ且つ前後の文脈に害ある部分は活字を小さくして古い部分と區別した。

三、經文に錯簡あるところは舊態を存しながら出來るだけ之を正すことに努めた。卽ち〔 〕括弧ではさんだ部分は刪除すべきを示し「 」括弧を施した字句は他章から移したことを示す。

などと明言し、『老子』は元來のものとは大きく異なったものだとする。その元來のというのは、何時ごろの元來かは明確ではないが、『淮南子』などを擧げてそれを根據に改變しているところなどをみると、少なくとも前漢初期の原形を念頭に置いていることは推定される。そもそも武内氏は『老子』は秦漢の際に編纂されてものだとの立場を取っているので、そうした見解とも一致するといえよう。そこで武内氏は、『老子』はその原形と異なったものとなっているので、前漢初期の原形を復元しようと試みた。その成果が『老子の研究』に收められた「道德經析義」にほかならない。武内氏の見解によれば、『老子』は前漢初期の原形とは著しく異なったものであって、かなりの部分を改變しなければならないという。

そして實際に、殆どの各章について手を加えている。いま問題が顯著に現れている幾つかの章につ

いて、具體的に檢討してみよう。

『老子』の第一章は、次のごとくほぼ三章に分けられる。

道可道非常道、名可名非常名、無名天地之始、有名萬物之母、

〔故〕〔常無欲以觀其妙、常有欲以觀其徼〕

此兩者同出而異名、同謂之玄、玄之又玄、衆妙之門。

最初の節は四句で有韻の文であり、且つ『韓非子』解老篇及び『淮南子』道應・氾論篇に、初めの一句または二句が引用されていて、「古くから老子の言として傳へられたもの」（二六三頁）と考える。他の二節は古書に徵引されていないので、最後の節は老子の言ではないかも知れぬとし、「おそらく老子を祖述するものの敷衍」（同上）であろうという。中間の節は押韻しているが、最初の節と「意味の連絡がよくない」（同上）うえに、第三十四章にも同一の句法「常無欲可名於小」がみられ、この同一句法はすぐ前の句の注釋で、後人の文と想像されるとする。從って中間の節も後人の語と推定する。ちなみに第三十四章は、

大道氾兮其可左右、萬物得之以生而不辭、功成而不名有、

〔衣養萬物而不爲主、常無欲可名於小、萬物歸焉而不爲主、可名爲大〕

〔以其終不自爲大、故能成其大、爲大於其細、圖難於其易〕(32)

と、やはり三節に分割して、最初の節は有韻の文で古いものらしいが、他は後の附益と推定する。中間の節は、最初の節の說明であるが、唐中宗の景龍二（七〇八）年に刻されたとされる景龍碑では大

文字の部分のみで、これが本來の文であると推定、また小文字の第一句は「前の句の注釋らしい」という。またこの節の初めに「衣養（本來は愛養）」とあることから、齊の地方（山東省）に傳わった頃に附加された部分だと推定する。第三の節は、小文字の部分は王弼注であるが、第六十三章にこの注を含めて全く同じ語句があるので錯簡だと推定する。その第六十三章には、

爲無爲、事無事、味無味、大小多少、報怨以德、圖難於其易、爲大於其細、天下之難事、必作於易、天下之大事、必作於細、是以聖人終不爲大、故能成其大、……

とある。武内氏は、この章を次の第六十四章と續けて扱い、これら兩章は「錯簡が多く注が本文に混入したりなどしてゐて殆ど意味が通じない」（三七三頁）といい、圈點部分は「天下之難事」以下の注釋であって、第三十四章では「聖人終不爲大、故能成其大」の王弼注であることから、右の「圖難……其細」の二句は「注から本文にまぎれ込んだ證據であらう」（三七四頁）という。また「大小多少」の句も喩老篇を參照しながら、同じく「天下之難事」以下の二句の古い注釋が本文となったものと推定する。また續く「報怨以德」の句も、この章では連絡しないとして、この兩章を大略意味が續くように、大幅に整理し直している。ただし、整理し直した文の直後に「右はただ意味のつづくようにならべただけでこの章の舊形が果たしてかくのごときであつたとは斷言できぬ。」（三七四頁）と附言している。

いま第一章とそれに關聯する諸章について、それぞれ帛書『老子』をみてみよう。第一章は、甲、乙本とも多少の缺損はあるものの、ほぼ完全な形で殘っている。それによれば、ほぼ『老子』と同文

で、武内氏が注釋ではないかとか、老子の言ではないかも知れぬとした文章はいずれも存する。ただ「無名」の場合も「天地」ではなく「萬物」となっている點と、『老子』「同謂之玄、玄之又玄、……」の「之玄」の二字が、甲、乙兩本ともに無いという違いがあるだけである。

次に第三十四章も、甲、乙兩本とも（殊に乙本は）ほぼ完全に存する。『老子』との違いは、先ず冒頭の「大道」は單に「道」となっていること、「萬物得之以生而不辭」の句が無く、「左右」からすぐに「成功遂事而弗名有」（『老子』は圏點部の字は無く「成功」が「功成」となっている）に續くこと、「衣養萬物而」が「萬物歸焉而」となっていて、次の對になっている句と同じであること、「以其終不自爲大」の句の「終」「自」字が無く、しかもこの句の前に「是以聖人之能成大也」の文がある點などである。

最後に第六十三章は、甲、乙兩本とも缺損が幾らか多いが、『老子』との比較には差し支えない程度であり、結果は『老子』と殆ど一致する。例えば「難事」「大事」が、それぞれ「難」「大」の一字であったり、「必作」の「必」字が無いといった程度の差異にすぎない。

以上の數章についての、『老子』と帛書『老子』との比較でいえることは、兩者に多少の差異はあるものの、武内氏のように『老子』を大幅に改變して原形を復元する必要はなく、『老子』は原形を案外忠實に傳えているということである。しかも、このことは『老子』全般に亙っても同じくいえることなのである。

なお、甲本にのみ、第六十三章の冒頭（あるいは前章の末尾というべきか）と次の第六十四章の冒頭に、句讀點とも章分けともみられる印がある。この印は甲本の《德篇》にかなりみえ、それに基づいて『老子』の章分けを訂正する必要がありそうな箇所もあることはすでに述べた。從って武内氏が、これら兩章をまとめて扱い、『老子』を大幅に改變しているのは、內容に類似したところがあるとはいえ、甚だしい行き過ぎであったかと思われる。

次に『老子』の「道」について語るとき、必ずといってよいほど引用される第二十五章について考察しよう。武内氏はこの章を檢討し、他章との錯簡があるとして、

有物混成、先天地生、寂兮寞兮、獨立而不改、周行而不殆、可以天下母、吾不知其名、故強爲字之曰道、強爲名曰大、大曰逝、逝曰遠、遠曰反、

〔故道大、天大、地大、王亦大、域中有四大、而王居其一焉、人法地、地法天、天法自然〕

「自古及今、其名不去、以閱衆甫、吾何以知衆甫之狀哉、以此」

（以上二十三字舊本在第二十一章）

と、本來は以上の三節に分けられると推定する。最初の節は有韻の文で古い本來のものとする。ただ「遠曰反」で終わるのは物足りない、恐らく第二十一章をここに移せば甚だ自然だが、彼の章では連屬しないとして、第三の節を附加する。中間の節は、第一節の「名曰大」の「大」を說明するために加えられた文句で、老子の文ではなかろうとし、また思想的にも連屬しないという。

いま、帛書『老子』では、『老子』第二十五章と殆ど同じで、勿論第二十一章の二十三字はない。少し目だつ差異といえば、「周行而不殆」の句が無く、「天下」が「天地」に、「逝」が「筮」に、「域

中」が「國中」になっていることなどであろう。また、ここに移された第二十一章の一部について、『老子』と帛書『老子』との差異をいえば、後者では「自古及今」が「自今及古」に、「閱」が「順」に、「甫」が「父」に、「狀」が「然」になっている點などであろう。ある種の王弼本や傅奕本では「自今及古」となっており、その方が正しいとの指摘がすでになされている。(33)

次に、同じく「道」についての重要な記述が第四十二章にあるが、武内氏はその初めの部分を、第三十九章の冒頭に移して、第三十九章の本來の姿は次のごとくであったとする。

「道生一、一生二、二生三、三生萬物、萬物負陰而抱陽、沖氣以爲和」　（四十二章）

昔之得一者、天得一以清、地得一以寧、神得一以靈、谷得一以盈、萬物得一以生、侯王得一以爲天下貞、

其致之一也、天無以清將恐裂、地無以寧將恐發、神無以靈將恐歇、谷無以盈將恐竭、萬物無以生將恐滅、侯王無以貞將恐蹶、

〔故必貴以賤爲本、高以下爲基、是以侯王自謂孤寡不穀、……珞珞如石〕

第四十二章の冒頭部分を第三十九章に移したのは、その章では意味が通じないので姚姫傳『老子章義』の說に從ったという。姚說を補足する理由として、『文選』所引の「道生一」の注に、第三十九章の注を附していることを擧げ、ここに移した一連の第四十二章の文章は、本來は第三十九章にあったことの證左だとする。また第一節の「道生一」の一句は、『淮南子』天文・精神兩篇の引用には無いので削除すべきだという。最後の節は、錯簡でこの章とは無關係だという。

しかしながら帛書『老子』によれば、漢初の姿はほぼ『老子』のままであったことが確認される。ただ前にも觸れたことであるが、「萬物得一以生」「萬物無以生將恐滅」の句が、甲、乙兩本に無い點が『老子』と異なる。『老子』第三十九章に説くところは、「一」が萬物を生み出すという思想ではなく、現に存在するものが「一」によって本來の働きをなし得るという考えを示すもので、この章と第四十二章とを繋げることは無理ではないかと思われる。

しかも武内氏は第四十二章を大幅に變え、ここに移さない殘りの部分に、第七十六章、第三十九章をも合體させ、本來は次のごとき文章だったとしている。

「人之生也柔弱、其之死也堅強、草木之生也柔脆、其之死也枯槁、故堅強者死之徒、柔弱者生之徒、是以兵強則滅、木強則折[34]、強大處下、柔弱處上」（以上舊在第七十六章）

「故貴以賤爲本、高以下爲基、是以侯王自謂孤寡不穀、是其以賤爲本也非歟」（以上舊在第三十九章）

〔人之所惡、唯孤寡不穀、而王侯以自稱也[35]、〕故物或損之而益、或益之而損、人之所以教我、而我之所以教人、強梁者不得其死、吾將以爲學父。

いま必要な限りでその變更の主張をまとめると、第一節と第二節とを併合したのは、『淮南子』原道篇で、これらの節にみえる語を連引して「志弱事強」の説を述べているため「漢初の老子は此等の語が連續してゐたと思はれる。」ためである。また原道篇のその部分を譯載している。武内氏は第一節にのみ有韻の語があり、且つ『列子』黄帝篇に老耼の語として引用されていることから、この節のみが老耼のことばで、第二、第三節は「後學の敷衍であらう。」という。さらに第三節の「强梁者不得其死」の句は〈黃帝金人銘〉の語とされるので、これらの節は道家後學が黃帝假託の語を引用しての第一節の說明とする。また小文字の部分は第二節の注釋ともみられるという。しかし、第七十六、第三十九の兩章から部分的に文章を切斷して、この第四十二章の冒頭に移し、この章の本來の冒頭部分を第三十九章に移すという大膽な改變は、いかがなものであろうか。いま平心に原道篇の文を讀むと、第二節にみえる語が先にあり、第一節にある語がのちになっていることなどからしても、兩節が上記のように元來は連續していたとみなす主張には牽强の嫌いがある。そして現在帛書『老子』について、みて、缺損部分は多いものの甲、乙兩本を突き合わせてみると、『老子』とほぼ同文であり、第二節の注釋とみなされた部分も、第四十二章の「道生一、……」に續く、れっきとした本文であることが確認される。

以上、斷片的にではあるが、考察してきたところでは、前漢武帝期ごろの『淮南子』邊りをも參考にしながら『老子』の原形を復元しようとの武内氏の努力にも拘らず、それより遙かに古い前漢高祖期から文帝期頃の資料である馬王堆漢墓出土の帛書『老子』の出現は、武内氏の努力の成果を否定することとなった。帛書『老子』は現段階での最古の『老子』の原形を示すものにほかならない。とすれば現代の思考の觀點からなされた、周到な手續きを踏んでの先學の努力の成果も、殘念ながら繼承することはできないことは明らかであろう。

結語

すでに各章、節で検討して判明したところは記したので、改めてここでまとめるまでもないことであるが、これまで検討してきた結果を、簡潔に記して結語としよう。

いま帛書『老子』を基準として考察してきて、ほぼ次のことがいえるであろう。

所謂『老子』に關する最古の解説ともいうべき『韓非子』解老篇所引の『老子』の語とおぼしき文章は、案外帛書『老子』と合致するところが多く、斷片的ながらかなり所謂『老子』の原形を傳えているらしいことが明らかになった。ただ法家的な『韓非子』という書籍の性格からして、政治的軍事的に利用できそうな章句が多いように思われるが、今後も一層の検討がなされるべき課題が多い。

次に『老子』との關係では、次のようなことがいえよう。先ず、思想内容に關することでは、かなり重要な箇所に改變乃至加増がなされていると思われる。まだその思想的内容には充分には立ち入ることはできなかったが、今後新たな角度から考察するきっかけが生まれたといえよう。章序についても、やはり改變が行われたことが明らかになった。しかしその改變がいかなる理由でなされたのかは、不明である。分章については、『老子』の分章は必ずしも穩當ではないことが判明した。從來から現在の分章については、その妥當性が問題視されていたが、甲本の出現によって從來は問題にされていなかった箇所についても、考え直す手がかりが出てきたといえよう。

武内氏の眞摯な研究については、様々な角度からの綿密な考察にも拘らず、帛書『老子』の出現によって失敗に歸したことが明らかになったことは、誠に殘念ではあるが、古代の文獻學の難しさを我々に如實に示してくれたといえる。中國の多くの學者たちが、傳承された書籍に多くの疑問を持ち、詳細な注釋でその不合理を指摘しながらも、可能なかぎり敢えて改變せずに元來の形のままに溫存してきた傳統を想い起こさせることであり、文獻に對する中國人の賢明な智慧といえよう。勿論、改變しないことによる或は改變しようとしないようにさせるあるものによる、弊害はあるかも知れないが。

（一九九一、一、一〇稿、二〇〇五、四、五補訂）

注

（1）本書所收、拙稿「『帛書老子』考――書名〈老子〉成立過程初探――」參照。
（2）前注、拙稿、參照。
（3）解老篇と同じく『老子』の最古の解說である喩老篇も扱うはずであったが、殘念ながら時間の制約もあり、それは改めて扱う。
（4）帛書『老子』と傅奕本との關係は、一概には密接だとはいえない面も多少ある。次のような例はその一端を示すものであろう。
　第八十章には、他の『老子』には無い「至治之極」などという語がある。
　第十六章では「復歸於其根曰靜、是胃復命」（甲、乙本）、「復歸其根曰靜、是謂復命」（王弼本）であるのに對して、傅奕本では「復歸其根曰靜、靜曰命」である。

第三十四章では「萬物歸焉□□爲主」（甲本）、「萬物歸焉而弗爲主」（乙本）、「萬物歸焉而不爲主」（王弼本）であるのに對して、傅奕本では「萬物歸之而不知主」である。

ただ、帛書『老子』と合致する點が、他の『老子』より多いことは確かであり、容易にその例を擧げることはできるが省略する。中國では、國家文物局古文獻研究室編『馬王堆漢墓帛書〔壹〕』（文物出版社、一九八〇年）での、巻末に〈老子甲本乙本傅奕本對照表〉を附載する。

（5）甲本は「傷□□□不相□□德交歸焉」とあって、肝要な箇所が不明である。

（6）この一句は王弼本には缺落しているが、帛書『老子』及び他の『老子』にはある。王弼本は寫し落としたのであろう。

（7）「𠑽」「矢」「冢」は、いずれも音が類似しているので、「𠑽」の意味で用いられたと考えられる。

（8）「楇」は「揣」と同じ意味とされ、「投」の意味に通ずるし、「昔」は「錯」と音符が同じであるから、「措」と同じ意味で用いられたのであろう。

（9）括弧内は相當する現行漢字。以下帛書の引用文の場合はすべて同じ。

（10）前注（4）參照。

（11）河上公本のみ「天下正」、王弼本、傅奕本は「天下貞」。帛書『老子』は「正」に作っているので、ここのばあいは河上公本のみ原形を傳えているといえよう。

（12）王弼本、河上公本には「爲貞而」の三字が無く、「無以貴高、將恐蹶、故貴以賤爲本」となっている。

（13）朱謙之『老子校釋』（龍門聯合書局、一九五八年）によれば、陳碧虚が「嚴君平本無〈萬物得之以生〉、竝下文〈萬物無以生將恐滅〉十四字」（一〇〇頁）といっているとのことであり、また焦竑の『老子翼註考異』にもすでに同様に「萬物得一以生、君平本無此并下萬物無以生將恐滅十四字」の記述がみられる。嚴君平は前漢の嚴遵のことであるから、彼の傳承したテキストは帛書『老子』と同様のものであったことが知られる。

(14) 許抗生『帛書老子注釋與研究（增訂本）』（浙江人民出版社、一九八〇年）、七四頁注（2）參照。

(15) 藤堂明保『漢字語源辭典』（學燈社、一九八〇年）七三六頁及び七五二頁、參照。

(16) 「天下之物」の句、傅奕本以外の王弼本、河上公本はいずれも「天下萬物」となっているが、帛書『老子』からすれば傅奕本が原形を傳えているといえよう。

(17) 甲本のみ、冒頭の句は「故曰爲道者……」と作るが、『老子』ではいずれも「古之善爲道者」に作る。なお、第六十八章では、甲乙兩本とも「善爲士者不武」と作ることなどからすれば、第六十五章の「善」字は本來無かったのではなかろうか。

(18) 傅奕本のみ「至治之極、民各」の六字が多い。また王弼、河上公兩本は「安其居、樂其俗」だが、傅奕本のみ「安其俗、樂其業」に作る。『史記』卷一二九貨殖列傳の冒頭に「老子曰、至治之極、鄰國相望、雞狗之聲相聞、民各甘其食、美其服、安其俗、樂其業、至老死不相往來」とあるのは、傅奕本に類似する。また『莊子』胠篋篇に「至德之世」として「民結繩而用之、甘其食、美其服、樂其業、安其俗、鄰國相望、雞狗之音相聞、民至老死而不相往來」とある。この胠篋篇は戰國末の作とされるもので、「樂俗」「安居」の句の順序も帛書『老子』と一致している。帛書『老子』が最も古い形を傳えるものと考えられる。傅奕本は漢初の『史記』などにより手を加えたものであろうか。

(19) 王弼本、河上公本は「夫慈以戰則勝、……」につくり、帛書『老子』と一致する。またこの章の後文で、傅奕本だけが「捨其後且先、是謂入死門」と作るが、帛書『老子』を含めて他の諸本はすべて「舍其後且先、死矣」（王弼本のみ「其」字なし）に作り、傅奕本が必ずしも古い形を傳えているとは限らないことを示す證左といえようか。

（20）甲本では「不□視故明、不自見故章」と、「視」「明」、「見」「章」との對應となっている。これに對して傅奕本など諸本は「不自見故明、不自是故彰」となっていて、帛書『老子』での「視」乃至「見」と「彰」乃至「章」との對應はみられず、「是」と「彰」との對應となっている。こうした對應の變化が何時ごろからであるかは不明である。「視」乃至「見」であれば、「示す」の意味であるから「章」乃至「彰」との關聯は明瞭である。

（21）傅奕本以外は、帛書『老子』を含めてすべて「希言自然、……」である。第四十一章でも、傅奕本のみ「大音稀聲」と「稀」字を用いている。

（22）引用の王弼注文は、樓宇烈『王弼集校釋』上（中華書局、一九八〇年）による。

（23）古勝隆一「釋奠禮と義疏學」（京都大學人文科學研究所研究報告『中國の禮制と禮學』所收、二〇〇一、一〇）によれば、南北朝隋唐時代には注は單行していなかったという。專家の説であり、從うべきだと思う。ただ王鳴盛『十七史商榷』卷一、索隱正義皆單行の條に「索隱三十卷、張守節正義三十卷、唐志皆別自單行、不與正文相附、今本皆散入」とあり、史書では注文が單行したようである。ただ思想書については明らかでない。

（24）董思靖『道德眞經集解』（『正統道藏』短字號、所收）所引の『七略』による。

（25）字數を正確に示す關係から、句讀點はつけない。但し、甲本に句讀點がつけられている場合のみつけた。

（26）また朱謙之『老子校釋』（龍門聯合書局、一九五八年）によれば、最初の「德畜之」の句についても、魏稼書は「御注無〈德〉字」といっており、後半の「德畜之、長之育之、……」については「御注、慶陽、皤溪、樓正、顧、彭、趙、高、范均無〈德〉字、……」（一三一頁）とあり、『老子』王弼注附載の孫鑛『古今本攷正』にも「德畜之、今本無德字」とあって、すでに帛書『老子』の形を正確に傳えるものがかなりあったことが知られる。またただ「故」字については、朱氏の同書には何の言及もない。

(27) 本文の句讀は、前掲『王弼集校釋』上、による。

(28) 初刊は一九二六年、東京弘文堂。のち『武内義雄全集』第五卷、老子篇（角川書店、一九七八年）所收。以下、武内氏の説の引用頁數はすべて全集本による。

(29) 初刊は一九二七年、東京改造社。のち前掲『武内義雄全集』第五卷、所收。

(30) 國家文物局古文獻研究室編『馬王堆漢墓帛書〔壹〕』（文物出版社、一九八〇年）による。

(31) 『老子』では、傅奕本が帛書『老子』の原文に最も近いとされている。しかし武内説との比較の關係から、この章での『老子』の原文は、前掲『武内義雄全集』の引用文による。

(32) この小文字の二句は、この章の王弼注である。これと同じ二句（但し、句の順序は逆）は、『老子』第六十三章の本文にある。武内氏は、この二句は元來は注文だとするが、むしろ王弼が本文を援用して注釋したと考えるべきであろう。

(33) 高亨・池曦朝「試談馬王堆漢墓中的帛書〈老子〉」（馬王堆漢墓帛書整理小組編『馬王堆漢墓帛書老子』、文物出版社、一九七六年、所收）一二二頁、參照。

(34) この二句は、王弼本では「兵强則不勝、木强則共」となっている。

(35) この二句は、傅奕本では「而」を「亦」に作るだけで、引用文とほぼ同じ。王弼本では「人之所教、我亦教之」となっている。乙本は缺損が多く、この箇所は不明だが、甲本は「故□□教夕（亦）議而教人」とある。王弼本に近いといえようか。

『莊子』所見老耼考

前言

所謂『老子』は、漢初の段階でも《德篇》《道篇》と呼ばれていて、〈老子〉とは呼ばれていなかったことは、馬王堆漢墓から出土した『帛書』によって、現在ではほぼ確實なこととなった。それでは老子乃至老耼という人物と漢初の《德篇》《道篇》とはどうして結びついたのかについては、未だに明らかではない。その點を『莊子』を手ががかりにして考察してみようとするのが、小論の主な目的である。『莊子』に見える所謂『老子』のことば全般については、概略的にではあるが先に考察したが[1]、小論では老耼説話を中心として考察するので、所謂『老子』のことばは老耼との關聯でのみ、とりあげることを豫めお斷りしておきたい。老子の傳記については、本書所收の拙稿「老子——人物と書籍」(三頁~三三頁)で述べているので、その稿をみていただきたい。

一　先秦漢初書籍所見老子及び老耼

老子という人物は戰國中期の狀況を傳えるとされる『孟子』には現れない。しかし戰國末期頃の狀況を傳えるとされる『荀子』には、次のように言及されている。

老子有見於詘、無見於信。（楊倞注云、老子著五千言、其意多以屈爲伸、以柔勝剛、故曰見屈而不見信也。信讀伸）（天論）

「詘（屈）信（伸）」の中で、「伸」ではなく「屈」を重視するというのは、所謂『老子』に認められる思考である。例えば「知其雄、守其雌、爲天下溪」(2)（二十八章）「大直若詘」（四十五章）「我恆有三寶、持而寶之、……三曰、不敢爲天下先」（六十七章）などがそれである。しかしこの批評の基づく所は何に依っているのか明らかではない。

更に戰國最末期の作とされる『呂氏春秋』には、老耼が次のように現れる。

荊人有遺弓者曰、荊人遺之、荊人得之、又何索焉。孔子聞之曰、去其荊而可矣。老耼聞之曰、去其人而可矣。故老耼則至公矣。（貴公）

非獨國有染也、士亦有染。孔子學於老耼・孟蘇・夔靖叔。（當染）

解在齊人之欲得金也、及秦墨者之相妬也、皆有所乎尤也、老耼則得之矣。若植木而立乎獨。(3)必不合於俗、則何可擴矣。（去尤）

老耽貴柔。[4]　（不二）

故聖人聽於無聲、視於無形、詹何・田子方・老耽是也。　（重言）

これらの中、不二篇はしばしば老子の思想を論じる際に引用されるが、こうした評價はいかなる資料に基づいて語られているかはやはり明らかではない。しかし「柔」の重視は所謂『老子』にしばしば認められるところであって、次のような表現が見える。

柔弱勝强。　（三十六章）

天下之至柔、馳騁天下之至堅。　（四十三章）

堅强、死之徒也、柔弱、生之徒也。　（七十六章）

天下莫柔弱于水、而攻堅强者莫之能先。以其无以易之。柔之勝剛也、弱之勝强也、天下莫弗知也、而莫之能行也。　（七十八章）

また老耽が「聽於無聲、視於無形」（重言）とされる點は、所謂『老子』に「視之而弗見、名之曰夷。聽之而弗聞、名之曰希。捪之而弗得、名之曰微」（十四章）などと表現される「道」は不可視、不可聽であるとの主張と合致する。また貴公・當染兩篇に見える老聃は、孔子より優れた者あるいは孔子の師とみなされていて、『史記』の李耳の記述と合致する點が認められる。

他方、先にも引用した『史記』本傳では老子と呼ばれる人物として、李耳、老萊子、太史儋の三人を擧げるが、いずれも『莊子』などに頻繁に現れる老聃と同一人物であるかどうかは明らかではない。『史記』では所謂『老子』とほぼ同一の語句を老子乃至老氏のことば[1]としている事實は認められるが

（本書所収の拙稿「老子――人物と書籍」參照）、その人物が老聃を指すのかどうかは不明である。『史記』は如何なる理由によるのか明らかではないが、老耼なる人物の傳記を立てていない。

顧頡剛は、『史記』より少し成立年代の早い『淮南子』は、黄老思想の最盛期であったので『老子』の引用が非常に多く、原道篇などは『老子』中の語を組み立てて自分の文章を作っていて、一つも「『老子』曰」とは稱していないことは有り得ることだとしながらも、同篇後半の箇所で、

故老聃之言曰、天下至柔馳騁天下之至堅。出於無有、入於無閒、吾是以知無爲之有益（四十三章）。（原道）

と、『老子』のことばを老聃のことばとしていることを指摘する。更に齊俗篇の場合も暗に『老子』のことばを使用して文章を作るとともに、「故老子曰、不尙賢（三章）。」と明示する例があることも指摘している。(5)

なお道應篇では、「故」乃至「老子曰」として所謂『老子』を引用する例も少しはあるが、殆どは「故老子曰」として所謂『老子』を引用している。この事實は、漢初の文帝期には《德篇》《道篇》と呼稱されていた書物が、『淮南子』が書かれた景帝期か武帝期の時期には老子の著作或は『老子』と呼稱されるようになっていたことを示唆する。しかも原道篇では所謂『老子』のことばが「老聃之言曰」ともされている事實は、馬王堆出土『帛書』の《德篇》《道篇》なる著作が老聃の手になるものと考えられていたことを示している。すでに明らかにしたように『韓非子』解老・喩老の兩篇ではその篇名にも拘らず、文中での所謂『老子』と同文の引用は、すべて「故曰」乃至は「故」であって

「故老子曰」とはなっていない。しかも成立年代は不明であるが、所謂『老子』と同文の引用の多く見える『莊子』外篇雜篇での引用も、いずれも「故曰」であって「故老子曰」とはなっていない。ただ例外的に、老耼のことばの中に所謂『老子』の語句が混入していたり、所謂『老子』の語句を老耼のことばとしている場合も認められる。これらの事實は、『莊子』所收の殆どの諸篇の著作段階では、《德篇》《道篇》はまだ老耼の著作とは考えられていなかったことを示しているといえよう。(6)

以上を總括すると、次のように結論づけることができよう。老耼なる人物は戰國末期の著作と考えられる『呂氏春秋』に登場するが、所謂『老子』の語句との直接的結びつきは殆ど認められない。また『莊子』にも老耼なる人物はしばしば登場するが、多少の例外を除いて所謂『老子』との直接的關聯は殆ど認められない。ただこの例外的記述は極めて重要だと考えられる。

二 『莊子』所見老耼

先に『莊子』に見える老耼についても言及はしたが、『老子』の語句を中心として〈老子〉なる名稱の出現時期の考察に重點を置いたため、老耼について全面的に考察することはなかった。しかし〈老子〉なる書名と李耳とでは、その關聯がどうしても不自然である。とすれば、孟子・荀子・莊子などのように尊稱が書名になっているように、老子という尊稱が書名になったと考えるのが自然であると思われる。前者の場合は姓の後に「子」を附けて尊稱としたのであり、老子の場合もそのように考えられれば最も自然である。實際、『莊子』の説話では、老聃として登場する人物が、同一説話の後半で老子と呼稱されている例が幾つかある。ところが『史記』に依る限り、老子の姓は「李」であるとされ、しかも三人も老子に該當する人物を擧げた上に、最終的な決著はつけていない。彼の列傳の中でも一人に絞りきれない傳記というのも珍しい。それだからこそ『史記』本傳の注に見えるような、尾ひれのついた釋迦の誕生傳説に類した誕生説話が生まれることになったといえる。

そもそも『史記』の先秦思想家に關する傳記については、餘り信用が置かれていないという事實を考慮するならば、この老子の傳記に餘り執著するのは問題だといえよう。例えば、莊子の傳記に記された彼の行動などは、『莊子』に見える莊周に關する二種の説話を短縮して繋ぎ併せて作られたものであるし、司馬遷の時代により近い先秦最末期の韓非の傳記についてすら、その大部分を占める『韓非子』説難篇からの引用である箇所などは彼の著作ではないとされている。ほぼ先秦の典籍とされるものの記述には、李耳なる思想家の活躍は全く認められない。かえって老聃なる人物の活躍は極めて顯著で、しかも道家系の『莊子』に頻繁に登場する。『莊子』には、內篇に三、外篇に十、雜篇に四、總計で十七の老聃の登場する説話と老聃に關する記述がある。それら説話や記述全體の正確な解釋は困難であるが、以下その概略について考察を試みてみよう。

なお、『莊子』外篇雜篇の成立時期については樣々な見解があり、それらを知っておくことは必要である。內篇の成立時期の想定は極めて困難で、決定的といえる見解はない。ただ外篇雜篇との相對的な成立時期については部分的にはいえる。『莊子』を單純に先秦の典籍であるかのごとき幻想を持っていては、『莊子』所見の老聃や『老子』と同じ語句についての理解に支障をきたすので、篇末に一部分ではあるがこれまでの『莊子』諸篇の諸研究を表示しておくので參照していただきたい。

内篇では、先ずみえるのは老聃の死に際してその弔問に訪れた彼の友人秦失と老聃の弟子との問答の形をとったもので、秦失が老聃の教育の誤りを批判した説話である（養生主）[7]。すなわち老聃の教育を受けた老若の弟子たちは、「遁天倍情」であって哀樂の感情を超越していないとして、老聃は批判されている。老聃の死後なので老聃のことばは記されていない。

次に、足切りの刑罰に遭った魯の叔山无趾・孔子・老聃の登場する説話である（德充符）。叔山无趾は孔子に批判され、孔子をすべてのものを受け入れる天地のように思っていた期待が裏切られると、理想とする「至人」が桎梏とする「名聞」を、孔子は何故求めるのか解らないと老聃に告げる。老聃が叔山无趾に、死生是非の區別の超越者に依るその桎梏から解放の可能性を問うと、叔山无趾は「天刑之、安可解」と答えて説話は終る。老聃は最高の權威者ではない。

第三は、陽子居と老聃の會話からなる説話である（應帝王）。敏捷果斷で、洞察力があり、怠りなく道を學ぶ者は「明王」に比べられるかとの、陽子居の問いに、老聃は、

是於聖人也、胥易技係、勞形怵心者也。且曰、虎豹之文來田、猨狙之便、執斄之狗來藉。如是者可比明王乎。

と、心身を煩わす者に過ぎないとして退ける。更に陽子居の「明王之治」についての質問に、老聃が答えて終る。

外篇には、老耼の登場する十の説話がある。

第一は、「天下」や「人心」、主として「人心」についての崔瞿と老耼の對話からなる説話である（在宥）。ここに見られるのは老耼の獨演會のようなもので、彼の黃帝・堯・舜・儒墨批判であり、「聖知」「仁義」批判であるが、彼のことばの最後に「故曰、絶聖棄知、而天下大治」とある。この前半の句は『老子』（十九章）にみえるが、後半は『老子』では「民利百倍」である。或は「故曰」は前半にのみ係るのかも知れない。何れにしても所謂『老子』の句は、老耼自身のことばではないことは明らかである。

第二は、孔子の辯者についての質問と老耼の答からなる説話である（天地）。ここには、先の應帝王篇での老耼の答と類似の語句も見え、「丘、予告若。而所不能聞、與而所不能言」とあるように、老耼と孔子の關係は師弟關係の如くで、『史記』の李耳の場合と類似する。

第三は、孔子と老耼の對話からなる説話である（天道）。この説話は、

孔子西藏書於周室。子路謀曰、由聞周之徵藏史、有老耼者、免而歸居。夫子欲藏書、則試往因焉。孔子曰、善。往見老耼、而老耼不許。於是繙十二經以說。……（天道）

とあって、「仁義」についての孔子の説明とそれに對する老子の批判で終る。引用文の「周之徵藏史、有老耼者」とあるのは、『史記』本傳で李耳について「周守藏室之史也。孔子適周」といわれていたのと類似する。また「十二經」については、『經典釋文』では「詩・書・易・禮・樂・春秋、六經、加六緯、合爲十二經也」という。「緯書」まで加えるとすれば、漢代の記述と考えざるを得ない。從

來の外篇雜篇の研究で、天地篇は漢代の著作とされていることと合致するといえようし、『史記』の傳記もここを參照していたかも知れない。莊周の傳記なども、『莊子』の莊周說話をかなり大膽に切斷して繫ぎ合わせていることを考えると有り得ないことではない。

第四は、この說話に續く士成綺と老子との說話である（天道）。老子を聖人だと聞いて遠方から訪ねてきた士成綺が、初めは老子を批判するがやがて心服して「修身」の方法を教えられることに終る。ここの說話では老聃の呼稱は見えず、一貫して老子として登場する。

第五、第六、第七、第八は、いずれも天運篇に連續して見える孔子と老聃との對話からなる說話である。もっとも第七の說話は、子貢も登場して彼と老聃との對話の內容が主要なものとなっている。

第五の說話は、

孔子行年五十有一、而不聞道、乃南之沛、見老聃。老聃曰、子來乎。吾聞子北方之賢者也、子亦得道乎。孔子曰、未得也。老子曰、子惡乎求之哉。曰、……五年而未得也。老子曰、子又惡乎求之哉。曰、……十有二年而未得。老子曰、……

とあって、初めだけ「老聃曰」であるが、あとはすべて「老子曰」となっている點に特徵がある。この說話は『莊子』では老聃が老子だとする資料の一つである。

第六は「孔子見老聃而語仁義」で始まる說話であるが、老聃による仁義批判がすべてである。なおこの說話の最後には「泉涸、魚相與處於陸、相呴以溼、相濡以沫、不若相忘於江湖」という、大宗師篇に見えるのと同句で終る。

第七の説話では、孔子が老耼を「龍」に譬えている。

孔子見老耼、歸、三日不談。弟子問曰、夫子見老耼、亦將何歸哉。孔子曰、吾乃今於是乎見龍。……予又何規老耼哉。子貢曰、……賜亦可得而觀乎。遂以孔子聲見老耼。……

『史記』の李耳の傳記での孔子が老子を「龍」に譬えているのは、この説話に基づくのではなかろうか。この後に續く子貢と老耼との對話で、

子貢曰、夫三王五帝之治天下不同、其係聲名一也。而先生獨以爲非聖人、如何哉。老耼曰、小子少進、子何以謂不同。對曰、堯授舜、舜授禹、禹用力而湯用兵、文王順紂而不敢逆、武王逆紂而不肯順、故曰不同。老耼曰、小子少進、余語汝三皇五帝之治天下。黃帝之治天下、使民心一、……堯之治天下、使民心親、……舜之治天下、使民心競、……禹之治天下、使民心變、……是以天下大駭、儒墨皆起、……余語汝三皇五帝之治天下、名曰治之、而亂莫甚焉。……

といって、詳細は省略するが老耼は「三皇五帝」の政治を批判して終る。子貢が「堯」から說き起こしているのに對して、老耼が「黃帝」から說き起こしているのが印象的である。

第八の孔子と老耼の對話形式の説話は、次のように「六經」への言及から始まる。

孔子謂老耼曰、丘治詩・書・禮・樂・易・春秋六經、自以爲久矣、孰知其故矣。以奸者七十二君、……一君无所鉤用。甚矣夫人之難說也、道之難明邪。老子曰、幸矣、子之不遇治世之君也。夫六經、先王之陳迹也。豈其所以迹哉。今子之所言猶迹也。……苟得其道无自而不可、失焉者无自而可。孔子不出三月。復見曰、丘得之矣。……老子曰、可、丘得之矣。

ここでも老聃が師で孔子は老子に教え諭される者として描かれている。また「易」を含めての「六經」に言及しているのは、秦以後の資料である可能性を示すものといえよう。

第九は、孔子が老聃を訪問しての孔子と老聃との對話（田子方）で、孔子が老聃のいう「遊心於物之初」の意味や「至人」になる方法を尋ね、老聃に解説して貰っていることが主となっている説話である。更に最後に老聃の所を去り顏回に「微夫子之發吾覆也、吾不知天地之大全也」と告げ、老聃を「夫子」と表現している所に明らかなように、兩者は師弟關係にあるように描かれている。

第十の説話（知北遊）は、次のような説明困難な「道」の概略についての、老聃の孔子に對する詳細な説明が大部分を占める。

孔子問於老聃曰、今日晏閒、敢問至道。老聃曰、……夫道窅然難言哉、將爲汝言其崖略。夫昭昭生於冥冥、有倫生於无形、精神生於道、形本生於精、而萬物以形相生。……天不得不高、地不得不廣、日月不得不行、萬物不得不昌、此其道與。……運量萬物而不匱、則君子之道、彼其外與。萬物皆往資焉而不匱。此其道與。……（知北遊）

以上、外篇に見える老聃の登場する説話について見てきたが、所謂『老子』に見える語句が老聃のことばとされている事實は、見當らない。

最後に雜篇には、老聃の登場する三説話と彼の思想を記述した文章がある。

先ず雜篇冒頭の庚桑楚篇に、

老聃之役、有庚桑楚者、偏得老聃之道、以北居畏壘之山。……

という書き出しで始まる長文の説話がる。その説話では、庚桑楚と南榮趎という弟子との對話が上引の文に續き、やがて庚桑楚は南榮趎との對話の末、自分の能力では教化不可能だと感じて弟子に、

有能有不能者、其才固有巨小也。今吾才小、不足以化子、子胡不南見老子。

と言い、南方にいる老子の所へ往かせる（ここで冒頭に登場した老聃が老子と呼稱され、以後この説話ではすべて老子で登場する）。かくして「南榮趎贏糧、七日七夜、至老子之所」ということになるが、

老子曰、子自楚之所來乎。南榮趎曰、唯。老子曰、子何與人偕來之衆也。南榮趎懼然顧其後。老子曰、子不知吾所謂乎。南榮趎俯而慙、……

といった禪問答のような對話の後、「南榮趎請入就舍、召其所好、去其所惡」といった修行を十日行った後、また老子と面會して對談する。その對談の中で、老子が「衞生之經」を語る。その箇所を示すと次の如くである。

老子曰、衞生之經。能抱一乎。能勿失乎。能无卜筮而知吉凶乎。能止乎。能已乎。能舍諸人而求諸己乎。能翛然乎。能侗然乎。能兒子乎。兒子終日嗥而嗌不嗄、和之至也。終日握而手不掜、共其德也。終日視而目不瞚、偏不在外也。行不知所之、居不知所爲、與物委蛇、而同其波。是衞生之經已。

この「衞生之經」の冒頭部分とほぼ同一の語句が『管子』に見える[8]。

專於意、一於心、耳目端、知遠之證。能專乎。能一乎。能毋卜筮而知凶吉乎。能止乎。能已乎。能毋問於人而自得之於己乎。（心術下）

能摶乎。能一乎。能無卜筮而知吉凶乎。能止乎。能已乎。能勿求諸人而得之己乎。（内業）

他方、《德篇》には「衞生之經」に類似した次のような語句が認められる。

載營魄抱一、能毋離乎。摶氣至柔、能嬰兒乎。（十章）

含德之厚者、比于赤子。……骨弱筋柔而握固、……終日號而不嗄、和之至也。（五十五章）

老子の說く「衞生之經」の冒頭の四句は、明らかに『管子』との密接な關聯は否定できない。しかし『管子』には、「嬰兒」への言及が全く見られない。また「兒子」に關する部分は斷片的ではあるが、《德篇》との關聯が認められる。單純に『管子』と《德篇》とを資料として、それに手を加えて「衞生之經」が作られたとはいえないが、『管子』や《德篇》がそれぞれここの「衞生之經」からその一部分を引用したとは到底考えられない。とすれば、『管子』や《德篇》乃至はそれが基づいた資料を基に「衞生之經」が作られて老子のことばとされたと考えるのが穩當であろう。ここに僅かではあるが《德篇》と老子との結びつきが認められる。

第二の說話は、老耼とその弟子柏矩との對話（則陽）であるが、そこに語られる思想は柏矩のものであって、老耼の思想とは餘り關係がない。

第三は、師弟關係にある老耼と陽子居との次のような說話（寓言）である。

陽子居南之沛。老耼西遊於秦。邀於郊、至於梁而遇老子。老子中道仰天而歎曰、始以汝爲可教、今不可也。陽子居不答、至舍、進盥漱巾櫛、脫屨戶外、膝行而前曰、……今閒矣、請問其過。老子曰、……大白若辱、盛德若不足（四十一章）。陽子居蹴然變容曰、敬聞命矣。……（寓言）

ここにも僅かではあるが《德篇》の語句（ただ盛德は廣德となっている）が、老子すなわち老聃のことばとされていて、《德篇》と老子との結びつきが認められる。

以上の諸事例からすれば、極めて斷片的であるとはいえ、老聃すなわち老子と所謂『老子』との結合が生じつつあることが認められる。こうした事例の少しずつの積み重ねの上に、《德篇》《道篇》の著者が老子であるとの觀念が形成されてきたのではないかと推測される。その延長線の上に、天下篇での《德篇》《道篇》と密接に關聯する老聃の思想の記述はなされたと考えられる。

三　天下篇所見老聃ほか

雜篇の最後、天下篇の前半は、先秦の儒家墨家にも言及はしているが、主として道家思想を中心とした思想史だと言われているが、老聃の思想については關尹と一緒に言及されている。いまその冒頭部と老聃の部分を示す。

以本爲精、以物爲粗、以有積爲不足、澹然獨與神明居。古之道術有在於是者、關尹・老聃、聞其風而悅之。建之以常无有、主之以太一、以濡弱謙下爲表、以空虚不毀萬物爲實。……老聃曰、知其雄、守其雌、爲天下谿。知其白、守其辱、爲天下谷（二十八章）。人皆取先、己獨取後、曰、受天下之垢（七十八章）。人皆取實、己獨取虛。无藏也故有餘、歸然而有餘。其行身也、徐而不費、无爲也而笑巧。人皆求福、己獨曲全（二十二章）、曰苟免於咎。以深爲根、以約爲紀、曰堅則毀矣、銳則挫矣。〔挫其銳（五十六章）〕常寬容於物、不削於人、可謂至極。關尹・老聃乎、古之博大眞人哉。

すでに指摘したところであるが[9]、現存『老子』（二十八章）では「辱」が「黑」となっているが、《道篇》ではここと同じく「辱」となっているので、この天下篇の記述は漢初乃至それ以前の所謂『老子』に依ったものと考えられる。なお、ここは前三句と後の三句との中間が省略されて引用されたものである。また七十八章に該當する箇所は、現存『老子』も《德篇》もいずれも「天下」は「邦」乃至「國」となっている。或は當時は「天下」となっているテキストがあったのであろうか。二十二章の語句に該當する「曲全」の語は、《道篇》には「古之所謂曲全者」と見えるが、現存『老子』では「曲則全」の語しか見られないのは、やはり二十八章の場合と同樣であろう。この天下篇では、明確に所謂『老子』の語句を老聃のことばとしていることが特徵である。これは先に『淮南子』原道篇で所謂『老子』の語句が老聃乃至老子のことばとされていた事實と對應する。

以上に見たように、則陽篇の說話を除いては、雜篇での老聃に關わる說話や記述では、所謂『老子』の語句が斷片的ではあるが老聃のことばとされていることが注目される。この事實は、馬王堆漢墓出土の《德篇》《道篇》が次第に老聃すなわち老子と關聯づけられつつあることを示すものではないかと考えられる。しかも更に留意すべきは、天下篇での經書についての次のような記述である。

其在於詩書禮樂者、鄒魯之士搢紳先生多能明之。詩以道志、書以道事、禮以道行、樂以道和、易以道陰陽、春秋以道名分。

ここは「鄒魯之士」とあることから明らかなように、儒家についての記述で、「樂」と「易」を入れて「六經」に言及しているが、ここで想い起こされるのは、先の天道篇での「十二經」への言及と天道篇の漢代制作説である。『易』は占筮の書として秦の焚書を免れたとされることから、他の經書と同列の經典化は、漢代になってからと考えられている。また戰國最末期の荀子の思想を傳えるとされる『荀子』には、「禮樂法而不說、詩書故而不切、春秋約而不速」（勸學）などとあって、大略篇に『易』の引用はあるものの、君子の基本的な修得すべき古典とはされていなかったことなどをも考え合わせるべきであろう。

これらのことと併せて、更に《德篇》《道篇》の文が、天下篇では老耼のことばとされていること、『莊子』『韓非子』などでは多く「故曰」として引用されていること、漢代の『淮南子』『史記』などでは「老子曰」として引用されていること、などを考慮するならばこの天下篇の成立年代がある程度推測できよう。

以上の『莊子』所見の老耼の他、『禮記』曾子問篇に「禮」に通曉した老耼が登場し孔子が老耼に「禮」すなわち慣例を聞いたという說話が四例みえる。羅氏は『史記』の孔子問禮說を信用し難いとするが、この場合も同様に信用し難いとする。[10] いまにわかに判定はし難いが「三年之喪」が話題になっているところから、やはり問題があろう。[11]

結　語

以上、主として『莊子』所見の老耼説話を考察してきたが、『史記』老子傳に見える李耳なる人物は全く登場せず、老耼がしばしば老子という呼稱で登場することが明らかになった。『莊子』の本文を信用する限りでは、孔丘が孔子と呼稱され、孟軻が孟子と呼稱されるように、老耼が老子と呼稱されたのであると推定せざるを得ない。李耳が老子と呼稱される資料は見つからない。しかも老耼が《德篇》《道篇》なる書物の著者であるという確たる資料も得られない。むしろ《德篇》《道篇》の語句は、「故曰」に代表されることばを伴って引用されることが多い。雜篇の幾つかの篇では、《德篇》《道篇》に見える斷片的な語句が、老子のことばとして語られるという事實が見いだされる。このことは、《德篇》《道篇》が次第に老耼すなわち老子のことばとされつつある過程を示すものといえよう。特に天下篇では《德篇》《道篇》の文章が老耼のことばとされていて、《德篇》《道篇》は老耼の著作乃至老耼のことばの集積としての所謂『老子』とみなされていると考えられる。馬王堆出土の帛書《德篇》《道篇》は、前漢文帝期頃までは『老子』とは呼稱されてはいなかったが、武帝期ころの『淮南子』『史記』になると、かなり明白に老耼すなわち老子の著作乃至老子のことばの集積とみなされるようになったと考えられる。しかし『史記』では、何故か『莊子』や『淮南子』に見える老耼なる人物の實在を認めようとしていない。帛書《德篇》《道篇》が〈老子〉と呼稱されるに到った經過については、更に新たな資料の出現を期待する他ないであろう。本當の學問とは如何なるものかについて示唆を與えて下さった西順藏先生にはかねてより先秦の典籍の信憑性について嚴しい見解を拜聽していた。前漢末の典籍の整理を念頭に置いてのことであった。現在、その整理以前の資料の利用が可能になった。ここに一文を草する所以である。

（一九九四、八、一五、稿、二〇〇五、四、一三補訂）

注

（1）本書所收、拙稿「『帛書老子』考——書名〈老子〉成立過程初探——」參照。

（2）所謂帛書『老子』の文は、以下すべて許抗生『帛書老子注譯及研究（增訂本）』（浙江人民出版社、一九八五年）所收の校訂本による。

（3）この箇所の解釋は、様々で陳奇猷『呂氏春秋校釋』（學林出版社、一九八四年）六九六～六九七頁の注〔二六〕〔二七〕參照。

（4）王蘧常『諸子學派要詮』では、柔剛・詘伸に言及するとともに、『困學紀聞』巻十所引は老耽を老聃に作ると指摘する（王氏原本は未見。『呂氏春秋校釋』不二篇、注〔三〕に依る）。聃は耼の異體字。

（5）顧頡剛「從『呂氏春秋』推測『老子』之成書年代」第二章（『古史辨』第四册下編所收）參照。なおこの章の末尾で顧氏が、『呂氏春秋』の作者が『老子』に大變よく通じ自家藥籠中のものとして出典を明示しないのは『淮南子』の場合と同様だ、と云った意味のことを指摘している。

（6）以上、本稿注（1）前掲拙稿參照。

（7）斷章は、以下すべて王先謙『莊子集解』による。

（8）このことについては、すでに拙稿「先秦漢初養生思想の諸相」（『中國古代養生思想の總合的研究』所收、平河出版社、一九八八年）二六五～二六七頁ですでに言及している。

（9）前揭拙稿（一九八九年）、九五～九六頁參照。なお、同稿に天下篇の老聃の思想に關する記述と現存『老子』との關聯する文章について、かなりはば廣く關聯を考えて例擧した。

（10）羅根澤「再論老子及『老子』書的問題」（『古史辨』第六册所收）第六章（8）曾子問中的老子、參照。

（11）拙稿「三年之喪考――『論語』成立時期試探一則――」（千葉大學「人文研究」第十七號、一九八八年）參照。

〔補記〕なお『韓非子』六反篇には、『老子』の一部が老聃のことばとしてみえる。

老聃有言曰、知足不辱、知止不殆。夫以殆辱之故而不求於足之外者、老聃也。今以爲足民而可以治、是以民爲皆如老聃也。

『莊子』外雜篇に關する文獻學的研究略表㈠

篇名＼文獻	武内　義雄	羅　根澤	關　鋒	福永　光司
01 逍遙游				
02 齊物論				
03 養生主				
04 人閒世				
05 德充符				

06大宗師				
07應帝王				
08駢拇	□戰國末同一人著作	戰國末左派道家	老子後學左派	儒家批判的
09馬蹄	□	同右	同右	同上・老子色
10胠篋	□	同右	同右	同上・老子色
11在宥	□	同右	同右	同上・其他
12天地	▲秦漢之際著作	漢初右派道家	宋・尹學派後學政治的右派	儒・道調和的
13天道	▲	同右	同右	同右
14天運	▲	同右	同右	同右
15刻意	▲	秦漢神仙家	宋・尹學派後學隱逸養神派	神仙養生説盛行後著作
16繕性	▲	同右	同右	同右
17秋水	▲	莊子派後學	莊後學（齊物論）	（齊物論・逍遙游）
18至樂	○最古後學著作	老子派後學	莊後學（逍遙游）	（齊物論・大宗師）
19達生	○	莊子派後學	莊後學（養生主）	（養生主）
20山木	○	同右	莊後學（人閒世）	（人閒世）
21田子方	○	同右	莊後學（內篇）	（德充符）
22知北遊	○	老子派後學	莊後學（大宗師）	（大宗師）
23庚桑楚	△荀子頃、晚期後學著作	老子派後學	莊後學（德充符）	（內篇）
24徐无鬼	△	道家雜俎	莊子後學佚文	道家故事記錄
25則陽	△	老莊混合派	同右	莊子直系後學

26 外物	△	漢初道家雜俎	同右	（人間世）
27 寓言	○	莊子派後學	同右	前・後半別
28 讓王	●秦漢之際著作、儒家排斥	漢初隱逸派	戰國末楊朱後學（養生派）	非莊子的立場
29 盜跖	●	戰國末道家	同右（縱欲派）	楊朱一派影響
30 說劍	●	戰國末縱橫家	莊辛著作	儒家臭強
31 漁父	●	漢初隱逸派	戰國末楊朱後學（隱逸派）	非盜跖的立場
32 列禦寇	○	道家雜俎	莊子後學佚文	斷片的資料
33 天下	前半秦以後 後半惠施篇	莊子自著	淮南王莊子略要	前半學術大觀 後半惠施學說

34 閼弈	『經典釋文』序錄	39 惠施	北齊書29；杜弼傳
35 意脩	同右	40 馬捶	南史72；文學傳・何子朗傳
36 危言	同右	41 莊子略要	文選26、31、60；江文通・雜體詩注等
37 游鳧	同右	42 莊子后解	文選35；張景陽・七命注等
38 子胥	同右	43 畏累虛？	史記63；老子韓非列傳注

備考；内篇（1－7）外篇（8－22）雜篇（23－33）佚篇（34－43）

『莊子』外雜篇に關する文獻學的研究略表㈡

篇名＼文獻	張　恆壽	劉　笑敢	崔　大華
01 逍遙游	莊子早期作品	成熟期代表作	
02 齊物論	同　右	成熟期代表作	
03 養生主	比較的古	發展前期作品	
04 人閒世	宋・尹學派	發展前期作品	
05 德充符	莊子早期作品	趨向成熟作品	
06 大宗師	莊子派特徵	成熟期代表作	
07 應帝王	莊子早期作品	趨向成熟作品	
08 駢　拇	秦統一前夜作	△評擊儒墨	△道家左派
09 馬　蹄	同　右	△	△
10 胠　篋	同　右	△	△
11 在　宥	前半同右、後半早期作品	△在宥上○在宥下	△
12 天　地	漢初、戰國、戰國末秦漢際統一前夜作	○莊子後學黃老派	○道家右派
13 天　道	秦漢閒道家作、前半淮南門客作品	○	
14 天　運	秦漢期	○	○
15 刻　意	淮南門客作品	○	神仙家
16 繕　性	秦漢期	○	神仙家
17 秋　水	莊子派後學作品	逍遙游　齊物論	□莊子派
18 至　樂	莊子派後學（除首章）	齊物論　大宗師	▲老子派

19達生	莊子派較早作品	養生主　大宗師	□
20山木	莊子派後學　他	人閒世	□
21田子方	莊子派較好所作	德充符　大宗師	□
22知北遊	莊子派所作　他	內篇	▲
23庚桑楚	莊子派作品	逍遙游　齊物論	▲
24徐无鬼	莊子早期作品	逍遙游　齊物論	▲
25則陽	莊子派作品	內篇　秋水	老莊混合派
26外物	『韓非子』『呂氏春秋』期	內篇	道家雜組
27寓言	莊子派正統	齊物論	□齊物論
28讓王	秦漢人抄襲『呂氏春秋』	▽非儒	道家隱逸派
29盜跖	戰國晚期	▽	道家激烈派
30說劍	與莊子無關係	與莊子無關係	縱横家
31漁父	隱逸派淺陋之學	▽	道家隱逸派
32列禦寇	莊子後學雜集	內篇	▲
33天下	前半漢初（若非注文竄入） 後半惠施篇	○	莊周自撰、若干戰國末

34闕弈	『經典釋文』序錄
35意脩	同右
36危言	同右
37游鳧	同右
38子胥	同右
39惠施	北齊書29
40馬捶	南史72；文學傳・何子朗傳
41莊子略要	文選；江文通・雜體詩注等
42莊子后解	文選；張景陽・七命注等
43畏累虛?	史記63；老子韓非列傳注

備考；內篇（1－7）外篇（8－22）雜篇（23－33）佚篇（34－43）

上揭表所依文獻參考資料

武内義雄『老子と莊子』（岩波書店、一九三〇年）
羅　根澤「莊子外雜篇探源」（『諸子考索』所收、人民出版社、一九五八年）
關　　鋒「莊子外雜篇初探」（『莊子內篇譯解和批判』所收、中華書局、一九六一年）
福永光司『莊子』外篇、外雜篇（朝日新聞社、一九六六～六七年）
張　恆壽『莊子新探』（湖北人民出版社、一九八三年）
劉　笑敢『莊子哲學及其演變』（中國社會科學出版社、一九八七年）
崔　大華『莊子研究』（人民出版社、一九九二年）

馬王堆漢墓帛書續考
——主として乙本の文脈において見た——

前　言

かつて『老子』の基本的思想について述べたことがある。(1)その時點ではまだ馬王堆から出土した帛書『老子』閲讀以前のことであった。そこで述べた基本的特徴は、帛書『老子』の出現した今になってみると、『老子』にのみ特徴的なものといえるかどうか、再檢討の必要があるのではないかと思われる。というのは、一九七三年十二月、湖南省長沙の馬王堆の第三號漢墓から發見された所謂甲本・乙本の二種類の帛書のうち、乙本全體での文脈でみると、所謂乙本『老子』すなわち《德篇》《道篇》にみられる特徴は、乙本全體にみられる基本的な傾向と合致するものがあると認められるからである。

これまで『老子』の形態や思想の特徴とされていたものが、實は乙本全體とはいえないまでも、乙本の《德篇》《道篇》以外の諸篇にも認められる形態や思想とも共通する特徴であることが明らかになってきたのである。

そこで乙本にみえる篇名乃至書名どおりに、『老子』だけではなく、あくまでも乙本全六篇の中の二篇すなわち《德篇》《道篇》の思想として、その思想を考え直してみる必要があるのではないかと思われる。たとえば、思想的には「道」や「柔」「牝」の重視が擧げられるし、先學の指摘する『老子』の特徵の幾つかの中で、固有名詞が全くないことが擧げられている。[2] しかし乙本卷前『古佚書』（以下すべて乙本『古佚書』と簡稱）のうち、經法、稱、道原の三篇には全く固有名詞がみえないし、《經篇》のうちの雌雄節、兵容、三禁、本伐、前道、行守、十大の諸章にも固有名詞はみえない。固有名詞がみえるのは、僅かに《經篇》の立命、觀、五正、果童、正亂、姓爭、成法、順道など八章ほどに過ぎないことを指摘して置きたい。因みに、前述したことであるが、參考までに乙本全體の各篇の字數を示しておくと、

經法篇	五千字
經篇	四千□□六字
稱篇	一千六百字
道原篇	四百六十四字
德篇	三千四十一字
道篇	二千四百二十六字

である。所謂『老子』の字數に匹敵する經法篇にすら固有名詞がないことは、注目に値する事實といえよう。

その思想の特徵を考えるに當たっては、まずことばを手がかりにするのが著實な方法であろう。そ

こでいま乙本『古佚書』の卷後の《德篇》《道篇》と、類似する現存本のない乙本『古佚書』の四篇とに共通することばを取りあげて考察してみる。更に末尾の兩篇のみが、何ゆえに後に『老子』として獨立したのかを考える手がかりの一端として、兩篇の前にある乙本『古佚書』四篇とは多少異なる點についても、氣がついた限りで言及したい。

そもそも國家文物古文獻研究室編『馬王堆漢墓帛書〔壹〕』（文物出版社、一九八〇年。以下、帛書と簡稱）の乙本『古佚書』釋文に附された詳細な注釋によれば、經法篇など乙本『古佚書』四篇は、現存の『淮南子』『管子』『鶡冠子』『韓非子』などと、語句や思想の類似の多いことが指摘されている。しかしながら『老子』すなわち《德篇》《道篇》と乙本『古佚書』との關聯についても、多少は言及されてはいるものの、上掲の諸書との關聯ほどには、その關聯の密接さを指摘してはいない。殊に思想の基本的な點での共通性についての認識はあまりないように思われる。それは一つには《德篇》《道篇》を『老子』という一まとまりの、乙本『古佚書』とは初めから獨立したものとして考える視點に立っているためではないかと思われる。この小論は、そうした先入觀にはとらわれない視點から、《德篇》《道篇》兩篇について、改めて檢討する手がかりを指摘するにとどまることを、豫めお斷りして置きたい。

一 「雌」「玄德」「天下正」などの語について

いま乙本『古佚書』と《德篇》《道篇》兩篇とは、どの様な關係にあるのかを明確にするために、女性原理を象徵する「雌」や後者に特徵的と思われる「玄德」「天下正」など幾つかの語を取りあげて考察してみよう。

「雌」「牝」「母」について

「雌」については、かつて『老子』の思想の基本的特徵の一つすなわち女性的なるものの重視に關して、述べたことがある。(3) いま改めて原文についてみてみよう。「雌」に通ずる「牝」「母」などの語は、帛書『老子』では周知のように次のように重視されている。

愛民活國、能毋以知乎、天門開闔、能爲雌乎。……（十章）

知其雄、守其雌、爲天下溪、恆德不離。恆德不離、復〔歸於嬰兒〕。……（二十八章）

谷神不死、是謂玄牝。玄牝之門、是謂天地之根。……（六章）

大國〔者、下流也。天下之〕牝也。天下之交也。牝恆以靜勝牡。……（六十一章）

有物混成、先天地生、……可以爲天地母。……（二十五章）

天下有始、以爲天下母、既得其母、以知其子、既知其子、復守其母、沒身不殆。……

道可道也、非恆道也。名可名也、非恆名也。……无名萬物之始也。有名萬物之母也。……（一章）

……吾欲獨異於人、而貴食母。（二十章）

（章數は現行本によるが、『老子』の引用文はすべて帛書乙本による、但し文字は『帛書』に示された現代通用の文字にした。〔　〕内は推定による帛書の亡佚部分の補充。以下、引用の帛書は同じ。）

これらはいずれも、直接的に男性的なものに對する女性的なものの優秀性、あるいは女性的なものが天地萬物の根源であることを示している箇所である。このように直接的にではなくとも、「柔弱」など女性的なものの、「剛强」など男性的なものに對する優秀性を主張しているのが、帛書『老子』に認められる基本的な思想である。乙本『古佚書』には「母」「牝」などの語は餘りみえないが、いま「雌」に關して乙本についてみると、《經篇》には、

……憲傲驕倨、是謂雄節。□□恭儉、是謂雌節。夫雄節者、涅之徒也。雌節者、兼之徒也。夫雄節以得、乃不爲福、雌節以亡、必得將有賞。夫雄節而數得、是謂積殃。凶憂重至、幾於死亡、是謂積德。愼戒毋法、大祿將極。凡彼禍難也、先者恆凶、後者恆吉。先而不凶者、是恆備雌節存也。後〔而不吉者、是〕恆備雄節存也。先亦不凶、後亦不凶、是恆備雌節存也。先亦不吉、後亦不吉、是恆備雄節存也。凡人好用雄節、是謂妨生。大人則毀、小人則亡。以守不寧、以作事〔不成、以求不得、以戰不〕克。厥身不壽、子孫不殖。是謂凶節、是謂散德。凡人好用〔雌節〕、是謂承祿。

富者則昌、貧者則穀。以守則寧、以作事則成、以求則得、以戰則克。厥身〔則壽、子孫則殖、是謂吉〕節、是謂絝德。……（荒々しく傲慢でおごりたかぶるのは、雄節のことである。従順で恭しく愼ましやかなのは、雌節のことである。さて雄節とは、自己満足の類である。雌節とは、謙虚な類である。さて雄節をかざして獲得しても、幸福とはいえないし、雌節をかざして失ったとしても、きっと恩賞が與えられるであろう。さて雄節をかざしてしばしば獲得するのは、禍殃の集積といい、禍災や心配ごとが次々と起こり、死んだも同然である。雌節をかざしてしばしば失うのは、徳行の集積といい、愼重にし怠ることなく續けていけば、極まりなく大いなる恩惠が承けられるであろう。そもそも禍いや災難というものは、先に行動する者は常に災禍に逢い、後から行動する者は常に幸いである。先に行動して災禍に逢わないのは、絶えず雌節を身につけているからである。後から行動して幸いでないのは、絶えず雄節を身につけているからである。先に行動してもやはり災禍に逢わず、後から行動してもやはり災禍に逢わないのは、絶えず雌節を身につけているからである。先に行動してもやはり幸いでなく、後から行動しても幸いでないのは、絶えず雄節を身につけているからである。そもそも人が好んで雄節を使う場合は、妨生すなわち生存の妨害といわれる。爲政者の場合は批判され、庶民の場合は身を滅ぼす。國を守れば安全でなく、事を始めれば成功しないし、追求しても獲得できず、戰えば勝てない。自らは長生きできず、子孫は殖えない。これは凶節といわれ、散徳すなわち徳を失うといわれる。一般に人が好んで雌節を使う場合は、承祿すなわち恩惠をこうむるといわれる。富める者は榮え、貧しい者は食に足り、國を守れば安泰であり、戰えば勝つ。自らは長生きし、子孫は殖える、これは吉節といわれ、絝徳すなわち徳の聚積といわれる。……）

（雌雄節）

（□は『帛書』亡佚部分の推定可能な箇所。以下、引用『帛書』はすべて同じ。）

と「雌」の「雄」に對する優位が顯著に説かれているのは、まさしく『老子』と合致する。しかしここで定義されている「雄節」「雌節」の内容は、「おごり高ぶること」「遜りつづまやかなこと」など一般的道徳的なもので、深遠な哲學的なものではない。これは先にみた『老子』でも「民を愛し國を興すには、知を用いないことが可能か。萬物は運動變化するが、出しゃばらずにいられるか」（十章）とあって、「雌」は決して抽象的な意味に使われているわけではない。また「『雌』の立場を守っていれば、低い地位にも甘んじていられ、そうなれば『恆徳』が失われない」（二十八章）とあって、「恆徳」が何かは明確ではないが、『老子』でいう「雌」は「雌節」に近いものと推定される。

「牝」については、乙本『古佚書』では、

□□牝牡、牝牡相求、會剛與柔、柔剛相成、牝牡若形。……（……牝と牡、牝と牡が互に求めあい、剛と柔とが適合し、柔と剛とが補完しあうと、牝と牡とが形作られる。……）　（觀）

天地之道、有左有右、有牝有牡。（天地自然の法則は、左右があり、牝牡がある。）　（《稱》）

などと、「牡」と對應するものとして登場するにすぎず、「牝」の重視は認められない。これらは乙本『古佚書』と『老子』との相違點といえようか。

「先」「後」について

さらに、併せて「凡彼禍難也、先者恆凶、後者恆吉」（雌雄節）などと、「先」「後」の關係についても言及されており、やはり「後」の優位が主張されている。これは『老子』で「三寶」の一つに「不敢爲天下先」（六十七章）が數えられるような、「先」に對する「後」の優位を說く主張と一致する。ただ一應は「先者恆凶、後者恆吉」といって、原則として「後」の優位性を說きながらも、「先亦不吉、後亦不吉、是恆備雄節存也」（雌雄節）と說いたり、「先亦不凶」であるのは「恆備雌節存」のためであり、「後亦不吉」であるのは「恆備雄節存」（以上、同上）であるからだとするのは、「先」「後」に拘らず「雌」「雄」の優劣關係が最も重視されていることを示している。なお「後」の重視は、經篇にも「常後而不失體、……弗敢以先人」（順道）とみられる。

なお、ここにみられる「雌節」や「後」の重視については、成立年代は不明の『文子』や漢初の『淮南子』にも、次のようにみえる。

故聖人隨時而擧事、因資而主動。守淸道、拘雌節、因循而應變、常後而不先。柔弱以靜、安徐巳定、功大靡堅、不能與爭也。（『文子』道原）

是故聖人守淸道而抱雌節、因循應變、常后而不先、柔弱以靜、舒安以定、攻大（磨）堅、莫能與之爭。（『淮南子』原道）

また、ここには「柔弱以靜」「安徐」乃至「舒安」など酷似する語句がみえ、兩者には何らかの關聯があると思われる。また同じ乙本『古佚書』には、

諸陰者法地、地〔之〕德、安徐正靜、柔節先定、善予不爭。此地之度而雌之節也。（すべての陰に屬するものは地を模範として、地のもちまえは安らかでゆったりし偏らず靜かであり、柔軟さの信條が先ず

確定して與えることを優先して爭わない。これは地の基準であり雌の信條である。）　（《稱》）

大庭氏之有天下也、安徐正靜、柔節先定。……刑於女節、所生乃柔。……守弱節而堅之、胥雄節之窮而因之。若此者其民勞不□、飢不怠、死不怨。（大庭氏が天下を統治していたとき、安らかでゆったりしひっそりと靜かで、まず柔弱を信條とした。……柔弱の信條を模範とすれば、結果として柔弱となる。……柔弱の信條を堅く守り、相手の傲慢の信條の行き詰まりを待って行動する。このようにすれば民衆は勞力を提供しても……不、食糧不足でも怠けないし、命を落としても怨みに思わない。）　（順道）

などとあって、同じ語句や女性的なるものを重視する類似の思想が認められる。

以上の考察からすれば、「雌雄」「先後」の關係や「柔弱」尊重の點では、『老子』と乙本『古佚書』の思想は共通しているといえよう。

「玄德」について

「玄德」の語は、帛書『老子』には次にようにみえる。

……明白四達、能毋以知乎。生之、畜之。生而弗有、長而弗宰也、是謂玄德。　（十章）

……道生之、畜〔之、長之、育〕之、亭之、毒之、養之、覆〔之。生而弗有、爲而弗恃、長而〕弗宰、是謂玄德。　（五十一章）

夫民之難治也、以其智也、故以智知國、國之賊也、以不智知國、國之德也、恆知此兩者、亦稽式也。恆知稽式、是謂玄德。玄德深矣、遠矣。　（六十五章）

『老子』の第五十一章後半にみえる定義が最も完全なものと思われる。すなわち「玄徳」とは「道」の働きについていわれている。特に「生而弗有、……」以下の「萬物を生み出しても占有しない、萬物をたすけても自分の功績としない、萬物を育ててもそれらの主宰者とはならない」といった、「道」の働き方こそが、處世なり政治なりにおいて人の模範とすべきものだというのが、『老子』での最終的に言おうとするところである。なお、第十章での記述は不完全で、文脈からみて何らかの脱誤があるのではないかと考えられる。また第六十五章の定義は、他の箇所の定義と異なり、「稽式」すなわち政治の要諦乃至法則を辨えていることとしている。しかし他の箇所の定義と矛盾するものとはいえない。「智」をもって國を治めてはだめで、「不智」をもって國を治めよというもので、他の二箇所の定義を政治に應用すれば、自ずから歸結する定義だということができる。

ところで「玄徳」の語は、乙本『古佚書』にも一箇所だけ次のようにみえる。

王天下者有玄徳、有□□獨知□□□□王天下而天下莫知其所以。王天下者、輕縣國而重士、故國重而身安。（天下の王者たるものは深遠な徳をもっていて、有……獨知……天下を統治する王者となったが、天下の人々はその理由が解らない。天下を統治する王者たるものは、直轄地や封建された國の利害よりも知識人を尊重する、そこで國は尊重されて自身も安泰である。）　（六分）

ここでは「玄徳」は、すでに自明のことばとして用いられており、天下の理想的な支配者の保持しているものとされる。このことは、この文章の著者は先に引用した帛書『老子』にみえる「玄徳」の定義――どちらの定義かは不明だが(4)――を、前提としていたと思われる。とすれば、この點で帛書

『老子』と乙本『古佚書』とは共通の思想的基盤に立つと考えてよいであろう。

「天下正」について

帛書『老子』には「天下正」という語が、二箇所みえる。

昔得一者、天得一以淸、地得一以寧、……侯王得一以爲天下正。（三十九章）

躁勝寒、〔靜勝熱。知淸靜、可以爲天下正〕（四十五章）

いずれも政治に關係することと思われる。前者は、天地の正常な働きは「一」によるとの主張に關聯して、「爲政者は一によって、天下を治める君主となる」という。後者は「淸靜を辨えていれば、天下を治める君主となることができる」というのである。漢初の黃老思想での「淸靜无爲」を政治の要諦とする主張と關聯するであろう。

これに對して、乙本『古佚書』にも「天下正」の語が、次のようにみえる。

故唯執道者能上明於天之反、而中達君臣之半、……故能至素至精、浩彌无形、然後可以爲天下正。（道法）

（そこで道を掌握した者のみが、先ず自然界の終始反復する法則を明察し、次いで君臣閒の區別を辨え、終りに萬物の終始反復する原因を詳しく洞察し、主宰者顏をして出しゃばらないことができる。そこで極めて素樸精微で、形をとらないものまで廣く考察ができて、はじめて天下の統率者となることができる。）

……王公執□以爲天下正。（四度）

（支配者である王公は……掌握して天下の統率者となる。）

……力黒曰、⑸……今吾欲得逆順之〔紀〕、□□□□□□□□以爲天下正、靜作之時、因而勒之、爲之若何。（〔力黒はいう、〕……いま私は對立と從順の〔紀〕を獲得して、……天下の模範としようと思う。休息と活動のけじめをつけ、それによって統御するには、どうしたらよいでしょうか。）（觀）

道法章の引用は、章末の二節である。道法章の冒頭は「道生法、法者、引得失以繩、而明曲直者也。故執道者、生法而弗敢犯也、……」とあって、自然法思想とも受け取られる記述があるが、すぐその後には「執道者」が「法」を生み出すとされている。「法」の制定者ともされるこの「執道者」がこの章での主役であり、その延長上に先の引用文がある。從って、自然界や君臣關係に通達した「執道者」が、純粋で全くとらわれのない狀態になって、初めて「天下正」となりうるとされる。帛書の『釋文』注は、『老子』の「清靜、可以爲天下正」（四十五章）を引用するのは、「天下正」たりうる條件が類似しているためであろうか。

次の四度章では、「王侯……」とあるとあるので、その「天下正」となる方法は不明ながら、帛書『老子』の場合と共通の思想基盤に基づくものではないかと思われる。

觀章は、缺損が多く明確な意味はつかめないが、黄帝とその臣下の力黒との對話で、黄帝の命令でひそかに諸國を視察した後での力黒の質問のことばであり、この後には黄帝の答があって、理想的な君主に關することである。

いずれにしても、これら乙本『古佚書』にみえる「天下正」なる特徴的なことばを、『老子』も共有しているということは、兩者の閒の思想的連續性を示す一端といえよう。

次のことは、單なる表現上のことにすぎないが、帛書『老子』には、

太上下知有〔之〕、其〔次〕親譽之、其次畏之、其下侮之」　（十七章）

という表現がみえるが、乙本『古佚書』にも、これとよく似た表現の次のような箇所がある。

善爲國者、太上无刑、其〔次〕□□、〔其〕下鬪果訟果、太下不鬪不訟又不果。□太上爭於□、其次爭於明、其下救患禍。（上手な國の治め方は、刑罰を用いないのが最上で、次は……、その次は、鬪爭や訴訟で解決し、最も悪いのは鬪爭も訴訟もせず解決もしないことである。……最も善いのは……に努力すること、次は明すなわち法を正すことに努力すること、最も悪いのは〔起ってしまった〕憂患や災禍を救うことである。）　（《稱》）

この表現のみえる《稱篇》は、乙本『古佚書』の中でも陰陽の配當を系統的に述べている箇所のある一風變った篇であるが、そこには「諸陽者法天……」という文章に對して、先にも示したが、

諸陰者法地、地〔之〕德、安徐正靜、柔節先定、善予不爭。此地之度而雌之節也。

の文章で終っている。「陽」に關する文章は缺落が多く意味するところが明らかではない。「陰」に關する文章では、「雌之節」といった先の雌雄節章と同様のことばがみえるほか、それと關聯する「地之道」「柔節」などの語が、「安徐正靜」「善予不爭」といった肯定的評價と結合しているのは、女性的原理を重視する『老子』の立場と共通するものといえよう。この他にも、この《稱篇》の冒頭は

道无始而有應。其未來也、无之、其已來、如之。……（道の存在の始まりは解らないが反應はある。道がまだ存在しない時は、無いのだし、道がすでに存在するようになれば、現にある通りだ。……）

などと「道」の記述から文章が始まったり、
聖人不爲始、不專己、不豫謀、不爲得、不辭福、因天之則。（聖人は自分が先頭にたたず、自分本位にならず、謀略をめぐらさず、得をしようとはせず、幸福を辞退はしないで、自然の法則に因り従う。）
・知天之所始、察地之理、聖人藥論天地之紀、廣乎獨見、……（天すなわち自然の運行の基づくところを知り、大地の法則を考察して、聖人は天地自然の基本法則を總括的に秩序立て、廣く獨自の見解を持ち、……）

などと『老子』に多くみえる「聖人」の語が使われていたり、「天无事焉」「地无事焉」などと「无事」が重視されたりしている。これらは極めて斷片的のことではあるが、『老子』との關聯を示唆するものと考えられる。

ところで、この《稱篇》と同じ「安徐正靜、柔節先定」の語句は、先にも少し示したように《經篇》末尾に近い章に次のようにみえる。

大庭氏之有天下也、安徐正靜、柔節先定。晁濕恭儉、卑約生柔。常後而不失體、正信以仁、慈惠以愛人、端正勇、弗敢以先人。……刑於女節、所生乃柔。□□□正德、好德不爭。立於不敢、行於不能。……守弱節而堅之、胥雄節之窮而因之。……（大庭氏が天下を統治していたとき、安らかでゆったりしひっそりと靜かで、まず柔弱を信條とした。過度に遜って謙虚で恭しくつつましく、謙虚や簡約な態度は柔弱が基本である。常に自分を後回しにして先頭にならず、大膽不敵な態度にでず、できないことを態度でしめす。……柔弱の信條を堅く守り、相手の傲慢の信條の行き詰まりを待って行動する。……）（順道）

ここでは、「柔」「後」「女」「弱」が連接するものとして説かれていて、帛書『老子』と共通する思想が認められる。女性的原理の優位性は、ここではあからさまには説かれていないが、「順道」という章名からも明らかなように女性的原理を主題としている事實が、暗默のうちにそのことを物語っている。また『帛書』の注では「胥、待也」とあるところからすると、やはり「雄」に對する「雌」の優越を示唆していることは明らかである。

なお、附言するならば、前章に引用した雌雄節章の初め邊りの「□□恭儉」の亡佚部分は、この順道章から推定すると「晃濕」の二字かと思われる。

二　「道」「聖人」などの語について

儒家系統の書物に認められる「天」の重視に對して、『老子』の思想の特徴として擧げられるのは、何といっても「道」であろう。『漢書』藝文志の分類で「道家」という名稱が與えられているのも、『老子』を含む道家に分類される一連の書籍に認められる思想の基本は、他の學派にみられない實體としての「道」を説いているとされたからであろう。

「道」について

「道」と表現され且つその性質や働きを示す箇所はおびただしくあるが、いま乙本によって主要な箇所を『老子』の章序で示すならば、次のごとくであろう。

道可道也、〔非恆道也〕。……（一章）

道沖、而用之又弗盈也。淵呵似萬物之宗。……（四章）

道之物、唯恍唯忽、忽呵恍呵、中有象呵。恍呵忽呵、中有物呵。……（二十一章）

有物混成、先天地生、蕭呵寥呵、獨立而不改、可以爲天地母、吾未知其名、字之曰道。吾强爲之名曰大。……（二十五章）

道恆无名、樸雖小而天下弗敢臣。侯王若能守之、萬物將自賓。……（三十二章）

道、汎呵其可左右也、成功遂事而弗名有也、萬物歸焉而弗爲主、則恆无欲也、可名於小。（三十四章）

道恆无名、侯王若能主之、萬物將自化。（三十七章）

道生一、一生二、二生三、三生〔萬物。萬物負陰而抱陽、中氣〕以爲和。（四十二章）

道生之、德畜之、物刑之、而器成之。……道生之、畜〔之、長之、育〕之、〔生而弗有、爲而弗恃、長而〕弗宰、此之謂玄德。（五十一章）

これらの「道」についての記述は、いずれも儒家思想などでしばしば言及される「先王之道」に代表される「道」などとは異質のものである。ことばではなかなか表現できない、無限の働きをなし、「萬物」のおおもととみなされ、この宇宙の始めともいうべき「天地」に先立ち、「天地」をも生み出す「天地」の「母」ともされる「道」、ぼんやりとして定かでない捉えにくく、名状しがたい象の實體のある「道」、何ものにも依存しない恆常不變な存在の「道」である。これは假に「道」と呼びなされるもので、その本質は「大」と表現される存在である。またこの「道」の働きは「萬物」を生み出しながら、それらを我が物とせず、自らの手柄とし主人顏をしない、「玄德」というすばらしい特質を持っていて、爲政者の模範ともなりうるものであることを、これらの記述は物語っている。

この他にも、「道」という表現はみえないものの、「道」と思われるものの性質や働きを示す重要な章とされる「視之而弗見、名之曰微、……」（十四章）「昔之得一者、……」（三十九章）などがあることは、周知のことである。そこには、感覺的には把握しがたい、從って名狀しがたい存在について、またあらゆる存在の正常な働きをなさしめる源泉としての究極的な存在について語っている。

この儒家思想にみえるのとは異なった、『老子』と共通すると思われる「道」が、乙本『古佚書』にも斷片的ながら認められる。《經法篇》冒頭の「道生法、……」（道法章）はまさしくそのことを象徵的に示しているといえようし、同篇の「道者、神明之原也。」（名理章）とあるのや、先に擧げた《稱篇》冒頭の「道无始而有應、……」なども、儒家で說く「道」とは異質のものだといえよう。こうした「道」を究極に据える思想は、『管子』に事は法に規制され、法は權力に基づき、「權出乎道」（心術上）とか、「憲律制度必法道」（法法）などとみえることが、『帛書』の注でも指摘されている。しかしながら乙本『古佚書』には、『老子』におけるようには「道」についての詳細且つ多くの記述は見當らない。こうしたことが『老子』が道家思想の中心的書物となった所以の一因であろうか。乙本『古佚書』の思想における道家性は、積極的に『老子』にみられるような「道」を說いたことにではなく、むしろ儒家的な「道」を説かなかったという消極的な點にあるといえるかもしれない。漢初に乙本『古佚書』が道家系統の書物とみなされていたことは、《經篇》の二箇所に「當斷不斷、反受其亂」（觀・兵容の兩章）のことばがみえ、しかも『史記』にも、次のようにみえることから、否定しえない事實である。

太史公曰、……語云、當斷不斷、反受其亂。春申君失朱英之謂邪。（巻七八、春申君傳）

召平曰、嗟乎、道家之言、當斷不斷、反受其亂。乃是也。（巻五二、齊悼惠王世家）

前者は春申君が朱英の忠告を無視したために、政敵の李園の刺客に殺された事實に對して、傳承されていたことばを引用して彼の行動に當てはめたのであるが、これまではいかなる性質のことばかは不明であった。それが次の齊悼惠王世家にみえる記述によって、「道家之言」とされている事實が明らかになったのである。

後者は、漢の高祖の庶子である齊の悼惠王劉肥の沒後、その子劉襄が齊王を後繼した。惠帝が若くして亡くなると呂后が政治を專らにするようになる。劉襄の弟劉章が朱虛侯に封ぜられ、その弟の劉興居も東牟侯に封ぜられ、いずれも都長安に宿衞していた。氣骨のある朱虛侯には呂氏の一族もみな一目おいていた。やがて呂后が沒すると、朱虛侯は、妻が呂氏の娘であったことから、いち早く呂氏の一族の反亂の陰謀を知り、呂氏の一族を處罰して兄の齊王劉襄を皇帝に立てることを計劃した。これを聞いた齊王は軍隊を出動させようとした。齊王の相であった召平はこれを知ると、齊王が勝手に動かないように王宮を警護した。しかるに齊王側の中尉の魏勃が召平を欺いて、自分が王宮を警護するといい軍隊の指揮權を奪い、還って召平の屋敷を包圍し彼を自殺せしめた。召平が欺かれたと知ったとき發したことばが、先に引用したものである。この「道家之言」なるものは、これまで傳承されてきた道家の書物には全く認められないことばであったため、眞僞の程が不明であったが、乙本『古佚書』の出土によって眞であることが確認された。

「道紀」について

また「道」に關することばで、「道紀」という特異な語が、帛書『老子』の「道」と思われるものを、「微」「希」「夷」なる感覺的には把握できないものと表現した有名な章の末尾に、

執今之道、以御今之有、以知古始、是謂道紀。（いまの「道」をしっかり握れば、いま現にあるものを制御し、いにしえの（すなわち）すべてのはじめ（にあったもの）を知ることができる。これが「道」の紀《もとづな》とよばれる。―小川環樹譯に沿った）　（十四章、乙本）

としてみえるが、意味は必ずしも明白ではない。

他方、乙本『古佚書』にも、

逆順同道而異理、審知逆順、是謂道紀。（逆と順とは原則「道」は同じだが各自の法則「理」は異なる。逆と順とを詳細に理解するのを、綱紀の掌握「道紀」という。）　（四度）

と、「道紀」という語がみえる。この場合には、《經法篇》四度章の冒頭に、

君臣易位謂之逆、賢不肖竝立謂之亂、動靜不時謂之逆、生殺不當謂之暴。逆則失本、亂則失職、

逆則失天、〔暴〕則失人。失本則□、失職則侵、失天則飢、失人則疾。……君臣當位謂之靜、賢不肖當位謂之正、動靜參於天地謂之文、誅□時當謂之武。靜則安、正〔則〕治、文則明、武則強。安得本、治則得人、明則得天、強則威行。參於天地、合於民心、文武竝立、命之曰上同。審査知四度、可以定天下、可安一國。順治其內、逆用其外、功成而傷。逆治其內、順用其外、功成而亡。內外皆逆、是謂重殃、身危爲戮、行危破亡。外內皆順、命曰天當、成功而不廢、後不逢殃。○聲華□□者用也。順者、動也。正者、事之根也。執道循理、必從本始、順爲經紀、禁伐當罪、必中天理。……（君主と臣下がそれぞれの地位が逆轉するのを逆といい、有能な者と無能な者が同等の地位にあるのを亂という。活動と休息が時宜に適っていないのを逆という。赦免と處罰が適正でないのを暴という。逆であると國家存立の基本が失われ、亂であると職務が失われ、逆であると季節の推移に外れ、暴であると人々の信賴を失う。國家存立の基本が失われれば國が損われ、職務を失えば職權が侵され、季節の推移に外れれば飢饉になり、人々の信賴を失えば恨みをかう。……君主と臣下がそれぞれ適正な地位にあるのを靜といい、有能な者と無能な者が適正な地位にあるのを正といい、活動と休息が天地自然の推移にかなっているのを文といい、誅伐禁令が時期に適い的確であるのを武という。靜であれば國は安泰であり、正であれば國は治まり、文であれば政治は公明正大で、武であれば國は強力になる。安泰であれば君臣の秩序が得られ、治まればよい人材が得られ、公明正大であれば自然の惠みを得られ、強力であれば威信が行きわたる。天地自然の推移にかない、民衆の意向に適合すれば、文と武とが共に成り立つ、このことを上同すなわち上位者への一致と名づけるのである。君臣・賢不肖・動靜・生殺の四つの關係の基準を詳細に理解していれば、天下を統一することができるし、一國を安定させることができる。國内は從順さが支配するが、對外的には對立的であると、治國の功績は擧がっても國は損われる。國内は對立が支配し、對外的には從順さで對應すると、對外的な功績は擧がっても國は亡びる。國内的にも對外的にもいずれも對立的であるのを、これを重殃すなわち二重の災禍といい、身は危險に曝され殺戮に逢い、國は危險に曝され破滅する。國内的にも對外的にもいずれも從順さで對應するのを、天當すなわち自然法則への符合と名づけ、功績は擧がって廢れず、將來も災禍に逢うことはない。評判が華々しく……者は、凡庸である。〔自然法則への〕從順が、活動である。正しさ〔すなわち適材適所〕は、事柄の基本である。道すなわち自然の法則を把握し人事の道理を遵守するには、基本から始め、從順を基本的な規準としなければならない。處罰すべき者を禁じ討伐する時は、自然の條理に適わなければならない。……）

とあって、「同道で異理である『逆順』」をしっかりと捉えることの重要性を具體的に説いていて、意味は明快である。『老子』では、ここで「逆順」に相當することばとして、宇宙の始源とでもいうべき神祕的なものを意味する「古始」ということばがみえ、それを捉えることが要請されている。

「天道」「天之道」「天地之道」について

さて乙本『古佚書』には、上述の帛書『老子』にみえる「道」とは異なる「道」がみえ、その一部を擧げれば、次のような「天道」「天之道」「天地之道」が多く登場する。

天地之道、不過三功。功成而不止、身危有殃。（自然界の天地の法則は、ただ三つの季節に功業がある

だけである。功業が實現してそこに滿足することを知らないと、身の危險を招き災いに逢うであろう。）（國次）

天道不遠、入與處、出與反。（自然の法則はわれわれと緣遠いものではなく、飛び込んで行けば一緒に居り、飛び出せば返っていく。）（四度）

極而反、盛而衰、天地之道也、人之理也。（極限に達して反轉し、隆盛になって衰退するのは、天地自然の法則であり、人閒社會の道理である。）（同上）

明以正者、天之道也。適者、天之度也。信者、天之期也。極而〔反〕者、天之性也。（明瞭で正確なのは、自然界の法則である。符合するとは、自然界の正確な運行である。運行の正確さとは、自然界の正確な出會いである。極限まで發展すると反轉するとは、自然界の本性である。）（論）

動靜不時、種樹失地之宜、〔則天〕地之道逆矣。（勞働と休息とが農耕の時期に合わず、農作物の播種植樹が土地に適合しないならば、天地自然の法則に違背する。）（同上）

始於文而卒於武、天地之道也。……三時成功、一時刑殺、天地之道也。（文德敎化で始まり最後に武力を用いるのが、天地自然の法則「道」である。……春夏秋の季節は生育・成長・收穫の功業があり、冬の季節は衰枯させるのは、天地自然の法則である。）（論約）

形名已定、順逆有位、死生有分、存亡興廢有處。然后參之於天地之恆道、乃定禍福死生存亡興壞之所在。（實質と名稱が確定してしまえば、自然法則への違背か順應かははっきりする。死滅に向かうか生氣に滿ちているかが明確になり、生存するか滅亡するか勃興するか壞滅するかが決著する。そうして初めてこのことを天地自然の恆常的な法則に照らして、そこで災禍か幸福か死か生か存續か滅亡か勃興か壞滅かの原因の所在が確定する。）　（同上）

天道已既、地物乃備。（自然の法則にすっかり依存するならば、地上の作物は十分に實るであろう。）　（觀）

天道於人、反爲之客。（自然の法則は運行し續けて、人は返って受動的な立場におかれます。）　（姓爭）

夫天地之道、寒熱燥濕、不能竝立、剛柔陰陽、固不兩行。（さて天地自然の法則は、寒さと暑さ乾燥と濕氣は、同時にはありえないし、堅さと柔らかさ陰氣と陽氣は、元來同時には現れません。）　（同上）

因民之力、逆天之極、又重有功、其國家以危、……此天之道也。（民衆の力に賴り、天の極すなわち自然の最も根本的な法則に違背し、さらに功績を重視するならば、その國家は危險であり、……これが天の道すなわち原則である。）　（兵容）

天有恆日、民自則之、爽則損命、還自服之、天之道也。（天には不變の日々があり、民衆は自然にそれを模範とし、それに違背すれば命を落とすことになり、返って自らその罰を受けるであろう。それが天の原則である。）　（三禁）

天地之道、有左有右、有牝有牡。（天地自然の法則は、左右があり、牝牡がある。）　《稱》

これらの「道」は、いずれも究極的には處世や政治・軍事の規範を意味するものと思われる。乙本『古佚書』そのものが未解讀で意味不明の箇所も多く、斷定的なことはいえない。ただ『老子』にみえる神秘的な性質の萬物の根源といった意味のものではない。いわば自然界の法則とでもいうべきものである。こうした「道」を事實として認め、それを人の世界の規範とすべきだというのが、これらの基底に流れる考えだと思われる。先學の指摘によれば、[5]『老子』では「道」が究極のものであるから、それに更に「天」を加えて「天之道」というのはおかしいという。確かに帛書『老子』にもそういったことばはみえるが、單なる「道」に較べると遙かに少ない。

功遂身退、天之道也。（九章）

不出於戶、以知天下、不窺於〔牖、以〕知天道。（四十七章）

天之道、不戰而善勝、不言而善應、弗召而自來、戰而善謀。（七十三章）

天之道、猶張弓也、高者抑之、下者擧之、有餘者損之、……〔……故天之道〕、損有餘而益不足。人之道、損不足而奉有餘。（七十七章）

〔天道无親、恆與善人〕（七十九章）

故天之道、利而不害、人之道、爲而弗爭。（八十一章）

これらにみられる「道」は、法則や方法などの意味に使われていて、先にもふれた萬物の根源といった意味のものではないことは明らかであろう。こうした自然界の法則に基づくと思われる「道」も帛書『老子』では說かれているものの、中心的な思想とはなっていない點に乙本『古佚書』との相違が認められる。

更に表現上のことであるが、乙本『老子』には、「道」について、保持している者、聞き知っている者、學びおさめる者といった、「有道者」(三十一・七十七章)「聞道者」(四十八章、現行本では「爲道者」)「爲道者」(十五・六十五章)などのことばがみられるが、「執道者」ということばはみられない。これに對して乙本『古佚書』には、《經法篇》にのみではあるが、このことばがみられる。その一部を擧げれば次のとおり。[7]

故執道者、生法而……故執道者之觀於天下也、……故唯執〔道〕者能上明於天之反、……(そこで道を掌握した人物は、法を創ったら……そこで道を掌握した者が天下を觀察する場合、……そこで道を掌握した者のみが、先ず自然界の終始反復する原因を詳しく洞察することができ、……)　(道法)

帝王者、執道者也。是以守天地之極、……(帝王というのは、道を掌握した者である。そこで天地自然の「極」法則を把握して、……)　(論)

故執道者之觀天下也、必審觀事之所始起、……(それ故に道を掌握した者が天下を觀察するとき、必ず詳細に事物の起因を觀察し、……)　(論約)

故唯執道者之觀天下□〔也、〕見正道循理、……(それ故に道を掌握した者だけが天下を觀察する場合、天道を認識して事物の理に循えば、……)　(名理)

故唯執道者能虛靜公正、……(それ故に道を掌握した者だけが虛心平靜で公正であることができ、……)　(同上)

そして乙本『古佚書』には、帛書『老子』にみえる「有道」「爲道者」ということばが、全般に亙ってみられないのは、やはり兩者の相違といえよう。

「聖人」という語について

この語は乙本『古佚書』にも、たとえば次のように全般に亙って現れる。

故唯聖人能盡天極、能用天當。（そこで聖人だけが自然の究極の規範を十分に發揮することができ、自然にかなった法則を使うことができる。）（國次）

聖之人弗留、天下弗與。（聰明な人物がその國を離れてしまうと、天下の國々は親しみ従わなくなる。）（六分）

散流相成、聖人之事。聖人不朽、時反是守。……聖人正以待天、靜以須人。（それらを分け行きわたらせるのは、聖人の爲すことである。聖人の名聲が永久に滅びないのは、時の變化に忠實に順うからである。……聖人は公正な態度で自然に對應し、平靜な態度で人に對應する。）（觀）

天地形之、聖人因而成之。聖人之功、時爲之庸、……聖人不達刑、……（天地は模範を示し、聖人はそれに依存して完成する。聖人の功績は、時が働きの要となり、……聖人は刑罰を濫用せず、……）（兵容）

聖人不爲始、不專己、不豫謀、……聖人稾論天地之紀、……（聖人は自分が先頭にたたず、自分本位にならず、謀略をめぐらさず、……聖人は天地自然の基本法則を總括的に秩序だて、……）（《稱》）

故唯聖人能察无形、能聽无聲。（そこでただ聖人だけが形狀のない存在を考察することができ、聲なき聲を聞き届けることができる。）（《道原》）

各篇一、二箇所ずつにみえるに過ぎない。これに對して『老子』では「聖人」が重視され、「聖人」が甚だ多く登場する。殊に「是以聖人……」という表現が多いのが特徴的である。「聖人」の語の登場は二十章に亙り、延べ二十二回を數えるが、上述の表現は十八回に及ぶ。いま『老子』での上篇に相當する乙本《道篇》の部分で、「聖人」「聖」に言及した箇所のみを擧げると、(8) 次のごとくである。

是以聖人居无爲之事、（二章）
是以聖人退其身而身先、（七章）
是以聖人之治也、（十二章）
絕聖棄知、（十九章）
是以聖人執一、（二十二章）
是以聖人恆善救人、（二十七章）
聖人用則爲官長、（二十八章）
是以聖人去甚、（二十九章）
是以聖人之能成大也、（三十四章）

漢初以後、より一層「聖人」が重視されたためであろうか、『老子』では更に多少增える。例えば、乙本では、

故天之道、利而不害、人之道、爲而弗爭。（八十一章）

と「天之道」に對する「人之道」であったものが、『老子』では、「聖人之道」に變化しているのも、

同じ理由からであろうか。いずれにしても「聖人」の重視は、帛書『老子』すなわち《德篇》《道篇》と乙本『古佚書』との相違といえるであろう。

結　語

これまで、乙本『老子』と乙本『古佚書』四篇とについて、概略的にではあるが幾つかの特定のことばを取りあげて考察してきた。その結論めいたものはそれぞれの箇所で述べておいたので、改めて述べる必要はないであろう。いずれにしても乙本『古佚書』は勿論のこと、『老子』についても納得のいくようには讀解できていない現狀なので、表面をなぞった形式的な考察に終始してしまった。

とても結論などだせる段階ではない。ただ帛書乙本の部分だけについてみても、現存している先秦から漢初にかけての文獻を理解するための、非常に貴重な知見と問題を提供してくれる書籍であることを、感得することができたと思う。現存する先秦などの文獻が非常に讀みやすく、漢代の文獻が案外讀みにくく、篇名がつき一篇にまとめられた文章であるにも拘らず、必ずしも一貫した文脈ではない。これはむしろ當時の姿をそのままに傳えているためではないかと思われる。また現存する文獻と、語句や意味の上で共通する點の多いことから、殊に道家系現存文獻の理解のために、不可缺且つ有效な資料であることが解った。これが小論を書くことによる收獲の一つであったことは確かである。

《德篇》《道篇》がいかなる理由と經緯で、獨立して『老子』とされるようになったのか、また老子なる人物と結びつくこととなったのかなどの問題は、より多方面からのアプローチが必要であろう。小論はそのほんの一端を擔うものに過ぎない。

（一九九二、八稿、二〇〇五、四、九補訂）

注

（1）本書所收、拙稿「『老子』の基本的特徴について――地上的なるもの・女性的なるものの重視――」。

（2）小川環樹『老子莊子』（『世界の名著』所收、中央公論社、一九六八年）の解說「老子と莊子」一五頁、及び『老子』（中公文庫、一九七三年）解說、一四七頁、參照。

（3）前揭注（1）參照。

（4）余明光『黃帝四經今注今譯』（岳麓書社、一九九三年）のこの箇所の注は、『老子』の「生而弗有、爲而弗恃、……是謂玄德」（五十一章）を引用する。他方、陳鼓應『黃帝四經今註今譯』（臺灣商務印書館、一九九五年）の注では、「常知稽式、是謂玄德」（六十五章）を引用する。

（5）「力黑」とは「力牧」のこと。『漢書』藝文志、諸子略の道家の項に「力牧二十二篇。（自注、六國時所作、託之力牧、黃帝相。）」とある。

（6）小川環樹、前揭書、二二頁、前揭文庫、解說、一五三～一五四頁、參照。

（7）王弼本では第十五章のみ「爲士者」となっている。

（8）乙本《德篇》（『老子』での下篇に相當する箇所）に現れるのは、次の通り。

聖人恆无心、……聖人之在天下、……（四十九章）

是以聖人之言曰、我无爲而民自化、……（五十七章）
是以聖人終不爲大、……是以聖人猶難之、（六十三章）
是以聖人无爲也、……是以聖人欲不欲、（六十四章）
是以聖人之欲上民也、（六十六章）
是以聖人被褐而懷玉。（七十章）
是以聖人之不病也、（七十一章）
是以聖人自知而不自見也、（七十二章）
是以聖人爲而弗又（有）、（七十七章）
故聖人之言云曰、受國之垢……（七十八章）
是以聖人執左芥（契）而……（七十九章）
聖人无積、既以……（八十一章）

このほか『老子』では、「是以聖人終日行……」（二十六章、傅奕本を除く）となっているが、帛書『老子』では「是以君子冬日行……」（乙本）「是以君子衆日行……」（甲本）。『老子』では「是以聖人猶難之、天之道……」（七十三章）であるが、乙本には「是以聖人猶難之」の句がない。

また『老子』（六十六章、王弼本を除く）には「是以聖人處之上……」と「聖人」の語が再出する。

帛書『古佚書』乙本考

前　言

『老子乙本巻前古佚書』（以下、この論考に限り『古佚書』と略稱）が道家系統に屬する性質のものであることは、『史記』にみえる道家の言葉とされるものが、『古佚書』にみえることから既に明白なこととされている。[1]しかも『漢書』藝文志に著錄される「黃帝四經」その他の書籍に比定されもしている。[2]しかしながら、確定したものではなく、藝文志に著錄される書名に必ず該當するものがあるかどうかも確定していない。この『古佚書』と、『古佚書』に併錄されている《德篇》《道篇》卽ち所謂帛書『老子』とにみられる基本的な特徴のある側面との共通性については、かつて考察したことがある。[3]ただ『古佚書』の詳細な注釋に依れば、道家的或は兵家・法家的系統と思われる著作との關聯が多く指摘されているが、その方面の考察は未だ綿密にはなされていない。全般的にみて、思想內容や語句などから察するに、道家的傾向は明らかであるが、更に法家的傾向や兵家的傾向も強いことも確かに認められる。それらのことは、單に本文の內容から窺われるだけでなく、本文の語句に對する『古佚書』の注釋の指摘する關聯する諸文獻からも推察することができる。しかしながら指摘はされているものの、そうした語句や文章の對比についての詳細な検討はまだなされていない。

そこでいま小論では、それら未考察な側面の一端について、先秦から漢初の現存する思想書の間ではあまり現れないが、『古佚書』には現れる獨特な幾つかの共通の用語や思想について資料に卽して考察し、問題提起の一助としたい。ただこの小論はあくまでも豫備的なものであって、綿密にすべてを網羅したものではないことを豫めお斷りしておきたい。

既に別稿で《德篇》《道篇》卽ち所謂帛書『老子』と『古佚書』との概觀的比較を行い、特定の語句について考察したことがあるが、後者に含まれる經法・經・稱・道原の四篇間の差異は全く問題にせず、四篇を一括して《德篇》《道篇》との比較を試みたものであった。(4) しかしながら、『古佚書』四篇とこの四篇との關聯を指摘された既存の文獻との比較は、まだ詳細な考察はなされていない。そこでこの四篇について、特定な語句や文章を中心に、豫備的な考察を試みようとするのが小論の目指すところである。例えば、先に觸れた別の考察でも指摘した所謂『老子』にはみられない「執道者」の語は、『古佚書』全般にみられるものではない。それは《經法篇》(道法・名理の諸章)のみにみえるもので、他の諸篇には現れない。「去私立公」「精公無私」「兼愛無私」「唯公無私」など公私に關する語句も《經法篇》(道法・君正・四度・名理の諸章)のみに現れる。また『史記』で「道家之言」とされながら、從來の道家系の書籍にはみえず、『老子』などに代表されるような哲學的な言葉ではないことから、「道家之言」であることを疑われていた「當斷不斷、反受其亂」の語は、《經篇》(觀・兵容の諸章)にのみみえる。更に「雄節」「雌節(雌之節)」「柔節」「弱節」などの所謂『老子』とも共通する語句も、《經篇》(雌雄節・行守・順道の諸章)・《稱篇》のみにみえるに過ぎない。ただし「柔弱」の語は《經法篇》(四度章)にもある。こうしたある種の語句の偏りは、ある程度思想内容と關聯しているといえよう。どちらかと言えば治國のための政治の基本を說く《經法篇》に對して、刑德・形名など政治と密接に關聯することに言及するものの、軍事・兵法などに言及する《經篇》(章名にも兵容・本伐・行守などとある)や「奇正」「偃兵」など軍事に關聯する語句のみえる《稱篇》という思想内容の相違に關係するものと思われる。

ただし「天下正」の語が《經法篇》(道法・四度の諸章)・《經篇》(觀章)の兩篇に亙ってみえ、[5]「天之道」の語が《經法》(論章)《經》(三禁章)の兩篇に亙ってみえ、[6]「天地之道」の語が《經法篇》(四度・論・論約の諸章)・《稱篇》の兩篇に亙ってみえ、[7]「無形」「無名」の語が《經篇》(行守章)・《道原篇》の兩篇にみえる[8]などの事實が認められる。これらのことにも象徵されるように、四篇はその思想傾向が相互に全く無關係だとは思われない。所謂帛書『老子』と『古佚書』四篇との閒には、語句や思想内容の點で、相違點とともに共通點も認められた。現存の諸文獻との比較において『古佚書』四篇相互の閒とも同樣のことが言えるのではないかと思われる。

一　『淮南子』との關係について

『古佚書』の先學の注釋に依れば、『古佚書』四篇の語句は『淮南子』に限らず、『老子』『莊子』

『管子』『鶡冠子』『國語』『戰國策』『韓非子』『呂氏春秋』など多くの典籍との關聯が指摘されているが、それらの典籍との成立の先後關係は必ずしも明確ではない。そこで先ず、この『古佚書』は筆寫年代が前漢文帝以前と既に推定されていること、道家系統の思想傾向が濃厚であることなどを考慮して、漢代では雜家に分類されてはいるが、道家系その他の書籍を多く踏まえていて、しかも成立年代がほぼ明白な『淮南子』との關聯について考察してみよう。

周知のように『淮南子』の成立は、ほぼ前漢の武帝期頃とされるので、(9) もしも『古佚書』と類似の語句などがあるとすれば、當然『淮南子』の著者たちは『古佚書』乃至はそれに類する書籍を閲讀していたと推定される。『淮南子』は雜家に分類され様々な思想系統の内容が含まれてはいるものの、主流をなすものは道家系統の思想である。特に冒頭の原道・俶眞の兩篇などは、現存する道家系統の思想の代表的著作『老子』『莊子』などにみえる語句との密接な關聯は明白である。

しかしながらそこには現存する古典籍には見當らない幾つかの特殊な語句がみえる。いま先ずそれらについてみてみよう。次の文章にみえる「一之理」「一之解」という見慣れない語句もその一端である。

故音者、宮立而五音形矣、味者、甘立而五味亭矣〔亭、平也。甘、中央味也。〕『〇兪樾云、……亭有定義也』、色者、白立而五色成矣、道者、一立而萬物生矣。是故一之理〔理、道也〕、施四海、一之解、際天地〔解、達也。際、機也。解、讀解故之解也〕。其全也、純兮若樸、〔樸、若玉樸也、在石而未剖〕、其散也、混兮若濁。濁而徐清、冲而徐盈、澹兮其若深淵、〔冲、虛也。盈、滿也。澹、定不動之貌〕、汎兮其若浮雲、若無而有、若亡而存。萬物之總、皆閲一孔〔總、衆聚也〕、百事之根、皆出一門〔道之門也〕。其動無形、變化若神、其行無迹、常後而先〔道之先也〕。

（原道、〔　〕括弧内は高誘注。以下『淮南子』[10]の引用の場合は同じ）

既存の文獻では殆ど目にしない語句である。ここでは先ず、宮・商・角・徵・羽の「五音」のうち「宮」が、辛・酸・鹹・苦・甘の「五味」のうち「甘」が、黄・靑・赤・白・黑の「五色」のうち「白」が中心であるといい、それに對應する形で理解するならば、萬物を包攝する「道」の場合は「一」が萬物の中心だということになる。

ただ上引の文章の少し前には、

所謂無形者、一之謂也〔一者、道之本〕。所謂一者、無匹合於天下者也。卓然獨立、塊然獨處、上通九天、下貫九野、……穆文隱閔、純德獨存〔穆忞、隱閔、皆無形之類也。純、不雜糅也〕、布施而不既、用之而不勤〔既、盡也。勤、勞也〕。是故視之不見其形、聽之不聞其聲、循之不得其身、無形而有形生焉〔無形、道也。有形、萬物也〕。

とあるので、難解な「一之理」「一之解」の理解の一助になるかと思われる。

ところが『古佚書』には、「一」をテーマにした黄帝とその臣力黑との對話の中に、上述の見慣れない同じ語句を含んだほぼ同樣の文章がみえる。

黄帝問力黑、……吾恐或用之以亂天下。請問天下有成法可以正民者。力黑曰、然。……吾聞天下成法、故曰不多、一言而止。循名復一、民无亂紀。黄帝曰、請問天下猶有一乎。力黑曰、……循名復一、民无亂紀。黃帝曰、一者一而已乎。其亦有長乎。力黑曰、一者、道其本也、胡爲而无長。□□所失、莫能守一。一之解、察於天地、一之理、施於四海。……萬物之多、皆閱一空。夫非正人也、孰能治此。……總凡守一、與天地同極、乃可以知天地之禍福。

（黃帝は力黑に尋ねて言った「……私はこのようなことから天下を亂すのではないかと心配している。天下に成文法で民衆を正すことができるものはないかお尋ねする」と。力黑は言った「そうですね。……名稱に從って一に合致させれば、民衆は規律を亂すことはないでしょう」と。黃帝は言った「一とは一言にすぎないのだろうか。何か長所はないのだろうか」と。力黑は答えて言った「一とは、道がその根本です。どうして長所がないことがありましょう。……所失、一を保持することができないのです。一の要義は、天地にまで至り、一の原理は、全世界に施行されます。……聞くところによれば、天下の成文法は、元來多くない、一言で足りる、と言われている。名稱に從って一すなわち原則に合致させれば、民衆は規律を亂すことはないでしょう」と。黃帝は言った「お尋ねするが、天下にはまだ一〔すなわち混一無形の道〕はあるのだろうか」と。力黑は言った「……萬物は多數だが、いずれも一つの隙閒から出てくる。さて正しい人でなければ、どうしてこれを治めることができましょう。……全體を總括し一を謹み守れば、天地とともに長久で、天地の閒に起こる禍福のすべてを知ることができます」と。）

（成法）

この章は黃帝とその臣力黑卽ち力牧との對話の形をとっていて、問題の語句はいずれも黃帝の質問に對する力黑の對えの中にある。なお『古佚書』注釋は「循名復一」の「一」は「道」を指すという。文脈は異なるとはいえ更に「萬物之多、皆閱一空」という『淮南子』と類似の句もみえるのは、兩書の制作年代及び書寫年代からして、『淮南子』の著者は『古佚書』乃至はそれに類した典籍をみたとしか考えられない。『古佚書』注釋の指摘するところに依れば、先の『淮南子』の兩句と類似の語句は、既存の文獻では次に示す『管子』[11]の諸篇にもあるとされる。

是故聖人一言解之、上察於天、下察於地。（心術下）

一言之解、上察於天、下極於地、蟠滿九州。（内業）

前文は、尹知章の注では「解則無不通物、故能窮於上下」と解するが、王念孫は内業篇を參考にして「一言解之」は「一言之解」とすべきで、尹注は誤りだと言う。更に後文は、尹注は「若能解道之一言、則能察天極地、而中滿於九州」と解する。

しかし、内業篇には上引文の前に次のような文があり、

凡心之形、過知失生、一物能化謂之神、一事能變謂之智、化不易氣、變不易智、惟執一之君子、能爲此乎、執一不失、能君萬物、君子使物、不爲物使。得一之理、治心在於中、治言出於口、治事加於人、然則天下治矣。一言得而天下服、一言定而天下聽、公之謂也。……

「一之理」の語もみえる。なお「一物……一事……」の尹注は「一、謂無也。謂無心於物事、而物事自變化、以爲神智也」とあり、「一」を「無」「無心」などと動詞的に解している。また「執一不失、能君萬物」の尹注は「無心爲有心者主也」とある。更にここと類似の文章が心術下篇にも次のようにみえる。

一氣能變曰精、一事能變曰智、慕選者、所以等事也、極變者、所以應物也。慕選而不亂、極變而

不煩。執一之君子、執一而不失、能君萬物、日月之與同光、天地之與同理、聖人裁物、不爲物使、心安是國安也、心治是國治也、治也者心也、安也者心也。治心在於中、治言出於口、治事加於民。故功作而民從、則百姓治矣。

ただし、この篇では内業篇にみえる「凡心之形、過知失生」の句は、篇末の「聖人一言解之」の句の少し前に、内業篇とは全く異なった文脈の中にみえる。[12] 内業篇とは少し異なる「一氣……一事……」の尹注は「謂專一其氣。……能專一其事、能變而動之、謂智也」といい、内業篇とは異なった解釋をしている。また「執一而不失、能君萬物」を尹氏は「一、謂精專也。既精且專、故能君萬物也」と、内業篇とは全く異なった注解をしている。

上引の内業篇の文の前後には、「凡道無所、善心安愛、心靜氣理、道乃可止」「凡道、無根無莖、無葉無榮、萬物以生、萬物以成、命之曰道」「凡道必周必密、必寬必舒、必堅必固、守善勿舍」など「道」で始まる文章があり、「一言之解」の尹知章注でも「若能解道之一言、則能察天極地……」という。勿論、末尾の方には「凡人之生也、天出其精、地出其形、合此以爲人」「凡人之生也、必以平正」「凡食之道、大充、傷而形不臧」「凡人之生也、必以其歡、憂則失紀」などと、萬物生成の原理とされる「道」以外のことも論じている。しかし篇名からも明らかなように「内なる業」卽ち心の問題を、「道」との關係で論じているのが、この篇の主題である。

ともかく「一之解」「一之理」の句の意味は、高誘の注釋でも明確ではないし、文脈からの理解も決して納得できる點まで到達しえないのであるが、『古佚書』と、成立年代のほぼ確實な『淮南子』

との關係は明白である。また關聯の考えられる『管子』との關係は、『管子』の成立年代が不明確であるため、兩者の關係はどのように考えたらよいか留保しておかざるをえない。更に『管子』自身についても、心術篇下と內業篇とでは、同一または類似の語句が極めて多く、兩者の關係に言及したい衝動に驅られるところである。しかしながら兩者の關係は輕々しく論ずることはできないので、いずれ稿を改めて考察することとしたい。

次に氣がつく『淮南子』にみえる特殊な語句は「雌節」である。「雌雄」の語はしばしば目にするところであるが、それらに「節」のついた語は殆ど見かけない。ところが『淮南子』には、

是故聖人守清道而抱雌節（清、和淨也。雌、柔弱也）、因循應變、常後而不先、柔弱以靜、舒安以定、攻大礱堅、莫能與之爭。天下之物、莫柔弱於水、然而大不可極、深不可測、脩極於無窮、遠淪於無涯、……萬物弗得不生、百事不得不成、大包羣生而無好憎、……　（原道）

と「雌節」の語がみえる。この語は先秦の書籍にもあまり見かけない語であるが、『古佚書』にはこの語乃至類似の語が次のようにみえる。

□共（恭）驗（儉）、是胃（謂）雌節。……雌節者、兼之徒也。……雌節以亡、必得將有賞。……雌節而數亡、是胃（謂）積德。愼戒毋法、大祿將極。凡彼禍難也、先者恆凶、後者恆吉。先而不凶者、是恆備雌節存也。……凡人好用【雌節】、是胃（謂）承祿。富者則昌、貧者則穀。以守則寧、以作事則成、以求則得、以單（戰）則克。

（從順で恭しく愼ましやかなのは、雌節のことである。……雌節とは、謙虚な類である。……雌節をかざし

て失ったとしても、きっと恩賞が與えられるであろう。……雌節をかざしてしばしば失うのは、德行の集積といい、愼重にし怠ることなく續けていけば、極まりなく大いなる恩惠（幸福と富）が承けられるであろう。そもそも禍福というものは、先に行動する者は常に災禍に逢い、後から行動する者は常に幸いである。先に行動して災禍に逢わないのは、絶えず雌節を身につけているからである。……先に行動してもやはり災禍に逢わず、後から行動してもやはり災禍に逢わないのは、絶えず雌節を身につけているからである。……だいたい人が好んで雌節を使う場合は、承祿すなわち恩惠（幸福と富）が承けられるといわれる。富める者は榮え、貧しい者は食に足り、國を守れば安泰であり、戰えば勝つ。）

（雌雄節）

大�（庭）氏之有天下也、安徐正靜、柔節先定。晁濕共（恭）僉（儉）、卑約生柔。常後而不失體（體）、……端正勇、弗敢以先人。……刑於女節、所生乃柔。……守弱節而堅之、胥雄節之窮而因之。

（大庭氏が天下を統治していたとき、安らかでゆったりしひっそりと靜かで、まず柔弱を信條とした。過度に遜って謙虚で恭しくつつましく、謙虚や節約な態度は柔弱が基本である。常に自分を後回しにして先頭にならず、誠實に仁愛を實踐し、……柔弱の信條を模範とすれば、結果として柔弱となる。……容姿が整いしかも勇氣があり、進んで人の先頭に立とうとはしなかった。……柔弱の信條を堅く守り、相手の傲慢の信條の行き詰まりを待って行動する。）

（順道）

諸陰者法地、地【之】德安徐正靜、柔節先定、善予不爭。此地之度而雌之節也。

（すべての陰に屬するものは地を模範とし、地のもちまえは安らかでゆったりし偏らず靜かであり、柔軟の

信條が先ず確定して、與えることを優先して爭わない。これは地の基準であり雌の信條である。)(《稱》)

『古佚書』の注釋によれば、「女節」は「雌節」とほぼ同じであり、「胥」は「待」の意だという。更に注釋は「恭儉者、屛五兵也。雖有戈矛之利、不如恭儉之利也」(『荀子』榮辱)の文をも指摘している。これらには「水」の比喩こそみえないが、「雄」よりも「雌」「柔」、更には「安徐正靜」という女性原理の尊重や、「先」よりも「後」を重視する點も共通しており、既に指摘した所であるが所謂『老子』とも共通するところである。『淮南子』の上引の文章は恐らく所謂『老子』をも含めて『古佚書』からの影響が大きかったと考えられる。そのことは、『古佚書』の注釋の指摘するところからも明らかである。例えば、『古佚書』及び所謂『老子』には、次のような語句がみられることを示しておきたい。

天下莫柔弱于水、而攻堅强者莫之能先[13]、(《德》)

萬物得之以生、百事得之以成。(《道原》)

次に『淮南子』には、『古佚書』と殆ど同じ語句・文章が認められる箇所が幾つかある。一、二の例を擧げてみよう。『淮南子』に、

聖人無思慮、無設儲、……故不爲善、不避醜、遵天之道、不爲始、不專己、循天之理。不豫謀、不棄時、與天爲期、不求得、不辭福、從天之則。(詮言)

とあるが、これほど長くはないほぼ同文が『古佚書』には次のようにある。

耶(聖)人不爲始、不剸(專)己、不豫謀、不爲得、不辭福、因天之則。

（聖人は自分が先頭にたたず、自分本位にならず、謀略をめぐらさず、得をしようとはせず、幸運を辞退はしないで、自然の法則に因り從う。）　（《稱》）

《稱篇》は、文章が中黑點でいわば多くの小さな節に分割され、約五十二節ある。いま引用の箇所は第六節の全文である。『淮南子』の成立年代と『古佚書』の筆寫年代とを考え合わせるなら、兩者の先後關係は自ずから明らかであろう。輕々しい憶測は嚴に愼まなければならないところであるが、稱篇乃至それに類する書籍の文章を增幅したものが恐らく『淮南子』の上引文ではなかろうか。

また『淮南子』に、

跂行喙息、蠉飛蝡動、待而後生、莫之知德、待之後死、莫之能怨。（原道）

蠉飛蝡動、蚑行噲息、可切循把握而有數量。（俶眞）

とみえる「跂行喙息」の句なども同樣であろう。『古佚書』にも、

岐（蚑）行喙息、扇蜚（飛）蹟（蝡）動、无□□□□□□□□□不失其常者、天之一也。（論）

とみえる。前後の文脈などは必ずしも同じでないとしても、「有數量」「不失其常者」とか德とせず怨まず等は、ある種の枠を辨えているという意味で共通性があるように思われる。

また、「道」について總合的に說いていることで有名な『淮南子』の冒頭をはじめ、『古佚書』と關聯すると思われる箇所を重點的に「　」括弧でかこんで引用しておこう。

夫道者、「覆天載地」、廓四方、柝八極、「高不可際、深不可測、包裹天地」、稟授無形。・故「植

之而塞于天地、横之而彌于四海」、山以之高、淵以之深、「獸以之走、鳥以之飛」（以上、《道原》）、日月以之明、星歷以之行、麟以之游、鳳以之翔。……所謂志弱而事强者、柔毳安靜、「藏於不敢、行於不能」（順道）、……「積於柔則剛、積於弱則强、觀其所積、以知禍福之鄕」（雌雄節）。……故「兵强則滅、木强則折」（《德》）、……是故「柔弱者、生之幹也、而堅强者、死之徒也」（《德》）。先唱者、窮之路也、後動者、達之原也。……故遽伯玉年五十而有四十九之年非。……上天則爲雨露、下地則爲潤澤、「萬物弗得不生、百事不得不成」（《道原》）、大包羣生而無好憎、澤及蚑蟯而不求報、……故老聃之言曰、「天下之至柔、馳騁天下之至堅。出於無有、入於無閒。吾是以知無爲之有益」（德）。夫無形者、物之大祖也、無音者、聲之大宗也。其子爲光、其孫爲水、皆於無形乎。夫光可見時不可握、水可循而不可毀、故有像之類、莫尊於水。「出生入死」（《德》）、自無蹠有、自有蹠無、……是故清靜者、德之至也、而柔弱者、道之要也、虛無恬愉者、萬物之用也。……是故聖人「一度循軌、不變其宜」（《道原》）、……得道者、……「入火不焦、入水不濡」（《道原》）。

……夫擧天下萬物、蚑蟯貞蟲、蠉動蚑作（姓爭）、……

以上の引用文のうち、括弧を附したところが『古佚書』及び所謂『老子』と密接に關聯する箇所で、括弧の末尾に附した名稱は『古佚書』等の篇章名である。いま『古佚書』末篇の《道原篇》のみ關聯文を擧げると、次の如くである。

天弗能復（覆）、地弗能載。……盈四海之內、又包其外。在陰不腐、陽不焦。一度不變、能適規（蚑）僥（蟯）。鳥得而蜚（飛）、魚得而流（游）、獸得而走。萬物得之以生、百事得之以成。

〔道は〕天も覆うことはできず、地も載せることはできない。……四海の中すなわち世界中に満ちあふれ、しかもその外側を包み込む。暗いところにあっても腐らず、日向にあっても焼けこげることはない。基準を統一して變えないが、這う蟲にも適合できる。鳥はこれを貫って飛び、魚はこれを貫って遊泳し、獸はこれを貫って走り、萬物はこれを貫って生命力を得、あらゆる事柄はこれを貫って完成する。）《道原》）

これまでの考察によれば、『淮南子』と『古佚書』とはかなり密接な關聯があり、『淮南子』の成立年代と『古佚書』の書寫年代とがほぼ確認できることから、『古佚書』の『淮南子』への影響ともいうべきものの一端を、ある程度具體的に知ることができた。いまは兩者の關係がどうであったかについて、結論めいたことは引き出せる段階ではないことを附言するに止めておこう。

二　『越語』下と類似の文章について

『古佚書』では、國乃至君主の滅亡に至る樣々な條件を次のように列擧している。

凡犯禁絶理、天誅必至。一國而服（備）六危者威（滅）、一國而服（備）三不辜者死、廢令者亡。一國之君而服（備）三壅者、亡地更君。一國而服（備）三凶者、禍反〔自〕及也。

（およそ禁令を侵犯し道理を廢棄すると、必然的に至高者からの譴責を受けるであろう。一國に六種の危險な要素が備っていたならば、その國は絶滅する。一國で三種の無實の罪人が殺され、法令を廢棄するようであれば、その國は滅亡する。一國の君主でありながら三種の情報遮斷がなされていたならば、領土を喪失し君主は交替させられる。一國に三種の不吉な事象を備えていたならば、反って災禍を自らに招く。）

（亡論）

このほかにも同様の條件を擧げているが、いま省略する。ここに列擧された「六危」「三不辜」「三壅」「三凶」のうち「三凶」については、上文後半で次のように説明がなされている。

三凶：一曰好凶器。二曰行逆德。三曰縱心欲。此胃（謂）三凶。

ここにみえる「三凶」のうち「二凶」については、『越語』下[14]に范蠡の越王勾踐に對する諫言のなかにも次のようにみえる。

范蠡進諫曰、夫勇者逆德也、兵者凶器也、爭者事之末也。陰謀逆德、好用凶器、始於人者、人之所卒也。淫佚之事、上帝之禁也。先行此者不利。

結局のところは、勾踐は諫言をきかず吳を攻擊して失敗し、改めて對策を尋ねることになっているが、『越語』下では「凶器」とは「兵」、「逆德」とは「勇」のことだとされていて、上述の亡論章の解釋にもあてはまる。「心欲」については『越語』に言及がないが、對應を考えるなら「爭」であり「淫佚之事」ということになろうか。

次に『古佚書』に、「逆節」という戰國期の典籍には見慣れない語がみえる。

逆節始生、愼毋【先】正、皮（彼）且自氏（抵）其刑。

（天道に違背した行爲が芽生え始めたとき、眞面目に直そうとしないと、彼は自ら刑罰を受けることになろう。）

（論約）

この語は既に『古佚書』の別の箇所にも、

興兵失理、所伐不當、天降二央（殃）。逆節不成、是胃（謂）得天。逆節果成、天將不盈其命而重其刑。贏極必靜、動擧必正。贏極而不靜、是胃（謂）失天。

（軍隊を出動して道理にはずれ、討伐する對象が不適當であれば、天は二重の災禍を下すであろう。天道に違背する行爲（逆節）が成就しないのは、天の助けを得たことである。天道に違背する行爲が成就したならば、天は國の壽命は全うさせないでより嚴しい懲罰を下すであろう。事態が頂點に達したら安靜にしていなければならないし、正しい行動を取らなければならない。事態が頂點に達して安靜でいられないのは、天道に違背することである。）　（亡論）

とみえる。この語がやはり『越語』下に、吳國攻擊に對する越王への范蠡の忠言として次のようにみえる。

王召范蠡而問焉、曰、吾與子謀吳、……對曰、逆節萌生、天地未形、而先爲之征、其事是以不成、雜受其刑、王姑待之。

中閒に「天地未形」「其事是以不成」の句があるが、論約章と意味はほぼ同じだといえる。なお亡論章を考慮するならば、「形」は「刑」の意味に解すべきであろうか。更に上述の『越語』下と酷似した文章が、『管子』勢篇に次のようにみえる。

逆節萌生、天地未形、先爲之政、其事乃不成、繆受其刑。

戴望の『管子校正』は、『越語』下を參考に擧げ、「政」は「征」と同じだとする丁士涵の說を示している。勢篇は「戰而懼水、此謂澮滅。……戰而懼險、此謂迷中」といった戰爭に關することから始まっているので、『越語』下と同樣の文脈で理解してよいのではないか。なお最後の句に對する尹注は「……則被誅戮受其刑罪也」とある。『古佚書』の先の引用文の前には、

伓（倍）天之道、國乃無主。無主之國、逆順相功（攻）。伐本隋（隳）功、亂生國亡。爲若得天、亡地更君。不循天常、不節民力、周遷而無功。養死伐生、命曰逆成。不有人僇（戮）、必有天刑。

（自然の法則に違背すれば、國には君主がいなくなる。まともな君主のいない國は對立するものと從順な者とが相互にせめぎ合っている。國の根本を破壞し國の功業を廢棄するならば、混亂が生まれ國は滅亡する。もしも天に罪を得るようであれば、領土は失われ君主は地位を追われる。自然の恆常的な法則に從わず、民衆の勞働力を節制しないと、如何なることをしても功業は伴わず、死滅に向かうものを養育して生氣にみちたものを破壞するのを、逆成すなわち天道に違背し無理を押し通すことと名づける。そのような者は人に殺戮されなければ、必ず至高者天の懲罰を受ける。）（論約）

の句がある。この文章は國の興亡や人の生死に關わる文脈であることが明らかであることからも、「形」を「刑」の意味に解することが妥當なのではなかろうか。

次に、『古佚書』《經法篇》六分章の冒頭には「觀國者觀主、觀家觀父、……」とあり、續いて「凡觀國、有六逆、……凡觀國、有大〈六〉順、……六順六逆□存亡【興壞】之分也。主上者執六分以生殺、以賞□、以必伐。……王天下者之道、有天焉、有人焉、又（有）地焉。參（三）者參用之、□□而有天下矣」と國の存亡や天下に王者たるべき者の基準を示した後に、

知王【術】者、驅騁馳獵而不禽芒（荒）、飲食喜樂而不面（湎）康、玩好咼好而不惑心、俱與天下用兵、費少而有功、……【不】知王述（術）者、驅騁馳獵則禽芒（荒）、飲食喜樂則面（湎）康、玩好咼好則或（惑）心、俱與天下用兵、費多而無功、……

（王者としての執るべき方法を知る者は、馬を驅り立て馳せて狩獵しても取り盡くすことなく、飲食を樂しんでも酒に溺れることなく、美女を愛好しても惑い溺れることなく、天下の軍隊と協同して戰えば、少ない出費で功績は擧がり、……。王者として執るべき方法を知らない者は、馬を驅り立て馳せて狩獵して取り盡くし、飲食を樂しんで酒に溺れ、美女を愛好して惑い溺れ、天下の軍隊と協同して戰えば、出費はかさみ功績は擧がらず、……）

（六分）

と典型的な兩タイプの爲政者像を描いている。そこに「驅騁馳獵」「禽荒」「湎康」という語句が現れる。ところが『越語』下の、先と同樣な越王の吳國攻擊に反對する范蠡の答辯に、

王姑勿怪。夫人事、必將與天地相參、然後乃可以成功。……王其且馳騁弋獵、無至禽荒。宮中之樂、無至酒荒。肆與大夫觴飮、無忘國常。

とあって、「馳騁弋獵」「禽荒」「酒荒」などという語句が、《經法篇》と同じような文脈の中に出てくる。しかもここには「人事」は「天地」を配慮して初めて成功することが說かれるのは、六分章の天下に王者たるべき基準に、天・地・人を交え用いることを說いたことと呼應するものといえる。從って文面上はかなり差異があるものの、『越語』下の范蠡の言葉と《經法篇》六分章の上述の部分とは何らかの關聯があると考えられる。

つぎに『古佚書』では、黄帝と力黑との對話の構成をとっているが、黄帝の言葉と思われる箇所に、次のようにある。

是故爲人主者、時挃三樂、毋亂民功、毋逆天時。然則五穀溜孰（熟）、民【乃】蕃茲（滋）。君臣上下、交得其志。

（このようなわけで君主たる者は、時に應じて春夏秋の三時期の民衆の娯樂を制限して、民衆の耕作や機織りの仕事を亂してはいけない。自然の季節の推移に逆らってはいけない。そうすれば五穀は順調に熟し、そこで民衆は增加する。君臣上下すべての人が、それぞれ思いを遂げることができる。）（觀）

これに對して『越語』下には、國家を治める三本柱として范蠡は「持盈」「定傾」「節事」を說くが、その第三のことについて次のようにいう。

對曰、四封之内、百姓之事、時節三樂、不亂民功、不逆天時、五穀稑孰、民乃蕃滋、君臣上下、交得其志、蠡不如種也。四封之外、敵國之制、……死生因天地之刑、天因人、聖人因天、人自生之、天地形之、聖人因而成之。是故戰勝而不報、……種亦不如蠡也。……

この内政を說いたところは、上引觀章と殆ど同文である。『古佚書』の注釋によれば、「挃」は「桎」と同じ字で、「窒」の意味に讀み、「窒」と「節」は音と意味が近いという。『說文』に「稑、疾孰也」とあり、『古佚書』の「溜」は「稑」の意味に讀む、という。

これまでみてきた『古佚書』の文章と『越語』下にみえる范蠡の言葉とされる文章との類似は、どのように考えたらよいのであろうか。卽斷はできないが、『越語』下から范蠡の言葉を拾い集めて

『古佚書』の文章を作成したとは考え難いのではなかろうか。むしろ『古佚書』の諸篇から、好戰的な越王への諫言にふさわしい語句を採取して、范蠡の言葉が成立したと考えた方がより說得性があるのではなかろうか。しかしいずれにせよ『國語』全體乃至『國語』諸篇の成立年代などに關する研究がより進められた段階になるまで、確定的なことはいえないのが現狀である。

三　『管子』にみえる類似の文章の若干について

『管子』と『古佚書』との關係はかなり密接で、關聯する語句や文章はかなり多く、兩者の諸篇諸章に亙っていることは、『古佚書』注釋の既に指摘するところである。『古佚書』の冒頭に、

道生法。法者、引得失以繩、而明曲直者殹（也）。故執道者、生法而弗敢犯殹（也）、法立而弗敢廢【也】。

（法の權威の源泉は道にある。法というのは、得失に基準を當てはめて、曲直を明確にするものである。そこで道を掌握した人物は、法を創ったらむやみにそれを破るようなことはしないし、法が一旦確立したらむやみに廢止するようなことはしない。）（道法）

とあって、「法」の源すなわち法源が「道」だとするのは、實定法の思想とは異なる自然法的思想を示すが、同時にまた引用の後半では實定法的な考えもみられる。ただ「法」の法源はあくまでも「道」としているようなので、自然法的な考えと見做してよいであろう。同じ樣な考えは『管子』にも次の

ようにみられる。

故事督乎法、法出乎權、權出乎道。道也者、動不見其形、施不見其德。萬物皆以得、然莫知其極。（心術上）

しかし亦、次のような實定法的な考えもみられ、『管子』では「法」についての考えは、篇によって異なるようだ。尤も法源をどう考えているのか不明だが。

規矩者、方圜之正也……故巧者能生規矩、不能廢規矩而正方圜。雖聖人能生法、不能廢法而治國。故雖有明智高行、倍法而治、是廢規矩而正方圜也。（法法）

ところで、先に「逆節始生、……」（論約）については、『管子』勢篇や『越語』下との關聯について觸れたが、ここでは先ず勢篇との關聯についてみてみよう。

先に「逆節萌生、……」の文についての經法篇論約章と『越語』下との比較の際にも、勢篇にも類似の句があることについて觸れたが、ここでは『古佚書』と關係する箇所についてのみ扱う。勢篇は「戰而懼水、……戰而懼險……分其師衆、……」と戰爭に關聯することから敍述が始まる。同じ篇名は『孫子』にもあるので、戰爭に關する敍述はもっともであるが、それだけではなく「故賢者誠信以仁之、慈惠以愛之、……」であるとか戰爭以外の文事の記述が多くみられる點で、『孫子』と大いに異なる。さて『管子』には次のような文章がある。

故賢者安徐正靜、柔節先定、行於不敢、而立於不能、守弱節而堅處之。故不犯天時、不亂民功、秉時養人、先德後刑、順於天、微度人。（勢）

安徐而靜、柔節先定、虛心平意以待須。（九守・主位）

ところで『古佚書』には、これと類似の文が次のようにある。

力黑曰、大茎（庭）氏[15]之有天下也、安徐正靜[16]、柔節先定。……常後而不失體（體）、正信以仁、……弗敢以先人。……刑於女節、所生乃柔。□□□正德、好德不爭。立於不敢、行於不能。……守弱節而堅之、胥雄節之窮而因之。

（力黑は答えて言った「大庭氏が天下を統治していたとき、安らかでゆったりしひっそりと靜かで、まず柔弱を信條とした。……常に自分を後回しにして先頭にならず、誠實に仁愛を實踐し、……柔弱の信條を模範とすれば、結果として柔弱となる。……德すなわち生まれつきの能力を正し、恩惠を愛好して爭わず、大膽不敵な態度に出ず、できないことを態度で示す。……柔弱の信條を堅く守り、相手の傲慢の信條の行き詰まりを待って行動する。）（順道）

夫並時以養民功[17]、先德後刑、順於天。

（さて時期にかなった政令に從って民衆の耕作や機織りの仕事を育成して、恩惠を優先して刑罰を後回しにするのは、自然の季節の推移に從うのである。）（觀）

諸陰者法地、地【之】德安徐正靜、柔節先定、善予不爭。此地之度而雌之節也。

（すべての陰に屬するものは地を模範とし、地のもちまえは安らかでゆったりし偏らず靜かで、柔軟さの信條が先ず確定して、與えることを優先して爭わない。これは地の基準であり雌の信條である。）《稱》

順道章は黃帝とその臣下力黑（力牧）との對話形式を採っているが、力黑の言葉に勢篇と類似の語句を含んだ文章があり、勢篇より遙かに詳細である。他方、觀章もやはり黃帝と力黑との對話の構成を採っていて、缺文があるので確言はできないが黃帝の言葉となっている。文章としては勢篇の方が前後に一句ずつ多い。《稱篇》の引用は末尾の「陰陽□大義」を說いた一節の最末尾の文章である。『管子』と『古佚書』でほぼ四篇に共通するのは、「安徐正靜、柔節先定」であり、多少異なるが「行於不敢、而立於不能」と「先德後刑、順於天」の句が兩篇に共通する。特に勢篇と《經篇》との關聯は密接で、勢篇は《經篇》の兩章を簡約化した感を受ける。なお『古佚書』では別の箇所にも「春夏爲德、秋冬爲刑。先德後刑以養生」(觀)と「先德後刑」の句がみえる。また順道章の「女」「不敢」「柔」「弱」を良しとし、「先」に對する「後」の尊重や、《稱篇》での「天」に對する「地」や「雄」に對する「雌」の重視などは、《德篇》《道篇》卽ち所謂『老子』にみえる思想と合致することは言うまでもない。

ところで、勢篇と『古佚書』兩篇とを比較した場合、勢篇にまとめられて一連の文章になっているものから、それを分割して『古佚書』の兩篇の一部を作成したとみるよりは、兩篇にある文章を或いは省約し或はそのまま利用し、更には多少の語句を附加して一連の文章を成したとみる方が穩當なのではないかと思われる。

また勢篇には、

未得天極、則隱於德、已得天極、則致其力、既成其功、順守其從、人不能代。成功之道、嬴縮爲寶、毋亡天極、究數而止〔但盡天之數、則止而勿爲〕、事若未成。……靜民觀時、待令而起、故

曰、修陰陽之從、而道天地之常〔道、從也〕。（勢）

とある。ここと類似の文章は『越語』下にも用兵の法として、次にように説かれている。

范蠡曰、臣聞古之善用兵者、贏縮以爲常、四時以爲紀、無過天極、究數而止。

韋昭注には「極、主也。究、窮也。無過天道之所至、窮其數而止也」とある。これに對して『古佚書』には次のようにある。

時極未至、而隱於德、既得其極、遠其德、淺□以力、既成其功、還復其從、人莫能代。

（活動すべき決定的な時期が到來しなければ、隱退して道德の修養に努め、活動すべき決定的な時期を得たならば、自らの道德を廣める。淺……以力、成功を收めたうえで、再び自らの初めの靜隱に戻れば、誰も自分に代わることはできない。）（《稱》）

日爲明、月爲晦。昏而休、明而起。毋失天極、廏（究）數而止。

（太陽は明るさをもたらし、月は暗さをもたらす。暗くなれば休息し、明るくなれば起きる。自然の到達できる極限を越えてはならない、法則の定めの限界にきたら止める。）（《稱》）

《稱篇》は先にも觸れたように、全篇がほぼ五十二節に分割されていて、前者は第二十節、後者第三十節である。末尾の長い節を除いては、中黑點で分段が示された十數字から數十字までの短文の集積であり、内容も上引文のように、處世・日常生活のことから、例えば「聖人不爲始、……因天之則」「帝者臣、名臣、其實師也、……」「天子之地方千里、諸侯百里、……」「天制寒暑、地制高下、……」「有國存、天下弗能亡也。……」「内事不和、不得言外。……」「宮室過度、上帝所亞（惡）、……」など様々なことに言及していて、末尾に「陰陽□大義」を説いて終わっている。いま『管子』と『古佚書』の上引文を對照してみると、勢篇から文章を採って稱篇の離れた節にそれぞれ分割して稱篇が制作されたとは考え難く、むしろ《稱篇》乃至それに類した文獻を資料とし他の文獻を媒介として勢篇が制作されたのではなかろうか。

『古佚書』と所謂帛書乙本[18]には、またそれぞれ次のような文章がある。

不士（仕）於盛盈之國、不嫁子於盛盈之家、不友□□□易之【人】。（《稱》）

揗而盈之、不若其已、……功遂身退、天之道也。（《道》）

天地陰陽、【四】時日月、星辰雲氣、規（蚑）行僥（蟯）重（動）、戴根之徒、皆取生、道弗爲益少、皆反焉、道弗爲益多。（《道原》）

（天と地や陰氣陽氣、四季の變化や日月の運行、星々や靈氣、いも蟲や植物の類も、すべて道から生命力を貰うのだが、道はそのためにより減ることもなく、すべて道に返しても、道はそのためにより増えることもない。）

これに對して『管子』には、順序は前後するが同一篇中でかなり離れて別々につぎの文章がある。

持而滿之、乃其殆也、名滿於天下、不若其已也、名進而身退、天之道也。滿盛之國、不可以仕任、滿盛之家、不可以嫁子、驕倨傲暴之人、不可與交。（白心）

道者、一人用之、不聞有餘、天下行之、不聞不足。此謂道矣。小取焉、則小得福、大取焉、則大得福、盡行之、而天下服。（白心）

前者は『古佚書』の《稱篇》《道篇》乃至それに類する文章を合體して、意味は變らないが文體を變えた文章といえる。その逆とは考えられないのではなかろうか。後者の場合は、同じくほぼ意味は同様で文體の異なるものといえようが、文脈からみると『古佚書』は道の根源性を哲學的に説いているのに對して、『管子』は政治的文脈で論じている點の違いがある。これらの場合は、雙方の文章そのものが異なるので、當面どちらが先の文章かは確認し難い。

また『古佚書』に次のような文がある。

虚无刑（形）、其閟冥冥[19]、萬物之所從生。……故同出冥冥、或以死、或以生、或以敗、或以成。（道は實態がなく無形で、その中樞は幽玄深遠なもので、萬物が發生してくる源である。……そこで同じく幽玄深遠なものすなわち道から生成するが、あるものは死に、あるものは生き、あるものは失敗し、あるものは成功する。）

これは『古佚書』冒頭の篇章で、「道生法。……故執道者、……」に續く文章であり、「道」の働きを述べたものと思われる。これに類似した文が『管子』にもみえる。

道也者、口之所不能言也、目之所不能視也、耳之所不能聽也、所以修身而正心也。人之所失以死、所得以生也、事之所失以敗、所得以成也。（内業）

ここでは「道」とはっきりいい、「死生」と「敗成」を「人」と「事」とに分けて説明している。内業篇のこの文章は、「凡道無所……」で始まる一段にある。もっともその前後にも「夫道者……」「凡道無根無莖、……」「凡道必周必密、……」といった語句で始まる文があり、「道」の様々な側面を色々な角度から述べている。上引の箇所はその一端である。

また『韓非子』解老篇の出所不明の語句の説明箇所にも、

凡道之情、不制不形、柔弱隨時、與理相應。萬物得之以死、得之以生、萬事得之以敗、得之以成。[20]

道譬諸若水、……。譬之若劍戟、……。故得之以死、得之以生、得之以敗、得之以成。

と類似の文章がある。これら諸書の語句を比較してみると、『古佚書』が最も意味が不明確であり、その他の諸書では事柄が限定されて意味がより明確になっている。このことはある種のことを示唆するのではなかろうか。

いま一箇所、『古佚書』で注目される語句は、

上虛下靜而道得其正。　　　　《道原》

（上に立つ者は虛心で下に在る者は安靜であれば、道は正しく働いているのである。）

という短い一句である。すぐ前の「上用□□而民不麋（迷）惑」の句と對になっていると思われるが、この句は政治的な事柄を論じているのに對して、上引文は「道」という思想上のことを論じていると思われる。この句と類似の文が『管子』に次のようにみえる。

天之道虛、地之道靜、虛則不屈、靜則不變、不變則無過。故曰不伐。　（心術上）

この文は、文字こそ『古佚書』と異なるとはいえ、內容は殆ど同じである。最後に「故曰不伐」とあるのは、同篇の前文に「天曰虛、地曰靜、乃不伐（言能體天而虛、順地而靜、則道德全備、故不可伐也）」とあるためである。ここなども道原篇の解說とみられないこともなかろう。

以上、『管子』と『古佚書』とをほんの一端ではあるが比較對照してみた。結論らしいことはまだとても言える段階ではない。ただ前漢初期に筆寫されたことが確實な『古佚書』を一つの基準として、成立年代不明の書籍のある部分について、その部分の成立の相對的な時期について何か一歩前進したことが言えそうだとの感觸は得られたと思う。

結　語

これまで『淮南子』・『越語』下・『管子』などのほんの一部分の『古佚書』と關聯する箇所について、『古佚書』の注釋を手がかりに、表現上の或は內容的に類似する語句や文章に焦點をあてて比較檢討してきた。『古佚書』の注釋では、關聯する諸典籍の語句や文章の指摘に留まっていたが、それを更に文脈へと擴げて檢討することによって、『古佚書』と現存の諸文獻との關係の解明の一端を試みた。現存する諸文獻そのものの本格的研究に立ち入ると、それだけでも幾つかの研究をものしなければならないはめに陷ることになるので、そうしたことは一切避けて、專ら當面する語句文章の比較檢討に終始した。というのも、『淮南子』を除いてはその書籍の成立年代すらいまだに未解決で、ある場合には篇毎にその成立年代の議論が續行中だからである。しかもそうした議論に手を染めると、どうしても『古佚書』の問題から離れてしまう恐れがあったからである。

現存する古典籍は、『漢書』藝文志に著錄されたもののうち僅かなものに過ぎない。現在、馬王堆の前漢初期の墓から帛書が出土し、現存の古文獻と合致するものや全く現存しない新しい文獻を手にすることができる狀況になった。しかしながら道家的或は儒家的新文獻が現れたからといっても、前漢當時に存した全體に比べるならば、依然として大倉中の一粒に過ぎないといえるであろう。從って、例えば『老子』のように、現存するものとほぼ完全に一致する文獻が出現した『老子』研究の場合は別として、なかなか確實なことは言うことが困難である。

小論は、とりあえず當時の思想の相互關係や思想史的流れを追求する豫備的な作業である。先人の研究に導かれながら極く基礎的な類似する語句や文章を手がかりに、『古佚書』と前漢初期や戰國期か前漢初期か不明な現存文獻との比較檢討をしてきたが、結果は各節において述べておいたように、或いは現存する文獻の原資料となったと考えられる場合もあるし、或は確言はし難いが原資料となったと考える方がより說得的と思われる場合もあることが明らかになった。或はどちらも先後がいえず兩者とも更に共通の原資料に基づいているのではないかと思われる場合も想定してみた。いずれにしても、いま少し時閒をかけて檢討する必要を感じた。

最後に、帛書の出現によって得られた最大のものは、前漢初期に殘されていた書籍の形態についての知識が得られたことである。決して首尾一貫してはいない、ある一定の長さの文章をまとめたものに篇名を附けて一篇乃至一章としている事實を知り得たことである。このことは、これらの時代の書籍を讀む場合に、決して現代の論理的な文體をそれらに求めてはならないということである。我々にとって不合理だからといって一概に誤りだと決めつけることは禁物であろう。しかし、だからといって無原則にそれらの文章に引きずられて良いというわけではないが。
（一九九二、一一、八稿、二〇〇五、四、六補訂）

注

（1）『馬王堆漢墓帛書〔壹〕』（文物出版社、一九八〇年）老子乙本巻前古佚書六四頁、注釋〔四三〕參照。以下『古佚書』の引用文はすべてこの著書に依る。『古佚書』については、我が國ではすでに内山俊彦「「經法」「十六經」「稱」「道原」小考」（『中國古代思想史における自然認識』所收、創文社、一九八七年、―初出、一九七八年）の研究がある。
（2）唐蘭「馬王堆出土《老子》乙本巻前古佚書的研究」（『經法』所收、文物出版社、一九七六年。初出、一九七五年）參照。
（3）本書所收、拙稿「帛書『老子』續考――乙本の文脈において見た――」。
（4）本書所收、拙稿「馬王堆漢墓帛書《德篇》《道篇》考――原初的『老子』試探――」。
（5）例文は次のとおり。

故能至素至精、浩彌无形、然后可以爲天下正。（道法）

美惡有名、逆順有形、情僞有實、王公執□以爲天下正。（四度）

天地已成、而民生、逆順无紀、德虐无刑、靜作无時、先後無名。今吾欲得逆順之紀、□□□□□□□□以爲天下正、靜作之時、因而勒之、爲之若何。（觀）

（6）例文は次のとおり。

天執一、明三、定二、建八正、行七法、然后□□□□□□□之中无不□□矣。……天建八正、以行七法。明以正者、天之道也。適者、天度也。信者、天之期也。極而反者、天之性也。必者、天之命也。……此之謂七法。（論）

行非恆者、天禁之。爽事、地禁之。……天有恆日、民自則之、爽則損命、還自服之、天之道也。（三禁）

（7）例文は次のとおり。

極而反、盛而衰、天地之道也、人之理也。（四度）

動靜不時、種樹失地之宜、則天地之道逆矣。（論）

天地之道、有左有右、有牝有牡。（《稱》）

（8）例文は次のとおり。

无形无名、先天地生、至今未成。（行守）

恆无〔先〕之初、迵同大虛。虛同爲壹、恆一而止。……故无有形、大迵无名。……獸得而走、萬物得之以生、百事得之以成。人皆以之、莫知其名。人皆用之、莫見其形。一者其號也。虛其舍也、无爲其素也、和其用也。是故上道高而不可察也、深而不可測也。顯明弗能爲名、廣大弗能爲形、獨立不偶、萬物莫之能令。（《道原》）

〔補記―帛書では「无」と「先」は殆ど區別しがたく、『馬王堆漢墓帛書・道原』（文物出版社、一九八五年）では道原篇の冒頭の句は、「恆先之初」と釋文しているという（未見）。馬承源主編『上海博物館藏戰國楚竹書（三）』（上海古籍出版社、二〇〇三年）所收の「亙先」を參照。〕

（9）本書所收、拙稿「『帛書老子』考――書名〈老子〉成立過程初探――」で、『淮南子』道應篇などが《德篇》《道篇》を「老子曰」として引用している初期の資料であることを既に指摘したが、原道篇でも《德篇》の「天下至柔、……出於無有、入於無閒。吾是以知無爲之有益」（『老子』四十三章）の文を「老聃之言曰」としている。甲本『老子』及び現行本はいずれも「无有入于无閒」となっているが、乙本『老子』はこれらの箇所は缺文となっているが、その字數からするとこの原道篇の文章と合致する。

（10）以下テキストは劉文典撰『淮南鴻烈集解』（中華書局「新編諸子集成」第一集、所收、一九八九年）に依る。

（11）以下テキストは戴望著『管子校正』（中華書局「諸子集成」第五册、所收、一九五七年）に依る。

（12）心術下篇では、「心之中又有心、意以先言、意然後形、形然後思、思然後知、凡心之形、過知失生、是故內聚以爲原泉之不竭、……」といった文脈の中にある。內業篇にも「心以藏心、心之中又有心焉。彼心之心、音以先言、音然後形、形然後言、言然後使、使然後治、不治必亂、亂乃死」と同樣の文章がみえる（「音」は「意」に同じか）。

（13）所謂『老子』の乙本のこの箇所は缺文があるので、許抗生の校訂本によった（『帛書老子與注譯研究（增訂本）』浙江人民出版社、一九八五年）。

（14）以下テキストは董增齡撰『國語正義』（巴蜀書社、一九八五年）に依る。

（15）『古佚書』七九頁、注釋［一四八］も指摘するように、大庭氏は『莊子』胠篋篇にみえる。そこには「子獨不知至德之世乎。昔者容成氏、大庭氏、伯皇氏、中央氏、栗陸氏、驪畜氏、軒轅氏、赫胥氏、尊盧氏、祝融氏、伏羲氏、神農氏、當是時也、民結繩而用之、甘其食、美其服、……」とみえる。大庭氏は傳說的な理想的君主の一人として擧げられている。なおここの「民結繩……」以下の文章は、『老子』八十章にみえる。

（16）なお經法篇には「君臣當立（位）胃（謂）之靜、賢不宵（肖）當立（位）胃（謂）之正」（四度）とみえるが、ここに適用できるかどうか。
『管子』九守篇には、次のようにあり、尹注の解釋は四度章とはかなり異なる。

安徐而靜〔人君居位、當安徐而又靜默〕、柔節先定〔以和柔爲節、先能定己、然後可定人〕、虚心平意以待須〔虚其心、平其意、以待臣之諫説、須亦待也〕。
（17）「竝時」は「順時」とほぼ同じだと『古佚書』六四頁、注釋〔三二〕はいう。或いは「竝」と「秉」は同音で、通じて用いられたものか。
（18）乙本では所謂『老子』は、「德」「道」の篇名が附いているに過ぎない。從ってここでの表示もそれに從う。附された數字は現行本の章數を便宜的に用いた。
（19）注釋では、「閟」は「中樞」の意ともいい、一說では「寂」の意ともいう。
（20）「萬物……」の句は、「萬物得之以生、百事得之以成」（《道原》）と關聯するかもしれない。

帛書『老子』から見た王弼所注本『老子』原本攷

前　言

『老子』という名稱の書籍が何時頃から出來あがったのかについては、かつて述べたことがある。少なくとも『老子』とほぼ同文の、現在最古の出土した竹簡や帛書をみる限りでは、〈老子〉という名稱は全く見當らない。『老子』とほぼ同文の前漢の文帝頃に筆寫されたとされる帛書には、末尾に《德》《道》という篇名と字數が記されているにすぎない。『韓非子』解老・喩老の各篇においても、篇名こそ「老」字がみえるものの、篇中所引の本文に至っては〈老子〉の名稱はまったく見當たらないことは周知のこと。『莊子』においてもほぼ同樣である。然るに漢代初期の作とされる『淮南子』に至ると、「故老子曰」の語句が加えられ、道原篇では「故老聃之言曰」などといった人名が現われ、引用文は老子の言であることが明言されている。この時期には或る特定の知識人たちは、それ以前には〈老子〉とは名づけられず、《德》《道》と命名されていた典籍を〈老子〉と名づけ、老子の著作と考えていたことが確認できる。

さて『老子』の注釋で、代表的なのは魏の王弼注と時代は不明な人物河上公注である。前者と後者の注の製作年代については、さまざまな議論があってその先後關係は必ずしも明確ではない。斷片的なものでは『韓非子』解老・喩老などの篇が最古の『老子』注釋といえようが、『老子』全文の完全な注釋は魏の王弼注が最古とされている。もっとも河上公注の方が古いのではとの意見もあるが、[1]作者の歴史上の傳記的記録がないのが難點である。

王弼が注を作成するに當って依據した『老子』のテキストは、いかなる形態のものであったかは明らかではない。『老子』とほぼ同文の現存する最古のテキストは、馬王堆出土の帛書『老子』とほぼ同じものであったと推測される。そこで小論は、果たして王弼が注釋作成に當って依據したのは、帛書『老子』かどうかに焦點を合わせて考察する。彼が依據したテキストは一九七三年に出土した馬王堆出土の『帛書』甲本乃至乙本の《德篇》《道篇》と同じ體裁のものであったのか、或は體裁はとにかく馬王堆出土の帛書と重要な部分で差異がなくほぼ同文のテキストであったのか、それらを確認しようとするのが小論の意圖するところである。從って分章については、帛書『老子』甲本はもとより、『韓非子』解老篇や一九九三年に湖北省荊門市郭店楚墓から出土した竹簡の『老子』（ほぼ『老子』と同文の三種類の殘簡）などを考慮すると、多くの問題が出てきたことは確かである。ただ小論の意圖はあくまでも王弼の注を施したテキストの問題であるので、それに必要な限りにおいてそれらの『老子』文獻にも言及することがあろう。

『老子』の章序について

『老子』と帛書『老子』との間には、三箇所ほど章の順序に差異がみられることは、すでに指摘したところである[2]。

王弼所注本の分章の章序でいえば、すなわち帛書『老子』では、第一は三十九章・四十一章・四十章・四十二章、第二は六十六章・八十章・八十一章・六十七章・六十八章、第三は二十四章・二十二章・二十三章・二十五章の章序になっている箇所である。

先ず第三例の章序について。王弼所注本では二十二章から二十五章まで數字のとおりの章序であるが、帛書『老子』では上に記した章序になっている。すでに述べたところであるが、王弼注を検討すると、次のように第二十二章の最初の四句の王弼注は、本文とは無關係な意味内容と思われるものである（以下、引用の王弼所注本は古逸叢書本を底本とし、樓宇烈『王弼集校釋』中華書局、一九八〇年により補訂）。

曲則全、（【王注】「不自見、〔則〕其明（則）全也[3]。」）
枉則正、（【王注】「不自是、則其是彰也。」）
窪則盈、（【王注】「不自伐、則其功有也。」）
敝則新。（【王注】「不自矜、則其徳長也。」）

少則得、多則惑。

是以聖人抱一、爲天下式。

不自見故明、不自是故彰、不自伐故有功、不自矜故長。夫唯不争、故天下莫能與之爭。古之所謂曲則全者、豈言哉。誠全而歸之。（以上、王弼所注本、第二十二章）

ところが、第二十四章第三句以下の四句には、王弼注はない。假に先にみた第二十二章の四句に王弼注が以下のように附されているならば、本文と合致する。このことは、本文が帛書『老子』のような章序即ち第二十四・第二十三・第二十二章の順序であるならば、王弼注は誤り無く適切な本文の箇所に附せられたであろう。


企者不立、（【王注】「物尙進則失安、故曰企者不立。」）

跨者不行、自見者不明、（【王注】「不自見、則其明全也。」）

自是者不彰、（【王注】「不自是、則其是彰也。」）

自伐者無功、（【王注】「不自伐、則其功有也。」）

自矜者不長。（【王注】「不自矜、則其德長也。(4)」）

其在道也、曰餘食贅行。（【王注】「其唯於道而論之、若郤至之行、盛饌之餘也。本雖美、更可薉也。本雖有功而自伐之、故更爲肬贅者也。」）物或惡之、故有道者不處。（以上、王弼所注本、第二十四章）

上述の王弼注について、樓宇烈は「又按、此節注竝下〈不自是、則其是彰也〉〈不自伐、則其功有也〉〈不自矜、則其德長也〉三節注文、據易順鼎說移至二十四章、說見該章校釋」とすでに淸の易順鼎の説に從って校訂する。要するに本文と注が一致しないことは明らかで、注文が誤置されたのである。なぜそのようなことが起ったのか。本來、注は本文と一緒に作成され、適當な箇所に配置され、ある時期を經て書寫乃至は印刷されるときに、版本において本文の適切な箇所に置かれたのであろう。本文の章序が帛書『老子』のようであり、それに基づいて王弼は注を作成したが、この注を本文に插入するとき、或は版本にするときその本文の章序がすでに變更されていたために、こうした本文と注との位置の齟齬が生じたと推測される。

從って、この場合、王弼が注を書くときに底本としたのは、帛書『老子』と同じ章序のテキストであったと推定できる。

次に第一例の章序について。

天下萬物生於有、有生於無。（第四十章末）（【王注】「天下之物、皆以有爲生。有之所始、以無爲本。將欲全有、必反於無也。」）

の王弼注に樓宇烈は更に注を加えて、三十八章の末尾に近い王弼注、

用夫無名、故名以篤焉、用夫無形、故形以成焉。守母以存其子、崇本以擧其末、則形名倶有而邪不生、大美配天而華不作。故母不可遠、本不可失。

を引用し、「按、據長沙馬王堆三號漢墓出土帛書『老子』甲乙本之次序本章（卽ち四十章）當在四十一章之後。」と指摘する。つまり王弼の注を施したテキストは、第三十九章の次には第四十一章・第四十章という帛書『老子』と同じ章序であったと推定するが、果たして十分な根據があるといえようか。

ただ王弼注を離れて、本文の内容からいえば帛書『老子』の章序の方が整合性がある。

第二例の章序について。

第六十六章には王弼注が全くない。しかしその内容は「欲上民」「聖人處上而民不重、處前而民不害」など、爲政者のあり方を述べている。この點からすれば、第八十章は有名な「小國寡民」の理想的政治を述べているので、意味的には第七十九章に續くよりは自然ではないかと思われる。ただ第八十一章は帛書『老子』では兩章に分けられ、前半は政治とは直接は無關係であるが、後半は爲政者的な「聖人」の行爲や「天之道」「人之道」などがみえ、第八十章との關聯も考えられる。そして第六十七章では國を守るための「三寶」を説くこととつながりがないとはいえない。ただ王弼注からみて、かれが如何なる章序のテキストを底本としたのかについては、全く不明というほかない。

『老子』の分章について

現在、われわれの目にしうる王弼注本『老子』は全部で八十一章に分けられていて、第一章から第三十七章までが道篇として前にあり、第三十八章から第八十一章までが徳篇として後になっている。しかし分章が現行本より多くなることは、主として帛書『老子』甲本との比較ですでに指摘したことである（ただこの時點では、まだ『郭店楚墓竹簡』は出土していなかった）[5]。更にその後出土した竹簡などを參考にすると分章は多少變わる。八十一章の分章が何時誰によってなされたのかは明らかではない。

先にも觸れたが、前漢末の『七略』には、上篇三十四・下篇四十七と章數が示されていて、上下篇の章數は異なるが、八十一章に分章されていたことが解る。現行本は上篇三十七・下篇四十四で、八十一章に分章されている。

これ以前の分章を知る手がかりとして帛書『老子』甲本がある。それには句讀點と思われる印が認められるが、同時に分章を示すと思われる中黒點が幾つかの箇所に認められる。それを頼りに所謂『老子』の分章を考え直す餘地があると思われる箇所を、とりあえず帛書『老子』の章序に従って考察する。

先ず第四十六章について。

・天下有道、【却】走馬以糞。天下无道、戎馬生于郊。

・罪莫大於可欲、□（禍）莫大於不知足、咎莫憯於欲得。【故得知足之足】恆足矣。

（甲本。以下、帛書『老子』の文は、國家文物局古文獻研究室編『馬王堆漢墓帛書〔壹〕』、文物出版社、一九八〇年、の釋文による。）

天下有道、卻走馬以糞、天下無道、戎馬生于郊。禍莫大於不不知足、咎莫憯于欲得、故知足之足、常足矣。（王弼所注本）

となっていて、「罪」の字の上に中黒點がある。『韓非子』解老篇では、

天下有道卻走馬以糞也」天下無道戎馬生於郊矣」禍莫大於可欲」禍莫大於不知足」咎莫憯於欲利」の各段に分けて續いて解説しているので、どこで分章しているのか定かではない。文字に多少の違い

はあるものの、最初の「有道」「無道」の解説は、「有道之君」「人君者無道」で始まり、爲政者についての言及であるのに對して、「禍」「咎」についての解説は個々の人間一般についての言及であることから、甲本の中黑點をも考慮して分章すべきであると考える。またさらに荊門市博物館『郭店楚墓竹簡』（文物出版社、一九九八年）の『老子』（以下、郭店本『老子』と簡稱）甲簡でも「戎馬生于郊」以前と分章していることも考慮すべきであろう。

ところで王弼所注本『老子』は甲本のような分章であったのかどうか。いま「天下有道卻走馬以糞」の王弼注をみると、

天下有道、知足知止、無求於外、各修其内而已。故卻走馬……

とあって「知足」の語がみえるところからすれば、甲本のような分章はなされていないテキストであったと推定される。

次いで第五十一章について。

・道生之而德畜之、物刑（形）之而器成之。是以萬物尊道而貴【德。道】之尊、德之貴也、夫莫之時（爵）而恆自然也。

・道生之、畜之、長之、遂之、亭之、□之、【養之、覆之。生而】弗有也、爲而弗寺（恃）也、長而弗宰也、此之謂玄德。（以上、甲本）

道生之、德畜之、物形之、勢成之。是以萬物莫不尊道而貴德。道之尊、德之貴、夫莫之命而常自然。故道生之、德畜之、長之育之、亭之毒之、養之覆之。生而不有、爲而不恃、長而不宰、是謂

玄德。　　　　　　　　　　　　　　　　　　　　　　　　　（王弼所注本）(6)

前段の中黒點は現行本と一致するが、後段の中黒點による分章は帛書『老子』甲本獨自のものと思われる。前段は「道」と「德」とで働き分けがなされているが、後段では「道」の働きのみが記され、その働きが「玄德」と名づけられている。この點で前段と後段とは「道」と「德」との用法が異なることは明らかである。なお「玄德」の語は、現行本第十章での「玄德」とほぼ同意である。

ところで王弼所注本第五十一章は、先述の通り帛書『老子』甲本での後段の中黒點の箇所にはない「故」の字がある。「故」の字の『老子』での用法をみると、「故」の字がある場合、必ず上の文章と連續している。從って王弼所注本は前段と接續させるために「故」字を加えたといえる。ところで王弼所注本後半での「故」字や「德」字の有無が問題となる。いま王弼注をみると、冒頭に、

物生而後畜、畜而後形、形而後成。何由而生、道也。何得而畜、德也。……

とあるのみで、甲本でいう後段の「道」「德」の箇所には注がない。すなわち前段の注をそのまま適用して解釋するというのであろう。從って甲本での後段に「故」や「德」が加わったテキストに王弼は注したと推定される。

次いで現行本第五十二章について。

・天下有始、以爲天下母、既得其母、以知其【子】、復守其母、沒身不殆。

・塞其悶（悶）、閉其門、終身不堇（勤）。啓其悶、濟其事、終身【不棘。見】小曰【明】、守柔曰强、用其光、復歸其明。毋道〈遺〉身央（殃）、是胃（謂）襲常。　（以上、甲本）

天下有始、以爲天下母。既得其母、以知其子、既知其子、復守其母、沒身不殆。塞其兌、閉其門、終身不勤。開其兌、濟其事、終身不救。見小曰明、守柔曰强。用其光、復歸其明、無遺身殃、是爲習常。（王弼所注本）

甲本による中黑點によれば、この章は兩章に分けるべきである。ただ王弼注からは彼のみたテキストが兩章に分かれていたかどうかは不明である。なお郭店本『老子』甲簡でも甲本と同じく第二段で分章している。ただ缺文の「不棘。見」の「見」字の前の中黑點の有無が問題として殘るが。

次いで現行本第八十一章は、甲本では、「聖人」の前に中黑點がある。ただ缺字が多いので乙本により本文を補うと次のごとくである。

・信言不美、美言不信。知者不博、博者不知。善者不多、多者不善。

・聖人无積、既以爲人、己兪（愈）有、既以予人矣、己兪（愈）多。故天之道、利而不害、人之道、爲而弗爭。（以上、甲・乙本）

信言不美、美言不信、善者不辯、辯者不善、知者不博（注「極在一也」）、博者不知。聖人不積（注「無私自有、唯善是與、任物而已」）、既以爲人、己愈有、既以與人、己愈多。天之道、利而不害。聖人之道、爲而不爭。（王弼所注本）

いま王弼注をみると、帛書『老子』の前段には「極在一也」とあり、後段には「無私自有、唯善是與、任物而已」とある。「博」と「一」とは、意味的に對應しないことはないが、この注からすれば「一」と「多」との對應がより自然なので、[7]王弼のみた本文は「善者不多多者不善」（帛書『老子』）ではないかと推定される。注は前段とは趣を變えてはいるが、ただ前段の文章との分章は明らかではない。

次いで現行本第七十二章について。王弼所注本では一章となっているが、帛書『老子』甲本によれば、「大畏將至矣」の後に中黑點があって、それ以前で分章されるべきだと指示される。

民之不】畏畏（威）、則大【威將至】矣。
・母（毋）閘（狎）其所居、毋猒（厭）其所生。夫唯弗猒（厭）、是【以不厭。是以聖人自知而不自見也、自愛】而不自貴也。故去被（彼）取此　（以上、甲本）

民之不畏畏（威）、則大畏（威）將至矣。毋伸（狎）其所居、毋猒（厭）其所生、夫唯弗猒（厭）、是以耶（聖）人自知而不自見也、自愛而不自貴也、故去罷（彼）而取此。　（乙本）

民不畏威、則大威至無狎其所居、無厭其所生。夫唯不厭、是以不厭。是以聖人自知、不自見、自愛、不自貴。故去彼取此。　（王弼所注本）

すでに指摘したことだが、(8) 王弼所注本からすれば、中黑點の前後は確かに意味が續かない。中黑點以前の文章が獨立していたとすれば餘りにも短か過ぎる。いま「威」を「病」と關聯するものとみれば、中黑點以前の文章は前の第七十一章の續きかと推測される。

次いで現行本第七十五章について。

・人之飢也、以亓（其）取食涗之多也、是以飢。百姓之不治也、以其上有以爲【也】、是以不治。　（乙本）

・民之巠（輕）死、以其求生之厚也、是以巠（輕）死。夫唯无以生爲者、是賢貴生。

（以上、甲本）

民之饑、以其上食稅之多、是以饑。民之難治、以其上之有爲、是以難治。民之輕死、以其求生之厚、是以輕死。夫唯無以生爲者、是賢於貴生。

（王弼所注本）

王弼注をみると、

言民之所以僻、治之所以亂、皆由上、不由其下也。民從上也。〔此疑非老子之所作〕

（〔　〕括弧内の王弼注は、樓宇烈の指摘する『道藏』所收『道德眞經集注』にみえる）

とあり、帛書『老子』での兩章に關わる內容である。前半は政治に關わることなのに對し、後半は生命尊重に關わることで、內容的には異なり、分章してもよいのではと思われる。現存の王弼注は、この章の前半の注ではないかと思われる。後半については、注文からみて王弼所注本での有無は明らかではない。

次いで第十七章・第十八章。いま王弼所注本は第十七章第十八章は、兩章に分けられている。しかし帛書『老子』では「大道」の前に「故」字があり、甲本では中黑點もない。

大上、下知有之。其次、親而譽之。其次、畏之。其次、侮之。信不足、焉有不信焉。悠兮其貴言。成功事遂、百姓皆謂我自然。

（王弼所注本、第十七章）

大道廢、有仁義、慧智出、有大僞、六親不和、有孝慈、國家昏亂、有忠臣。

（王弼所注本、第十八章）

「故」字は帛書『老子』及び郭店本『老子』にはある。

大上下知有之、其次親譽之、其次畏之、其下母（侮）之。信不足、案有不信。【猶呵】其貴言也。成功遂事、百省（姓）胃（謂）我自然。故大道廢、案有仁義。知（智）快（慧）出、案有大僞。六親不和、案有畜（孝）茲（慈）。邦家悶（昏）亂、案有貞臣。（甲本）

いま第十七章の「悠兮其貴言」以下の王弼注は、

自然、其端兆不可得而見也、其意趣不可得而覩也。無物可以易其言、言必有應、故曰悠兮其貴言也。居無爲之事、行不言之教、不以形立物、故功成事遂、而百章不知其所以然也。

第十八章の「大道廢、有仁義」の箇所の王弼注は、

失無爲之事、更以施慧立善、道進物也。

とある。この章が兩章に分れていたかどうか微妙である。圏點部分などの語を考慮すると、王弼所見本は、「故」字の有無は別として、元來は或はこの兩章が一章になっていたテキストかとも推測される。帛書『老子』では、第十八章の冒頭に「故」字があり、これは『老子』では例外無く前文に接續することを示す。[9] しかも次に示すように、郭店本『老子』丙簡でもまさしく兩章は連續した一章として竹簡に記されている事實からすれば、元來は一章であったと推定される。

大上下智（知）又（有）之、其即（次）新（親）譽之、其既〈即（次）〉（畏）之。其即（次）柔（侮）之。信不足、安又（有）不信。猷（猶）（乎）其貴言也。成事逑（遂）紅（功）、而百眚（姓）曰我自肰（然）也。古（故）大道癹（廢）、安有𢚧（仁）義。六新（親）不和、安有孝孥

（慈）。邦豙（家）緍（昏）□安又（有）正臣。（郭店本、丙簡）

いま帛書『老子』の釋文では、「故」字がありながらも現行本に從って敢えて兩章に分けているのは、現行本の分章に配慮したためと考えられる。思うに「故」字があるのは、それ以下に「自然」ならざる狀態の場合にはどうなるかの例を擧げているのである。ただ、前文とは表現的にかなり差があるので、王弼所注本など後代のテキストでは「故」字を抹殺し、前文とは別の獨立した章としたと考えられる。また郭店本『老子』には、他のテキストにある「知（智）快（慧）出、案有大僞」の句がないことの合理性についてもすでに言及がある[9]。

また第二十章についても、第十三章と混同する恐れがあるが、言及する必要があろう。

絶學無憂。唯之與阿、相去幾何。善之與惡、相去若何。人之所畏、亦不可以不畏人。望（恍）呵其未央才（哉）！衆人……（乙本、第二十章）

弄（寵）辱若驚、貴大患若身。何胃（謂）弄（寵）辱若驚。弄（寵）之爲下也、得之若驚、失之若驚、是胃（謂）弄（寵）辱若驚。……（乙本、第十三章）

㡭（絶）學亡⿱頁心（憂）。唯與可（呵）、相去幾可（何）。⿱山儿（美）與亞（惡）、相去可（何）若。【4】人之所⿰衤畏（畏）、亦不可以不⿰衤畏（畏）。〔第二十章上〕人⿱龍心（寵）辱若纓（驚）、○貴大患若身。可（何）胃（謂）⿱龍心（寵）【5】辱。⿱龍心（寵）爲下也。得之若纓（驚）、遊（失）之若纓（驚）、是胃（謂）⿱龍心（寵）辱纓（驚）。□□□□□□【6】……

（郭店本『老子』乙簡、【　】內の數字は竹簡の序數、〔　〕內の數字は『老子』章序。以下同じ）

絶學無憂。唯之與阿、相去幾何。善之與惡、相去若何。人之所畏、不可不畏。荒兮其未央哉。
……
（王弼所注本、第二十章）

第二十章「不可不畏」までの箇所の王注は、

下篇〔云〕、爲學者日益、爲道者日損。然則學求益所能、而進其智者也。若將無欲而足、何求於益。不知而中、何求於進。夫燕雀有匹、鳩鴿有仇。寒鄉之民、必知旃裘。自然已足、益之則憂。故續鳧之足、何異截鶴之脛。畏譽而進、何異畏刑。唯（阿）〔訶〕美惡、相去何若。故人之所畏、吾亦畏焉。未敢恃之以爲用也。

とある。王弼所注本は「善」「惡」であるが、王注に「美惡」とあるのは、元來の王弼所見本は本文が善惡の對應ではなく「美惡」の對應であったことを示し、それは帛書『老子』や郭店本『老子』の文と一致することを示す。從って現存の王弼所注本は、彼の所見本と異なる『老子』本文に附せられたことが解る。現在の王弼所注本は必ずしも王弼所見本ではないことが知られる。

ところでこの句の末尾の「人」字は王弼所注本にはないが、上にみたとおり帛書『老子』乙本（甲本は缺落していて不明）及び郭店本『老子』にはある。

乙本は「人」字を「不畏」に繫げて讀む。現行王弼所注本では「人」字がなく、上述のように甲本は缺文なので「人」字の有無は不明。郭店本『老子』には「人」字があり、寫眞版では「人」字の上に句讀號らしい印があるためか、『釋文』は「人」字を下句に繫げて讀んでいる。ただ續く『釋文』の下文での「可（何）胃（謂）於（寵）【5】辱。」を考慮すると、「人」字は上句に繫げるべきであろうか。また上句に繫げた場合の解釋については裘錫圭が劉殿爵の説を紹介し、その意味を解き明かしているのを參照されたい(12)。しかし郭店本の竹簡では、現行本第二十章前半部と第十三章とが、連續して同一簡に書寫されている事實を忘れてはならない。何故にこのような順序で書寫されたのかは、今後の課題である。

以上、王弼所注本での分章について、王弼は帛書『老子』とほぼ同じテキストを底本としたのか、或は別系統のテキストを底本としたのかを考察した結果、ほぼ帛書『老子』とは別系統のテキストを底本としたと推定されることが明らかになった。しかし、これまでみてきたように王弼所注本の分章が何時誰によってなされたのかは明らかではなく、今後新資料の出現を待つほかない。

帛書『老子』と王弼所注本『老子』との思想内容の檢討

次に、章序や分章の相違とは異なり、所謂『老子』本文の重要な箇所で王弼所注本と帛書『老子』乃至は郭店本『老子』との閒に相違がある。その場合、王弼所注本は如何なるテキストを底本としたのかを、改めて王弼注を考察することによって確認してみる。

先ず、第一章は本文が次のように異なる。

无名萬物之始也。有名、萬物之母也。　（乙本）

無名天地之始、有名萬物之母。　（王弼所注本）

王弼はどのようなテキストをみて注を書いたのであろうか。王弼注は、

凡有皆始於無、故未形無名之時、則爲萬物之始。及其有形有名之時、……爲其母也。言道以無形無名始成萬物、……

とあって、「萬物之始」の語があるのは注目すべきであろう。しかも「萬物」の語は出てくるが「天地」の語は出てこない。王弼のみたテキストは帛書『老子』と同じ系統のものであったと推定できる。本文が何時誰によって「萬物」が「天下」に換えられたのかは不明である。

第十四章について。

視之而弗見、【名】之曰微。聽之而弗聞、命（名）之曰希。○捪之而弗得、命（名）之曰夷。三者不可至（致）計（詰）、故緒而爲一。一者、其上不謬、其下不忽。尋尋呵不可命（名）也、復歸於无物。是胃（謂）无狀之狀、无物之象。是胃（謂）沕（忽）望（恍）。隋（隨）而不見其後、迎而不見其首。執今之道、以御今之有。以知古始、是胃（謂）道紀。（甲本）

視之不見、名曰夷。聽之不聞、名曰希。搏之不得、名曰微。此三者不可致詰、故混而爲一。其上不皦、其下不昧、繩繩不可名、復歸於無物、是謂無狀之狀、無物之象。是謂惚恍。迎之不見其首、隨之不見其後。執古之道、以御今之有、能知古始、是謂道紀。（王弼所注本）

以上の文での差異は、帛書『老子』で「微」「夷」「古之道」となっている箇所が王弼所注本では「夷」「微」「今之道」となっている點である。王弼注は、「夷」「微」の箇所について、

無狀無象、無聲無響、故能無所不通、無所不往。不得而知、更以我耳目體不知爲名、故不可致詰、

混而爲一也。

とあって、本文が如何なるものかは知ることができない。ただ「耳目體」とあるので、聴覚・視覚・触覚では把握できないとしていることは確かである。

「夷」は「かがんで背を低くする」のが原義だという。普通は「すべすべ」の意につかわれる。他方、「微」は「至って微細な物の形に違いない。」「微聲のコトバは、……小さく細くみえにくい意味を含んでいる。」という。(10) こうした字の原義からして、帛書『老子』のように視覚には「微」、触覚には「夷」を當てるのが妥當だと思われる。何時誰によって字が置き換えられたのか不明であるが、帛書『老子』の方が理にかなっているように思われる。

また「古之道」については、王弼注は、

雖古今不同、時移俗易、故莫不由乎此以成其治者也。故可執古之道以御今之有。上古雖遠、其道存焉、故雖在今可以知古始也。

というが、帛書『老子』のような文章であれば、現在の統治方法でやっていけば、古代のことも了解できる、といった意味となろうか。どちらが正しいともいえないが、「古之道」としたのは、尙古思想によるものとも考えられる。

王弼注は「執〔古〕之道以御今之有」としているので、王弼所注本は帛書『老子』「執〔今〕之道、以御今之有」とは異なるテキストを底本としていたことがわかる。

「迎之不見其首、隨之不見其後」については、帛書『老子』とは順序も文章も異なるが、意味は同じなので特に問題にしない。いずれにしてもこの章は、王弼は帛書『老子』系統のテキストを底本としなかったことは明らかである。

第二十五章について。

・有物昆成、先天地生。蕭（寂）呵漻（寥）呵、獨立而不玹（改）、可以爲天地母。吾未知其名也、字之曰道。吾强爲之名曰大。大曰筮（逝）、筮（逝）曰遠、遠曰反。道大、天大、地大、王亦大。國中有四大、而王居一焉。人法地、地法天、天法道、道法自然。（乙本）

有物混成、先天地生、寂兮寥兮、獨立而不改、〔周行而不殆〕可以爲天下母。吾不知其名、字之曰道、〔吾〕强爲之名曰大。大曰逝、逝曰遠、遠曰反。道大、天大、地大、王亦大。國中有四大、而王居一焉。人法地、地法天、天法道、道法自然。（王弼所注本）

先ず、帛書『老子』と王弼所注本とを比べて氣がつくことは、帛書『老子』には、王弼所注本にある〔　〕括弧内の「周行而不殆」の句がないことである。この句は、『老子』での「道」が萬物に遍在することを示す重要な言葉として考えられてきた。しかしこの句は後から插入されたものと考えられる。『莊子』（知北遊）には、具體的に「道」が萬物に遍在することが述べられている。しかし先述したように（八七頁）、この句が無ければ、「道」の遍在はそれほど強調されることはなかったと考えられる。いま王弼注は、

周行無所不至而（免）〔不危〕殆、能生全大形也、故可以爲天下母也。

であるから、王弼が注を施した底本は帛書『老子』にない「周行而不殆」の句のあるテキストであっ

たことがわかる。また「天下母」については、王弼注も「天下母」であるが、樓宇烈氏の指摘通り、現行『道藏』所收『道徳眞經集注』の王弼注では「天地母」となっている。このことを考慮すると、現行王弼所注本はともかく王弼が注した底本は、或は「天地母」であったのかも知れない。

次に第三十八章について。帛書『老子』と王弼所注本は次のごとくである。

【・上徳不徳、是以有徳、下徳不失徳、是以无】徳。上徳无【爲而】无以爲也。上仁爲之【而无】以爲也。上義爲之而有以爲也。上禮【爲之而莫之應也、則】攘臂而乃（扔）之。……（甲本）

上徳不徳、是以有徳。下徳不失徳、是以無徳。上徳無爲而無以爲、〔下徳爲之而有以爲、〕上仁爲之而無以爲、上義爲之而有以爲、上禮爲之而莫之應、則攘臂而扔之。（王弼所注本）

兩者を比較すると、「下徳爲之而有以爲」の句が帛書『老子』には無く、乙本の場合も同じである。[13] この「下徳」についての記述は、實は「上義」についての記述と全く同じであり、無意味だということは明らかで、先にも觸れた（七二頁）ように、後からの附加か。王弼所注本になぜこのようなことが生じたのか不思議というほかない。ところで王弼のみたテキストはどうであったか。王弼注には、

下徳求而得之、爲而成之、則立善以治物、故徳名有焉。求而得之、必有失焉、爲而成之、必有敗焉。善名生、則有不善應焉。故下徳爲之而有以爲也。無以爲者、無所（偏）〔偏〕爲也。凡不能無爲而爲之者、皆下徳也、仁義禮節是也。

とある。すなわち王弼の注した底本は帛書『老子』と同じものではなく、「下徳爲之而有以爲」の句

があったテキストで、この句が何時頃から増多されたのであろうか。

次に第三十九章について。

・昔得一者、天得一以清、地得一寧、神得一以霝（靈）、浴（谷）得一盈、侯王得一以爲天下正。其至也、胃（謂）天毋已清將恐蓮（裂）、地毋已寧將恐發、神毋【已靈將】恐歇、谷毋已【盈】將渴（竭）、侯王毋已貴以高將恐欮（蹶）。故必貴以賤爲本、必高矣而以下爲基。夫是以侯王自胃（謂）孤寡不橐（穀）、此其賤之本與。非也。故至數輿無輿。是故不欲祿祿若玉、硌硌若石。

（乙本）

昔之得一者、天得一以清、地得一寧、神得一以靈、谷得一盈、〔萬物得一以生、〕侯王得一以爲天下貞。其致之。天無以清將恐裂、地無以寧將恐發、神無以靈將恐歇、谷［浴］無以盈將恐竭、〔萬物無以生將恐滅、〕侯王無以貴高將恐蹶。……

（王弼所注本）

すなわち、王弼所注本の〔　〕括弧の部分が帛書『老子』にはない。もし王弼が帛書『老子』と同じテキストに注を施していたとすれば、當然〔　〕括弧の部分に對する注は施されない筈である。ところが王弼注は、

各以其一、致此清・寧・靈・盈・生・貞。

とあって、本文の「盈」と「貞」との間にある〈生〉字の注がある。從って王弼は帛書『老子』ではなく「萬物得一以生」「萬物無以生將恐滅」の加わったテキストに注を施していたことが解る。元來、この章は、すでに存在する「天」「地」「神」などが「得一」によって十分な働きがなせるのであって、

そうでなければ十分な働きができないことを述べているのである。ところが、「得一」によって「萬物」が初めて生ずるというのはそもそも矛盾した話である。これらの句はない方が意味的に自然であり、帛書『老子』が本來の文章であったと思われる。王弼が注を施すまえ何時誰によって「萬物得一以生」などの句が插入されたのかは不明である。第四十二章に「道」から「一」、「一」から「萬物」が生ずるという考えがあることからの影響であろうか。

王弼所注本が如何なるテキストを底本としていたのかは不明である。これまで考察した諸章においては、時に帛書『老子』と同じ系統のテキストが底本ではないかと思われる箇所もあるが、重要な箇所で帛書『老子』と差異するところから、王弼は少なくとも帛書『老子』と同じ系統のテキストを底本としていたのではないことが明らかになった。王弼所注本の底本が、何時誰によって作成されたものかは不明である。

結　語

以上、みてきたように王弼所注本は、帛書『老子』と部分的には同じ箇所もあるが、そのままを底本としたものではないことが明らかになった。しかし篇の順序は帛書『老子』のそれと同じものであったと考えられる。そして現在、われわれの目にしうる王弼注『老子』は全部で八十一章に分けられていて、第一章から第三十七章までが《道篇》として前にあり、第三十八章から第八十一章までが

《徳篇》として後になっているが、それは後世の改編だと思われる。『老子』全文の完全な注釋ではないが、『韓非子』解老篇での解説は現行本の第三十八章から始まっているのは周知の事實である。[12]これは『老子』の篇序が當然だとしているわれわれにとって奇異に思われた。しかし帛書『老子』が現われるに及んで、第三十八章から始まることはむしろ當然なことと思われるようになった。そこで『隋書』經籍志では「老子道德經二卷、王弼注」と著錄されるが、王弼が實際に注を施した『老子』は、德經・道經の先後はどうであったのかが問題となる。勿論、著錄された書名からすれば、道經が先といえよう。しかし『韓非子』を考慮しても明らかなように帛書『老子』の篇序も看過しがたい。そこで本文もさることながら（量的にみると『老子』第一章の本文が約五十九字、第三十八章の本文が約百三十二字である）、王弼の《道篇》第一章の注と《德篇》第三十八章の注に著目し比較してみると、王弼所注本第三十八章の注が異常に長いことが注目される（第一章の王弼注は約二百五十餘字であるのに對して、第三十八章の王弼注はその約四倍以上である）。王弼所注本第一章の注に比べて約四倍以上の丁寧な注である。このような丁寧な注は王弼所注本全體をみてもどこにも見當たらない。そのような詳細な注を施した理由は、一連の書籍の冒頭であるから、最も力を注いだために他ならないと考えられる。とすれば、王弼が注を施したテキストは、帛書『老子』と同じ篇序だと推定される。しかも第三十八章には「無」の重視は勿論、「本在無爲、母在無名。棄本捨母、而嫡其子、功雖大焉、必有不濟、名雖美焉、僞亦必生。」「載之以道、統之以母」「故母不可遠、本不可失。仁義、母之所生、非可以爲母」「守母以存其子、崇本以擧其末、則形名俱有而邪不生、大美配天而華不作」「捨其母而用其子、棄其本而適其末、名則有所分、形則有所止」などに明らかなように、本末論、母子論という王弼の基本的な理論の一部が展開されていることは、その推定をより補強することとなろう。

（二〇〇二、六、一七稿、二〇〇五、四、六補訂）

注

（1）饒宗頤著『老子想爾注校證』（上海古籍出版社、一九九一年）によれば、この注は後漢期の注とおもわれる河上公注と比較して、より古い注だと思われるという。とすれば魏の王弼注より古いということになる。

（2）本書所收、拙稿「『馬王堆漢墓帛書』德篇・道篇考――原初的『老子』試探――」、「章序について」の項、八七~九四頁參照。

（3）ここの王注は「其明則全也」であるが、樓宇烈氏の改訂に従う。また第二十四章に引用する王注は訂正したものに依る。

（4）王弼所注本には、〔　〕括弧内の王弼注はない。いま第二十二章にある王弼注を移置したものである。

（5）前掲注（2）拙稿、參照。

（6）參考までに、「玄德」については次のような用例がある。

生之畜之、生而弗有、長而弗宰也、是胃玄德。（帛書、乙本十章）

恆知此兩者、亦稽式也、恆知稽式、是胃玄德。玄德深矣遠矣。（帛書、乙本六十五章）

（7）前掲注（2）拙稿では、「多」を別の意味に解したが「一」と對應させた方が自然であろう。

（8）前掲注（2）拙稿、參照。

（9）乙本第六十八章冒頭には「故善爲士者」とあるが、甲本には「故」はなく、傅奕本・想爾本では「古」となっている。

（10）以上は、藤堂明保『漢字語源辭典』（學燈社、一九六四年）七五一及び七三三頁、參照。

（11）「故」字のことを含めて、池田知久『郭店楚簡老子研究』（永鎮出版社、一九九九年）第一編、五、を參照。

（12）裘錫圭「郭店《老子》簡初探」三八頁（『道家文化研究』第十七輯、所收、一九九九年）。

（13）樓宇烈氏の指摘するように、宋の范應元のみた王弼注本は「無以爲」となっていたらしいが、これは「上仁」についての記述と同じで、やはりおかしい。なお『韓非子』解老篇はどのようなテキストによったのか、「下德」に關する引用がすべてない。

（12）『韓非子』解老篇・喩老篇に引用される『老子』の順序は次の通り。

解老篇―（三十八・七十二・五十八・五十九・六十・四十六・？・十四・一・二十五・五十・六十七・五十三・五十四）。〈？〉は『老子』未見句。

喩老篇―（四十六・五十四・二十六・三十六・三十六・六十三・六十四・五十二・七十一・六十四・六十四・六十四・四十七・四十七・四十一・三十三・三十三・二十七）。

郭店竹簡『老子』から見た『老子』の分章

周知のように現行本『老子』（以下、『老子』と稱す。およそ版本として傳承されたものを指す）は八十一章に分章されているが、これは何時誰が確定したものか不明である。すでに馬王堆出土の帛書『老子』甲本に不完全ではあるが現存の分章とは異なる章分けの印が附されている。その甲本に從って讀んだ場合、確かに現存の分章より理にかなった解釋ができる。しかし甲本の分章は全文に完全に中黑點が附されているわけではない。その後、一九九三年冬、湖北省荊門市郭店一號楚墓から殘簡ながら『老子』とほぼ同文の甲・乙・丙の三種類に分けられる竹簡が出土した。これら竹簡には時に章分けの印ともみえる符號があり、『老子』や帛書『老子』との分章についての比較が可能となった。この竹簡に記錄された郭店出土の『老子』の章序が帛書や『老子』との差異が大きいことから、分章の問題が俄かに盛んに論議されるようになった(1)。分章の問題はすでに帛書『老子』甲本（以下、帛書甲本または甲本と簡稱）で問題とされたが、分章を示す印が部分的であったのと、現行本との差異が目立たなかったためか、あまり大きくは問題にされなかった。ところで郭店竹簡『老子』（以下、郭店本と簡稱）の位置づけはまだ定まっていない。既に出來上がった『老子』からの摘抄なのか、或は帛書『老子』への形成過程にある原『老子』なのか明らかではない。ただ分章に關しては帛書や『老子』との差異は明白である。帛書甲本を時に參照しながら、とりあえず郭店本を中心に分章の問題を改めて考察する。[2] 考察の章序はいま帛書に從う。文字や語句の差異などの問題は改めて檢討する。ついでながら郭店本にも〈老子〉なる名稱は全くみえない。先ず帛書甲本による分章の明確なものから始めるが、いま、郭店竹簡『老子』の原文は、荊門市博物館編『郭店楚墓竹簡』の釋文による。

『老子』第四十五章について。現行本や帛書では一章となっているが、郭店本によれば明らかに兩章に分章されるべきである。帛書甲本には中黑點で分章を示している箇所が多いが、その分章は完全ではない。郭店本では分章を示す印が明確に附せられていることと、連續した文章とすると、意味內容が一貫しないことも明白である。分章の區切りによってそれぞれの文章の意味がはっきりする。しかも現行本で一章となっているほぼ同一の文章が、同一の竹簡に記され、しかも分章を示す印が附せられているので、單に意味內容から恣意的に分章するわけではない。(以下、【2】【3】等は郭店竹簡『老子』の序數、〔 〕括弧內は『老子』の章序數、【甲】【乙】【丙】は郭店竹簡『老子』の竹簡の類別、(甲本)(乙本)は帛書『老子』の類別を示す。帛書の文中の【 】括弧は缺文であることを示し、その中の文字は假に補った文である。なお竹簡の引用は、恣意的な斷句ではないことを示すため、時に必要箇所の前後に亙る長文になることがあることをお斷りしておきたい。)

閟(閉)其門、賽(塞)其逸(兌)、終身不⿱矛山。啓其逸(兌)、賽(塞)其事、終身不逨。■〔五十二章中〕大成若【13】夬(缺)、其甬(用)不幣(敝)。大浧(盈)若中(盅)、其甬(用)不⿱穴身(窮)。大(巧)若⿰亻出(拙)、大成若詘、大植(直)【14】若屈。■〔四十五章上〕喿(燥)勑(勝)

蒼（滄）、青（清）勳（勝）然（熱）、清清（靜）爲天下定（正）。〔四十五章下〕善建者不拔、善休者【15】兌（脫）、子孫以其祭祀……〔五十四章〕　【乙】

大成如缺、其用不幣（敝）。大盈如盅（沖）、其用不窮（窘）。大直如詘（屈）、大巧如拙、大贏如炳。』趮（躁）朕（勝）寒、靚（靜）勝炅（熱）。知清靜、可以爲天下正。〔四十五章〕（甲本）

次に『老子』第四十六章について。帛書甲本で既に兩章に分けられており、意味の上からも分章が穩當だと考えられている。下に示すように郭店本甲簡では『老子』第四十六章の中・下段のみが第五簡第六簡に連續して記され、しかもその前には『老子』第六十六章が區切りの印もなく接續している。

其才（在）民上也、民弗厚也、其才（在）民前也、民弗害也。天下樂進而弗詀（厭）。【4】以其不靜（爭）也、古（故）天下莫能與之靜（爭）。〔六十六章〕『辠（罪）莫厚虐（乎）甚欲、咎莫僉（憯）虐（乎）谷（欲）得、【5】化（禍）莫大虐（乎）不智（知）足。智（知）足之爲足、此亙（恆）足矣。■〔四十六章中下〕以衍（道）差（佐）人侵（主）者、不谷（欲）以兵强【6】於天下。　【甲】

・天下有道、【却】走馬【以】糞。天下无道、戎馬生於郊。・罪莫大可欲、（禍）莫大於不知足、咎莫憯於欲得。【故知足之足】、恆足矣。〔四十六章〕　（甲本）

いま第六十六章との關係は不明だが、第四十六章の「罪」以下は、『老子』のように「天下有道、……戎馬生於郊」と同一章とはなっていない。周知のように、これは帛書甲本でも中黑點で「罪」以下と以上とで分けられていることと符合する。このことは、また『韓非子』解老篇での解説の違いからもある程度推測できることは、すでに別稿で述べた。(3)『老子』の第四十六章は兩章に分けるのが妥當かと思われる。

次に第四十八章について。郭店本乙簡と帛書甲本を示すと次のごとくである。

長生售（舊＝久）蹠之道也。〔五十九章〕■學者日益、爲道者日員（損）。員（損）之或員（損）、以至亡爲【3】也、亡爲而亡不爲。』〔四十八章上〕㡭（絶）學亡惪（憂）、唯與可（呵）、相去幾可（何）？·岂（美）與亞（惡）、相去可（何）若？·〔二十章上〕【4】　【乙】

弗爲而【成】。〔四十七章〕『爲【學者日益、聞道者日云（損）、云（損）之有（又）云（損）、以至於无爲、无爲而无不爲矣。將欲】』取天下也、恆【无事、及其有事也、又不足以取天下矣。〔四十八章〕聖人恆无心】、……〔四十九章〕　（甲本）

帛書甲本は缺字が多く「爲學者日益……」の「爲」字の前、下文「將欲」の前の中黑點の有無は明らかではないが、既に先人の指摘しているように、「將欲」以下は策略的な思想で「爲學」「爲道」を說く內容とはかけ離れている。從って郭店乙簡本は「亡不爲」で切れているのは妥當であろう。現行本第二十章に連なっている理由は今後の解明に待つほかない。

次に第五十二章について。

大方亡禺（隅）、大器曼成、大音祗聖（聲）、天象亡坓（形）、道……〔四十一章〕【12】『閟（閉）其門、賽（塞）其逸（兌）、終身不孞。啓其逸（兌）、賽（塞）其事、終身不逨。■〔五十二章中〕大成若【13】夬（缺）、其甬（用）不幣（敝）。大浧（盈）若中（盅）、其甬（用）不穿（窮）。大

【乙】
（巧）若佁（拙）、大成若詘、大植（直）【14】若屈。■〔四十五章〕

・天下有始、以爲天下母。（既）得其母、以知其【子】、復守其母、沒身不殆。・塞其悶（悶）、閉其門、終身不堇（勤）。啓其悶、濟其事、終身【不棘。】』見】小曰【明】、守柔曰强。用其光、復歸其明。毋道〈遺〉身央（殃）、是胃（謂）襲常。〔五十二章〕　（甲本）

郭店本乙簡第十二簡の末尾が缺落しているので、『老子』第四十一章に必ず接續しているかどうか確認できないのが殘念である。しかし第十三簡では「終身不逨」で一文が終結していて、『老子』で第五十二章となっている「見小曰明」以下は、郭店本では別の章となっていることは明らかである。帛書甲本には、この句の前に中黑點はない。

次に第六十四章について。

【甲】
其安也、易柰也。其未兆（兆）也、易悔（謀）也。其毳（脆）也、易畔（判）也。其幾也、易後（散）也。爲之於其【25】亡又（有）也。絧（治）之於其未亂。合□□□□□末、九成之臺甲[4]□□□□□□□□□□□□【26】足下。』〔六十四章上〕智（知）之者弗言、言之者弗智（知）。

……

牆（將）舍（徐）淸。■竺（孰）能庀以迬者、牆（將）舍（徐）生。保此衍（道）者不谷（欲）竘（尚）呈（盈）。〔十五章〕『爲之者敗之、執之者遠【10】之。是以聖人亡爲、古（故）亡敗、亡執古（故）亡遊（失）。臨事之紀、誓（愼）冬（終）女（如）忖（始）、此亡敗事矣。聖人谷（欲）【11】不谷（欲）、不貴難得之貨、斈（教）不斈（教）、復衆之所＝化（過）。是以聖人能專（輔）

萬勿（物）之自肰（然）、而弗【12】能爲。』〔六十四章下〕衍（道）亙（恆）亡爲也、……牆（將）貞（鎮）之以亡名之 （樸）。夫【13】亦牆（將）智（知）足、……萬勿（物）牆（將）自定。■〔三十七章〕【甲】

『爲之者敗之、執之者遊（失）之。聖人無爲、古（故）無敗也；無執、古（故）□□□。【11】新（愼）終若詞（始）、則無敗事喜（矣）。人之敗也、亙（恆）於其戲（且）成也敗之。是以【12】人欲不欲、不貴 （難）得之貨、學不學、復衆之所兆（過）。是以能補（輔）壌（萬）勿（物）【13】之自肰（然）、而弗敢爲。■〔六十四章下〕【14】【丙】

·其安也易持也、【其未兆也】易謀【也、其脆也易判也、其微也、易散也。爲之於其未有、治之於其未亂也。合抱之木、生於】毫末。九成之臺、作於羸（蔂）土。百仁（仞）之高、台（始）於足【下。『〔·?·〕爲之者敗之、執之者失之、聖人无爲』也、【故】无敗【也】；无執也、故无失也。民之從事也、恆於其成事而敗之。故愼終若始、則【无敗事矣。】是以聖人】欲不欲、而不貴難得之 （貨）、學不學、而復衆人之所過・；能輔萬物之自【然、而】弗敢爲。〔六十四章〕

（甲本）

帛書甲本では「爲之者敗之」の箇所が缺落しているため、この文の前の中黒點の有無が不明である。郭店本では『老子』第六十四章は兩分されており、帛書甲本に缺落がなければ或は郭店本丙簡のように分章されていたと推定される。意味を考えても、第六十四章は、前半と後半とでは一貫しないことは明らかで、分章すべきだと考えられる。

次に第五章について。

國中又（有）四大安、王凥（居）一安。人【22】法陸（地）、陸（地）法天、天法道、道法自肰（然）。■〔二十五章〕天陸（地）之刎（閒）、其猷（猶）囙（橐）籊〈籥〉與?而不屈、潼（動）而愈出。■〔五章中〕〔白地で無文字〕【23】【甲】

天地不仁、以萬物爲芻狗。聲（聖）人不仁、以百省（姓）【爲芻】狗。『天地【之】閒、【其】猶橐籥輿（與）？而不淈（屈）、踵（動）而兪（愈）出。』多聞數窮、不若守於中。〔五章〕

（甲本）

『老子』第五章は、前半と後半は、中閒の文と意味的に通ずるかどうか疑問である。特に前半とは「天地」の語は共通するものの、意味的には前半は「天地」「聖人」の「不仁」を言うが、中閒の文はそのようなことは全く意味していない。このことは本來は連續した文ではなかったことを示唆する。

次に第十三章及び第二十章について。

■學者日益、爲道者日員（損）。員（損）之或員（損）、以至亡爲【3】也、亡爲而亡不爲。〔四十八章上〕『幽（絕）學亡惪（憂）。唯與可（呵）、相去幾可（何）？ 岜（美）與亞（惡）、相去可（何）若？【4】人之所褁（畏）、亦不可以不褁（畏）。〔二十章上〕』『人態（寵）辱若纓（驚）、貴大患若身。可（何）胃（謂）態（寵）【5】辱?態（寵）爲下也。得之若纓（驚）、遊（失）之若纓（驚）、是胃（謂）態（寵）辱纓（驚）。□□□□□【6】若身?虗（吾）所以又（有）大患者、爲虗（吾）又（有）身。汲（及）虗（吾）亡身、或可（何）□□□□□【7】爲天下、

若可以厇（託）天下矣。㤅（愛）以身爲天下、若可（何）以迲天下矣。〔十三章〕【8】【乙】
絶學无憂。唯與呵、其相去幾何？美與亞（惡）、其相去何若？人之所畏、亦不可以不畏人。望（恍）呵其未央才（哉）！衆人巸（熙）巸（熙）、……〔二十章〕（乙本）

龍（寵）辱若驚、貴大梡（患）若身。苛（何）胃（謂）龍（寵）辱若驚？龍（寵）辱之爲下、得之若驚、失【之】若驚、是胃（謂）龍（寵）辱若驚。何胃（謂）貴大梡（患）若身？吾所以有大梡（患）者、爲吾有身也。及吾无身、有何梡（患）？故貴爲身於爲天下、若可以（託）天下矣；愛以身爲天下、女何〈可〉以寄天下。〔十三章〕（甲本）

「絶學无憂」の句は「學者日益」の章に接續するのか、『老子』のように「唯與訶」に連續するのか、いま俄かには斷じがたい。しかし「唯」と「呵」、「美」と「惡」の對應を問題とする文と、「人[龍心]（寵）辱若纓（驚）」以下の文とは意味内容がつながるかどうか疑問である。その意味で、郭店本乙簡のような區切りには一應説得性があると考えられる。またここの「亦不可以不[衤畏]（畏）」の箇所は、帛書甲本は缺落していて原文は不明だが、乙本の『釋文』では「人之所[衤畏]（畏）、亦不可以不[衤畏]（畏）人」と句讀し、「人」字を上の文章に繋げて讀んでいる。『老子』では「人」字はないが、郭店本乙簡では「人」があり、下の文に繋げて讀んでいる。「畏」と「人」の間に句讀を示すかと思われる印があることが根據と考えられる。しかしすぐ下の箇所に「可（何）胃（謂）[龍心]（寵）辱？」とあって、ここには「人」字がないことに着目すると、「人」字は上文に繋げる方がよいと考えられる。そのことはまた既に裘錫圭が劉殿爵の説を紹介し、その意味を解き明かしている。(5)

次に第十六章について。

至、亙（恆）也。獸（守）中、篙（篤）也。萬勿（物）方（旁）𠈌（作）、居以須復也。天道員員、各復其菫（根）。■〔十六章上〕【24】－獨立簡　【甲】

至虛極也、守情（靜）表也。萬物旁（竝）作、吾以觀其復也。天物雲雲、各復歸於其【根、『曰靜。情（靜）、是胃（謂）復命。復命、常也。知常、明也。不知常、帍（妄）、帍（妄）作凶。知常容、容乃公、公乃王、王乃天、天乃道、【道乃久】、沕（沒）身不怠。〔十六章〕　（甲本）

この郭店本は、單獨の竹簡で元來どこに位置すべきなのか明らかではない。假に第二十四簡としたに過ぎない。ただ郭店本では「各復其菫（根）」末に文章終止の記號が附せられている。甲本では「根、曰靜。」の末尾の文が缺落していて「曰」字の前に中黑點の有無が確認できないのが殘念であるが、乙本『釋文』では「其根。曰靜。靜、」と句讀を切っている。このことからすれば「曰靜」以下は別の文章であるとも推定される。連續した理由を考えると、「復」字が共に使用されていることが一因かと考えられるが、確實なことはいえない。

次に第十七章と第十八章について。

大上下智（知）又（有）之、其娣（次）新（親）譽之、其既〈娣（次）〉愄（畏）之、其娣（次）敄（侮）之。信不足、安【1】又（有）不信。猷（猶）虐（乎）其貴言也。成事述（遂）社（功）、而百眚（姓）曰我自肰（然）也。〔十七章〕古（故）大【2】道發（廢）、安有（仁）義。六新（親）不和、安有孝孶（慈）。邦豙（家）緍（昏）□安又（有）正臣。■〔十八章〕【3】

【丙】

大上下知有之、其次親譽之、其次畏之、其下母（侮）之。信不足、案有不信。【猶呵】其貴言也。成功遂事、而百省（姓）胃（謂）我自然。〔十七章〕故大道廢、案有仁義。知（智）快（慧）出、案有大僞。六親不和、案有畜（孝）茲（慈）。邦家閲（昏）亂、案有貞臣。〔十八章〕（甲本）

『老子』では兩章の境界に「故」字がなく分章されているが、郭店本と帛書には「故」字がある。『老子』ではこの字がある場合、必ず上文と接續している。しかも意味的にも「自然」ならざる時はどうなるかを示しているので、この兩章は一章とすべきであろう。

次に第三十章について。

化（汲）莫大虐（乎）不智（知）足。智（知）足之爲足、此亙（恆）足矣。■〔四十六章中下〕以衍（道）差（佐）人侵（主）者、不谷（欲）以兵強【6】於天下。善者果而已、不以取強。果而弗癹（伐）、果而弗喬（驕）、果而弗矝（矜）、是胃（謂）果而不強。其【7】事好。〔三十章上中〕

【甲】

以道佐人主、不以兵强【於】天下。【其事好還、師之】所處、楚朸（棘）生之。善者果而已矣、毋以取强焉。果而毋驕（驕）、果而勿矜、果而【勿伐】、果而毋得已居、是胃（謂）【果】而强。』物壯而老、胃（謂）之不道、不道蚤（早）已。〔三十章〕（甲本）

この章の始まりは、第六簡に第六十八章に續けて書かれ、しかも區切りの符號が記されているので、明白である。帛書と多少、句そのものや句の順序に差異があるがほぼ同文で、甲第八簡では「事好」

の右下に句讀を示すかと思われる印があり、ここで文章が一應終結することになろう。とすれば、郭店本甲簡の筆者のみたテキストは、帛書や『老子』にある「物壯而老」以下の文章は連續していなかったことになろう。甲本では分章を示す中黒點はない。意味的には必ずしも連續しなければならない文章ではないので、郭店本の第三十章が本來の姿であったかも知れない。

次に第三十一章について。

君子居則貴左、甬（用）兵則貴右。古（故）曰兵者□□□□□□【6】得已而甬（用）之。銛纊爲上、弗媺（美）也。敓〈美〉之、是樂殺人。夫樂□□□【7】以得志於天下。古（故）吉事上左、喪事上右。是以卞（偏）牁（將）【8】軍居左、上牁（將）軍居右、言以喪豊（禮）居之也。古（故）殺□□、【9】則以⿰忄衣（哀）悲位（莅）之、戰勑（勝）則以喪豊（禮）居之。■〔三十一章中下〕【10】　【丙】

夫兵者、不祥之器【也】。物或惡之、故有欲者弗居。『君子居則貴左、用兵則貴右。故兵者非君子之器。【兵者】不祥之器也、不得已而用之、銛襲爲上、勿美也。若美之、是樂殺人也。夫樂殺人、不可以得志於天下矣。是以吉事上左、喪事上右；是以便（偏）將軍居左、上將軍居右、言以喪禮居之也。殺人衆、以悲依（哀）立（莅）之；戰勝、以喪禮處之。〔三十一章〕　（甲本）

寫眞版をみると、郭店本丙簡第六の前の簡は如何なる簡なのかは不明である。從って「君子居則貴左」の前に『老子』のように「夫兵者」以下の文があったと推定することは可能である。またこの章末は、區切りの符號があり、帛書や『老子』と一致する。

以上、概略ながら郭店本を基準に、帛書甲本を參照しながら『老子』の分章について考察してきた。部分的ながら『老子』の分章には多くの問題が伏在していることを垣間みることができた。分章以外にも意味内容にかかわる語句の差異など検討すべき多くの重要な問題は殘るが、今は紙數も盡きるのでここで擱筆する。

（二〇〇二、八、二四稿、二〇〇五、四、六補訂）

注

（1）『中國哲學』第二十輯－郭店楚簡研究（一九九九年一月）、『道家文化研究』第十七輯－郭店楚簡專號（一九九九年八月）所收の諸論文を參照。

（2）本書所收、拙稿「『馬王堆漢墓帛書』《德篇》《道篇》考——原初的『老子』試探——」において、帛書甲本を參照しながら部分的には既に檢討したが、郭店本の出現によって再確認された箇所もあるが、再檢討の必要も生じてきた。なお、郭店本『老子』は、現行本に類似した原本から、筆者が主題を中心に摘錄したとの說もあるが、いまその立場はとらない。

（3）本稿注（2）所掲の拙稿九五頁、及び本書所收の拙稿「帛書『老子』からみた王弼所注本『老子』原本考」二一三?頁參照。

（4）『釋文』注［六二］では「甲」は「作」の誤りではなかろうかという。

（5）裘錫圭「郭店《老子》簡初探」三八頁（『道家文化研究』第十七輯、所收、一九九九年一月）。

郭店本『老子』攷（一）

前　言

『老子』については、現在の段階では、新たな出土資料が出てくれば何らかの變化があるかもしれないが、確實にいえることは次のことである。現行本『老子』（以下、『老子』と稱す。およそ版本として傳承されたものを指す）とほぼ同文の書籍は、前漢時代初期においては、〈老子〉とは呼ばれておらず、ほぼ篇名と思われる二種類の帛書の或るテキストでは《德篇》《道篇》（帛書『老子』とも稱す）と呼ばれていた帛書が出土し、さらに最近の郭店楚墓より出土した、『老子』とほぼ同文の竹簡によれば、〈老子〉という書名は勿論みえないし、《德篇》《道篇》などの文章のまとまりすら見當らない。さらに文章に大いに差異もみられるうえに、章の順序や分章についても前漢時代初期の帛書『老子』や『老子』とは大いに異なる點が認められる。しかしこれも現時點での資料についていえば、という限定つきのことである。今後さらにまったく新たな古い資料が出土して、〈老子〉という書名のついた整然とした書籍としての『老子』が出てこないとも限らない。そうした場合には、小論は無駄な努力に歸するかもしれない。それは馬王堆出土の二種類の帛書『老子』（以下、帛書と簡稱）や郭店楚墓より出土した、殘簡ではあるが『老子』とほぼ同文の竹簡すなわち郭店本『老子』（以下、郭店本と簡稱）が出現する以前の『老子』研究が、時に水泡に歸した點のあるのとほぼ同じ運命を辿ることになるかもしれない。そのことを念頭において小論は檢討するものであることをお斷りしておきたい。

郭店楚墓より出土した、『老子』とほぼ同文の竹簡すなわち郭店本は、竹簡の形態からして甲・乙・丙の三組に分類されている。文字は馬王堆出土の甲・乙二種類の帛書と異なり戰國時代の楚地方の文字である。したがって帛書が漢代の筆寫であるのに對して、郭店本は戰國時代に書寫されたものであり、帛書より古い時代に『老子』の一部とほぼ同文が存在したことが確認された。しかしこの竹簡でも〈老子〉という名稱はいっさいみられないことは注目に値する。『老子』が、〈老子〉と呼稱されるようになったのは實際はいつのことか明らかではない。漢代のある時期までは『老子』は、〈老子〉とはいわれていなかったことは確實だと考えられる。

ところで甲・乙・丙三種類の郭店本の文章は、各組のテキストの閒にはほとんど重複するものがなく、後に檢討する第六十四章の一部分のみの文章が重複するだけで、その他はまったく重複しない。そのことから一時は或る原本からそれぞれの關心にしたがって書寫されたのが郭店本ではないかなども考えられた。しかしこの說では、推定される原本とはいかなるものかの、具體性に缺けることが大きな缺陷であろう。また文字の問題から現行『老子』に近い帛書に先行する原『老子』ではないかとの見解もある。この說では、書寫の文字の點からすれば帛書より先行することは確かと思われるのであるが、原『老子』であるかどうかは明らかではない。あるいは、郭店本が元來の姿であるとして、章の順序はとにかくとして、斷章は郭店本が原型であるとし、帛書その他現行本などの斷章を後次のものとみなして解釋する說もあるが、そこまではっきりと斷定できるかどうかは問題である。さらに改めて郭店本について豫見を持たずに檢討する必要があろう。

ところで郭店本の甲・乙・丙の三種の竹簡についての研究ではさまざまな見解が示されている。『中國哲學』第二十輯や『道家文化研究』第十七輯にみえるそのいくつかの概略を紹介すると、次のごとくである。

たとえば、許抗生は、郭店本の成立年代を戰國中期と考え、郭店本と帛書とはやや近く、共通のものが多いが、今本とは距離が遠いという(1)。王中江は、崔仁義の說を考慮して郭店本の成立年代を戰國中期としている(2)。郭沂は、本文を考察した結果、簡本は今本より優れているばかりでなく、原始的でまったく整った傳本であると結論する(3)。裘錫圭は、異なる文章の第六十四章が重複して引用されていることからして、少なくとも甲・乙・丙三組が基づいた本文は二種類あったと考えられるという(4)。王博は次のようにいう。丙簡の主題は治國。乙簡の主題は修道。甲簡の主題は治國及び道・修道。丙簡と王弼本は非常に接近している。また甲簡と丙簡とに重複の段落がある。帛書や通行本との主な差異は甲簡に集中し、次は乙簡であり、丙簡との差異は最小であるという。またこの三種は、當時存在した三種の異なる傳本であろう。甲簡は乙簡・丙簡より早期のもの。乙簡、特に丙簡は帛書及び通行本との相違が極めて少ない。甲・乙・丙三種の郭店本は、ある種の摘抄本で、當時の『老子』の全本ではない。郭店本全體の構造は相違が少ないが、差異は文字と分章である(5)。また池田知久は、郭店本は『老子』への形成過程にある最古の『老子』であるという。その根據のひとつは、帛書や王弼本と對比しながら甲簡と丙簡との重複部分を分析し、甲簡から丙簡への差異が、帛書や王弼本への調整を示すものとの解釋による。(6)

また趙建偉は次のようにいう。郭店本が甲・乙・丙の三組に分かれている理由はなお一層の研究を待たねばならない。ところで帛書で「無」と作っているところは、甲組簡や乙組簡ではいずれも「亡」に作り、丙組簡では「無」に作っている(この「無」と「亡」については張立文氏も指摘する。―「論簡本《老子》與儒家思想的互補互濟」(『道家文化研究』第十七輯、一九九九年))。また甲組簡と乙組簡には重複の文章はないが、丙組簡には甲組簡とは重複の章句がある。

郭店本の文字が帛書や今本より少ないのは二つの原因があるといわれる。一つは郭店本は「五千言」のなかの章句の重複を削除したが、帛書系統のものは後から文字を増擴して「五千言」にしたのだと考える。第二は所謂『老子』は經と注との混合したものであるが、郭店本は注釋の部分を略去したものので、帛書系統のものは多くの章節で説の部分を増加した可能性があると考える。そこで郭店本と帛書との相違のある部分は、帛書には注釋が混入しているためと考えている。また帛書などとの文章の相違を、帛書などの誤解に基づく書寫とも考える。三篇は、當時存在した三種の異なる傳本であろう。甲簡は乙・丙簡より早期のもの。乙簡、特に丙簡は帛書及び通行本との相違が極めて少ない。三種の傳本は、ある種の摘抄本で、當時の『老子』の全本ではない。全體の構造は相違が少ないが、差異は文字と分章である。(7)

以上、諸説の概略をみてきたが、要は一説は郭店本が原『老子』であってその後さまざまな附加がなされて『老子』になったという主張と、いま一つはある種の原『老子』があって、そこから特定の立場からの視點に沿って抄寫したものが郭店本ではないかという主張である。しかもどちらの主張も決定的に否定も肯定もされないというのが現狀である。これを解決するのは、どちらかの主張を決定づける第三の資料の出現であろう。しかし現在の限られた資料の中からできるだけ眞實に近い事實を摸索するのが、研究者に課せられた現實である。ほんの少しでも問題の解決に近づくためにはどうしたらよいのか、以下、暗中摸索ながら考察を進めてみたい。先ずは二種類の竹簡の閒に同一部分の文章のある第六十四章下段の檢討から始めてみよう。

一　六十四章下段の檢討

郭店本の甲簡と丙簡とを比較檢討してみると、郭店本甲簡と丙簡に、僅かに一章の一部分ではあるが、幸運にも同一章の同一部分が殘存している。この事實は、郭店本の三種類の閒の成立年代の新舊を判定するうえできわめて貴重である。そのためであろうか多くの研究者がこの章の檢討を行っている。たとえば張立文、趙健偉、王博などの諸氏もこの章を重點的に檢討している。この章の檢討の結果如何によって所謂『老子』の成立や內容について大きく影響されるからである。そこでいま先人の檢討をふまえながらそれらを比較してみよう。そこで郭店本を示すと次の如くである。ほぼ同樣であるとはいえ、かなり異なった箇所が明らかであり、同一のある原本から書寫したものとは決していえないことは明白である。

いま先ず第六十四章の甲・丙簡及び帛書・王弼本の原文（荊門市博物館編『郭店楚墓竹簡』（文物出版社、一九九九年）の釋文。國家文物局古文獻研究室編『馬王堆漢墓帛書（壹）』（文物出版社、一九八〇年）の釋文。樓宇烈『王弼集校釋』（中華書局、一九八〇年）所收の「老子道德經注」と譯文）を掲げる。【　】括弧内の數字は「釋文」に示された竹簡番號、文末〔　〕括弧内の數字は『老子』の章序。以下、「郭店本『老子』攷」の考察の場合はこれに倣う。

第六十四章下段

○郭店本甲簡

爲之者敗之、執之者遠【10】之。是以聖人亡爲古（故）亡敗、亡執古（故）亡遊（失）。臨事之紀、誓（愼）冬（終）女（如）忖（始）、此亡敗事矣。聖人谷（欲）【11】不谷（欲）、不貴難得之貨、孝（教）不孝（教）、復衆之所=化（過）。是古（故）聖人能尃（輔）萬勿（物）之自肰（然）、而弗【12】能爲。〔六十四下〕

（譯文—作爲的なことをするものは失敗し、固執するものは失う。そのようなわけで聖人は作爲的なことはしないそこで失敗しないし、固執しないそこで失うことはない。事に臨む原則は、始めるときと同じく、終わりぎわも愼重にすること、このようにすれば事柄に失敗することはないであろう。聖人は欲望を起こさないようにさせ、手に入れがたいものを尊重せず、教えないことを教えとし、大衆がしたことを繰り返す。そのようなわけで聖人は萬物がその本性に従うことをたすけることはできるが、作爲的なことはできない。）

○郭店本丙簡

爲之者敗之、執之者遊（失）之。聖人無爲、古（故）□□□。【11】訢（愼）終若訂（始）、則無敗事喜（矣）。人之敗也、亙（恆）於其戲（且）成也敗之。是以【12】人欲不欲、不貴戁（難）得之貨、學不學、復衆之所逃（過）。是以能補（輔）堣（萬）勿（物）【13】之自肰（然）、而弗敢爲■。【14】

〔六十四下〕

（譯文―作爲的なことをするものは失敗し、固執するものは失う。聖人は作爲的なことはしないそこで……始めるときと同じく、終わりぎわも愼重にすれば、失敗することはないであろう。人が失敗するのは、いつも完成しかかったときに失敗するのである。そのようなわけで〔聖〕人は欲望を起こさないようにし、手に入れがたいものを尊重せず、學ばないことを學び、大衆がしたことを繰り返す。そのようなわけで萬物がその本性に従うことをたすけることはできるが、作爲的なことはすすんでしない。）

○帛書

□□□□□□□□□□□□□也□无敗□无執也故无失也民之從事也恆於亓（其）成事而敗之故愼終若始則□□□□□□□□欲不欲而不貴難得之𦢈學不學而復衆人之所過能輔萬物之自□□弗敢爲。

（甲本）

爲之者敗之、執者失之是以耶（聖）人无爲□□□□□□□□□□□□民之從事也恆於亓（其）成

而敗之故日愼夂若始則无敗事矣是以耶（聖）人欲不欲而不貴難得之貨學不學復衆人之所過能輔萬物之自然而弗敢爲。（乙本）

爲之者敗之、執之者失之、是以耶（聖）人无爲也、【故】无敗【也】；无執也、故无失也。民之從事也、恆於其成而敗之。故〔故曰－乙〕：『愼夂（終）若始、則无敗事矣。』是以耶（聖）人欲不欲、而不貴難得之貨、學不學、復衆人之所過；能輔萬物之自然、而弗敢爲。

〔六十四下〕（甲乙本）

（譯文－作爲的なことをするものは失敗し、固執するものは失う。そのようなわけで聖人は作爲的なことはしないそこで失敗しないし、固執しないそこで失うことはない。人々が事をはじめるばあい、いつも完成し〔かかっ〕たときに失敗するのである、そこで始めるときと同じく、終りぎわも愼重にすれば、事柄に失敗することはないであろう〔と言われる〕。そのようなわけで聖人は欲望を起こさないようにさせ、手に入れがたいものを尊重せず、學ばないことを學び、大衆がしたことを繰り返す。萬物がその本性に從うことをたすけることはできるが、作爲的なことはすすんでしない。）

○王弼本

爲者敗之、執者失之、是以聖人無爲、故無敗；無執、故無失。民之從事、常於幾成而敗之。愼終如始、則無敗事。是以聖人欲不欲、不貴難得之貨。學不學、復衆人之所過。以輔萬物之自然、而不敢爲。

なお李零氏は、「執之者遠之」の「遠」は「失」の誤寫であるとする。(8)

上揭の資料からも明らかであるが、いま問題の箇所を提示して改めて郭店本の甲簡と丙簡との差異を明示しよう。

是以聖人亡爲古（故）亡敗、亡執古（故）亡遊（失）。臨事之紀、誓（愼）各（終）女（如）忖（始）、此亡敗事矣。聖人谷（欲）【11】不谷（欲）（甲簡）

聖人無爲、古（故）□□□。【11】新（愼）終若訂（始）、則無敗事喜（矣）。人之敗也、亙（恆）於其叡（且）成也敗之。是以【12】人欲不欲（丙簡）

すなわち甲簡にある「臨事之紀」の句が、丙簡にはなく、また丙簡にある「人之敗也、亙（恆）於其叡（且）成也敗之」の句が甲簡にはない。そして帛書をみると、句の順序や語句の多少の差異はあるものの、この丙簡に類似する「民之從事也、恆於其成而敗之。故〔故曰―乙〕：『愼各（終）若始』」という語句があることは、注目すべきことである。趙建偉は、「人之敗也、亙（恆）於其叡（且）成也敗之」は、本文「此亡敗事矣」の意味を押し廣めた注文だという。氏は、帛書には注文が含まれているという立場をとる（同氏前揭論文）。確かに帛書甲本の五行篇には注文が混入している事實からしてあながちありえないことではないが、明確な結論をだすまでには、新資料の出現を待つほかないのではないか。池田氏は、この箇所の甲簡・丙簡・帛書の關係を變化の一連の流れとみていて、一つの見方ではあるが根據は示されていない。また趙氏は、丙簡は甲簡の「是以聖人亡爲」の「是以」を誤って下の「是以〔聖〕人欲不欲」の箇所にもってきたという。

更に次の語句を比較してみると、

𡥈（教）不𡥈（教）、復衆之所＝㑌（過）。是古（故）聖人能專（輔）萬勿（物）之自肰（然）、而弗【12】能爲。（甲簡）

學不學、復衆之所逃（過）。是以能補（輔）壖（萬）勿（物）【13】之自肰（然）、而弗敢爲■。【14】（丙簡）

學不學、復衆人之所過；能輔萬物之自然、而弗敢爲。（帛書乙）

學不學、復衆人之所過。以輔萬物之自然、而不敢爲。（王弼本）

とあって、それぞれ差異はあるものの「教」と「學」、「敢」と「能」の違い、「是故」や「是以」の有無はとにかく、「聖人」の有無などに注目すると、ここの語句の場合、丙簡は帛書や王弼本により一層類似していることが窺われる。ただ趙氏は次のようにいう。「教」について『老子』に「行不言之教」〔二〕とある。帛書その他が「學」としているのは「音假」である。また帛書は丙簡の「人之敗也」を「民之從事也」と換えた。「從」は「爲」の、「臨」は「治」の意味、「爲」はほぼ「治」と同じで、從と臨は意味が近く、そこで帛書の「人之從事」は甲簡・丙簡の「臨事」及び「人之敗也」を糅合して說いたようだ。丙簡「亙（恆）於其戲（且）成也敗之」の「且」は「幾」に他ならない。帛書では「其」字の下「幾」字が脱落している。さらに「萬勿（物）之自肰（然）」の句については、『韓非子』喩老の「恃萬勿（物）之自肰（然）」の句があることを指摘する。以上が趙氏の說（同氏前揭論文）。

先の「誓（愼）夂（終）女（如）忖（始）」の語句の箇所の検討で、郭店本丙簡と帛書との類似が明らかになった。そのことを考え合わせてみると、この事實が何を意味するかは俄かに結論をだすことはできないが、既に指摘のあるように甲簡と丙簡は異なったテキストらしいこと、丙簡は帛書や王弼本に類似した文章であることは明らかである。

また甲簡に「仁義」批判がみられないが、後に示すように、章は異なるが丙簡には「仁義」批判と共通する思想が認められることも兩者の關係を示す手がかりといえよう。

二　丙簡檢討

いまこうした比較檢討の結果をふまえて、丙簡と帛書や王弼本とを比較してみると、次の如くである。丙簡は、これまでに檢討してきた第六十四章のほかに、第十七、第十八、第三十五、第三十一の各章がある。それらを帛書と比較してみると、次に示す資料から明らかなように、少しの差異を除けばほとんどほぼ同文であることが明らかである。以下丙簡の引用については、郭店本その他のテキスト名の上には○印を附した。また郭店本の文中の【】括弧内の數字は、それ以前の釋文の竹簡番號を示す。また帛書については、甲本と乙本とを照合し相互に缺文を補って、甲乙合訂本を示した。また帛書の兩者が缺文のばあいは【】括弧で缺文を補った。なお王弼本のみに小川環樹の簡潔な譯文を附した。

第十七章

○郭店本

大上下智（知）又（有）之、其娣（次）新（親）譽之、其既〈娣（次）〉愄（畏）之、其娣（次）柔（侮）之。信不足、安【1】又（有）不信。猷（猶）虐（乎）其貴言也。成事遂（遂）紅（功）、而百告（姓）曰我自肰（然）也。〔十七〕

○帛書

大上下知有之、其次親譽之、其次畏之、其下母（侮）之。信不足、案有不信。猷（猶）呵其貴言也。成功遂事、而百省（姓）胃（謂）我自然。〔十七〕（甲乙本）

○王弼本

太上、下知有之、其次、親而譽之、其次、畏之、其次、侮之。信不足、焉有不信焉。悠兮其貴言。功成事遂、百姓皆謂我自然。

（最上の人（君主）について、その臣下たちは、そういう人があると知るだけである。その次の（君主）ならば、かれらは親近感をもってほめたたえる。その次の（君主）には、かれらは畏れてよりつかない。その次（最下等の君主）になると、軽蔑するだけだ。（人びとに）信頼されないのは、（君主が）約束を守らないからである。いかにも氣がすすまぬふうにして、（君主は）自分のことばの價値を高めるならば、かれのなすべき事業は完成し、仕事はなしとげられ、臣下たちはだれしも「それはひとりでにそうなったのだ」というであろう。）

この章は、「成事逑（遂）紅（功）、而百眚（姓）曰我自肰（然）也」とあり、前句の語順の類似と後句に〈皆〉字がない點で、帛書と類似し、王弼本はこれらとは異なる祖本に基づくものと思われる。王弼本の「功成事遂」は語順は異なるが、意味はまったく同じである。

趙氏は、「太上下知」の「下知」は、呉澄諸本ではすべて「不知」に作っており、帛書は簡本と同じであるが、考えてみるに「下」は「不」の書き誤りではなかろうか、という。また帛書の《稱篇》に同じような表現の文章があることを指摘する（同氏前掲論文）。すなわち次のごとくである。

・善爲國者、大（太）上无刑、其【次】□□【其】下鬭果訟果、大（太）下不鬭不訟有（又）不果。□大（太）上爭於□、其次爭於明、其下救（救）患禍

（譯文―上手な國の治め方は、刑罰を用いないのが最上で、次は法律を整え、その次は、鬭爭や訴訟で解決し、最も悪いのは鬭爭も訴訟もせず解決もしないことである。さて最も善いのは教化に重點を置くこと、次は法を正すこと（明）に重點を置くこと、最も悪いのは憂患や災禍を止めることである。）

この《稱篇》によれば、『老子』では明言されていない、何の「太上」か「其次」かなどが明確になる。

第十八章

○郭店本

古（故）大【2】道發（廢）、安有㤅（仁）義。六新（親）不和、安有孝孥（慈）。邦豪（家）緍（昏）□安又（有）正臣■。【3】 〔十八〕

○帛書

故大道廢、案有仁義。知（智）快（慧）出、案有大僞。六親不和、案有畜（孝）茲（慈）。邦家閟（昏）亂、案有貞臣。 〔十八〕（甲乙本）

故大道廢、安有仁義。知（智）慧出、安有【大僞】。六親不和、安又（有）孝茲（慈）。國家閟（昏）亂、安有貞臣。 〔十八〕（乙本）

○王弼本

大道廢、有仁義。智慧出、有大僞。六親不和、有孝慈。國家昏亂、有忠臣。

（大いなる「道」が衰えたとき、大いなる仁愛と道義の説がおこった。（人の）さかしらと知識がたちあらわれたとき、大いなる僞りがはじまった。六つの近親が不和となったときに、孝行なむすこが話題となり、祖國が亂れ暗黒となってから、忠義な臣下ということが聞かれるようになった。）

この章は、最初に「故」とあるので、本來は前章に接續するものと思われることは、すでに指摘されているところである。[9] 實際、小川氏の現代語譯によってみても明らかなように内容的にも王弼本の第十七、第十八章は意味が接續するので、郭店本や帛書のように元來は一章であったと考えられる。

ところが、「仁義」「孝慈」「忠臣」（郭店本、などでは「正臣」「貞臣」）などといった具體的な道德的名詞があらわれた文章であったためか、王弼本は「故」字を除いて敢えて十八章を獨立させたと考えられる。すなわち「自然」に對するものは「人爲」であり、いま假に王弼本に從えば具體的には「仁義」「孝慈」「忠臣」という人が作り出した價値基準ということになる。「自然」が失われた結果、人爲的な道德が生ずるということを具體的に示したのが、「故」以下の文章であると考えられ、ここでの分章は明らかな漢初から魏晉にいたるまでの獨斷的な改變と推定される。中國ではこれまで、現行本を尊重してかこの兩章の關係についてあまり言及していない。しかし最近では現に李零は、丙組の分章ではこの兩章をまとめて一章として扱っている（同氏前揭論文）が、郭店本の形式から分章は困難とみたためであろうか。また魏啓鵬も同じく一章として扱っている[10]。

ところで、下に擧げるように郭店本甲簡では、帛書本及び王弼本での「絕仁棄義」（十九）が「㡭（絕）憍（僞）弃慮」（趙建偉は前揭論文で「絕僞棄玹」と釋文し、「玹」は「詐」の意味だという。また「絕仁棄義」は、後人の改作に違いないという。）となっていて、「仁義」批判がみられないことが問題となっている。そこで元來の『老子』には「仁義」批判はなく、荀子の思想を意識した儒家批判が原本『老子』ではないかとも推測されている。しかし丙簡には「古（故）大道發（廢）、安有悬（仁）義」（十八）と「仁義」批判とみられる句が、帛書及び王弼本（ただし王弼本には文頭に「故」字がない）と同樣に認められる。甲簡ではこの第十八章がないので何とも言えないが、ここの句はどのようであったのか。先の第六十四章での重複文の差異からも明らかなように、甲簡と丙簡とは異なるテキストか、異なるテキストからの抄寫と推測されるので、もしも丙簡でも「安有息（仁）義」となっていないとすれば、所謂『老子』での「仁義」批判は後出のものとされよう。

次に示すように、甲簡第十九章では「仁義」が別の「𢡺（僞）慮」になっていることは確かで、その事實をどう解釋するかは大きな問題である。

○郭店本

（絕）智（知）弃卞（辯）、民利百伓（倍）。■ 㡭（絕）攷（巧）弃利、覜（盜）惻（賊）亡又（有）。■ 㡭（絕）𢡺（僞）弃慮、民复（復）季〈孝〉子〈慈〉■。三言以【1】爲叓（辨）不足、或命（令）之或虖（乎）豆（屬）。■ 𨆌索（素）保僕（樸）、少厶（私）須〈寡〉欲。■

【甲簡】〔十九〕

○帛書

絕耶（聖）棄知（智）、而民利百倍。絕仁棄義、而民復孝茲（慈）。絕巧棄利、盜賤无有。此三言也、以爲文不足、故令之有所屬。見素抱樸、少私寡欲。絕學无憂。

（甲乙本）〔十九〕

このことは、すでに多くの研究者が指摘しているように、甲簡と丙簡との差異はおおきく、丙簡が帛書及び王弼本に近似したテキストであることから、「仁義」批判がみられるのであろうか。ただ甲簡には「仁義」批判がみられないこと、及び「絕耶（聖）棄知（智）」が「㡭（絕）智（知）弃卞

（辯）」となっていて、「聖」の否定がみられないことと「卞（辯）」の否定がみられることは注目に値する。「聖」の否定がみられないことは、『莊子』のように「至人」「眞人」「神人」などの理想人がみえないで、所謂『老子』全體にわたって「聖人」が理想人とされていることを考慮すると、「絕聖」がないのは當然のことと考えられる。しかも「聖」の否定がないことで所謂『老子』の文章の一貫性が得られることとなることは確かである。また「辯」の否定についても、郭店本にはないが王弼本には「善者不辯、辯者不善（善人は議論をしない。議論に巧みな人は善人ではない—小川環樹譯）」（八十一）とあって、所謂『老子』の主張と矛盾しない。

また、三種本それぞれ「正臣」「貞臣」「忠臣」と異なっているが、「正」と「貞」はともに耕韻平聲であるが、「忠」は冬韻平聲である。王弼本は如何なる祖本に基づいたものか。傅奕本は帛書と同じく「貞臣」となっている。なお「貞臣」「正臣」とあるが、本來は「正」であったといい、「貞」と「正」は郭店本では常に互用されていると李零は指摘する。王弼本の「忠臣」は何らかの時代背景によるものではないかと推測される。

第三十五章

○郭店本

執大象、天下往。往而不害、安坪（平）大。樂與餌、怭（化）客止。古（故）道□□□、【4】淡可（呵）其無味也。視之不足見、聖（聽）之不足䎽（聞）、而不可旣也。■【5】

〔三十五〕

○帛書

執大象、天下往。往而不害、安平大。樂與餌、過格（客）止。故道之出言也、曰：『談（淡）呵其无味也。視之、不足見也。聽之、不足聞也。用之不可既也』。（甲乙本）

○王弼本

執大象、天下往。往而不害、安平太。樂與餌、過客止。道之出口、淡乎其無味、視之不足見、聽之不足聞、用之不可既。

（大いなる象《かたち》をしっかり握るものには、天下（の人びと）がそこへ向かって集まるであろう。そこへ行っても何の害にもあわない。（すべてが）平和で靜かに、また安泰である。音樂（の響き）と（うまい）食物（のにおい）は、通りすがりの他國のものを立ちどまらせる。「道」が人のことばに出されるとき、いかにも淡白で味がない。それは、見つめてよく見るほどのものではないし、耳をすまして聞くほどのものでもない。だがそれは、用いてもいつまでも使い盡くせないほどである。）

この章は、郭店本と帛書本、王弼本で「悩（化）」と「過」が異なるだけであるが、「化」「過」ともに歌部去聲であるから、ほぼ同文といってよい。また郭店本は、缺字で比較のしようがないが、帛書と王弼本で「出言」と「出口」の違いがある。河上公本は王弼本とおなじであるが、傅奕本は「出言」である。

なお趙建偉は、「視之不足見、聽之不足聞」は、今本・帛書での「視之不見、聽之不聞」〔十四〕と重複するので、簡本では第十四章がないのだという（同氏前掲論文）。

第三十一章中下段

○郭店本

君子居則貴左、甬（用）兵則貴右。古（故）曰兵者□□□□□【6】得已而甬（用）之。銛纏爲上、弗妧（美）也。𢽾〈美〉之、是樂殺人。夫樂□□□【7】以得志於天下。古（故）吉事上左、喪事上右。是以卞（偏）𤖯（將）【8】軍居左、上𤖯（將）軍居右、言以喪豊（禮）居之也。古（故）殺□□、【9】則以㥙（哀）悲位（莅）之、戰勑（勝）則以喪豊（禮）居之。■【10】

〔三十一中下〕

○帛書

夫兵者、不祥之器也。物或惡之、故有欲者弗居。『君子居則貴左、用兵則貴右。故兵者非君子之器也。兵者不祥之器也、不得已而用之、銛襲（憹－乙）爲上、勿美也。若美之、是樂殺人也、夫樂殺人、不可以得志於天下矣。是以吉事上左、喪事上右；是以便（偏）將軍居左、上將軍居右、言以喪禮居之也。殺人衆、以悲依（哀）立（莅）之；戰勝、（而－乙）以喪禮處之。』

〔三十一〕（甲乙本）

○王弼本

夫佳兵者、不祥之器。物或惡之、故有道者不處。『君子居則貴左、用兵則貴右。兵者不祥之器、非君子之器。不得已而用之、恬淡爲上、勝而不美。而美之者、是樂殺人。夫樂殺人者、則不可以得志於天下矣。吉事尚左、凶事尚右。偏將軍居左、上將軍居右、言以喪禮居之。殺人之衆、以悲哀泣之。戰勝、以喪禮處之。』

（……。貴人たちはふだんの生活では左を上席とするが、戦いに出れば右を上席とする。武器は不吉な道具であって、貴人の（用いるべき）道具ではないのだ。どうしても用いなければならないときには、貪欲でないのが最もよい。勝利を得ても光榮ではない。それにもかかわらず光榮とするのは、人殺しを快樂とするような人は、天下において望みをはたすことはできないであろう。めでたい行事の場合には左を上席とし、不吉な行事の場合には右を上席とする。副將は左に位置し、大將は右に位置する。ということは、葬式の禮法に従うことである。殺した人の數がおびただしければ、深い悲しみをもってすすり泣く。戰いに勝ったものは葬式の禮法に従うべきなのである。）

〔三十一〕

この章は、郭店本では、帛書及び王弼本の冒頭にある「夫兵者、不祥之器也。物或惡之、故有欲者弗居」の四句がみえないだけで、ほぼ同文といえよう。共通する文章では、「若」や「也」の有無や、「是以」が「古（故）」になっている箇所があるだけで、意味的にはまったく同じである。ただこの四句がみえないのは、第六簡が不完全な竹簡であるために、第五簡にそのまま接續する竹簡であるのか明らかではない。この兩簡の閒に竹簡が缺落している部分があったのではないかとも推測される。したがって帛書及び王弼本との差異は、現存竹簡の不完全なためかもしれない。

ただ趙氏は、郭店本にはなく、所謂『老子』にある冒頭部分の四句「夫兵者、不祥之器也。物或惡之、故有欲者弗居」（帛書）については、後の增文に違いないとする。帛書にみえる「夫兵者、不祥之器也」は、後にみえる「非君子之器」の注文がここに重出したものだ。また「物或惡之、故有欲者弗居」については、馬敍倫の第二十四章の錯簡說にもとづいて、第二十四章の句の重出であるという。また郭店本第六簡の「古（故）曰兵者□□□□□【6】得巳而甬（用）之」缺字部分は「古（故）曰兵者〔非君子之器、不〕得巳而甬（用）之」ではないかといい、「兵者不祥之器也」は「非君子之器」の傍注ではないかという。さらに第三十九章の「不得巳」は郭店本本章の「不得巳」と解釋上同じ、そこで第三十九章は簡本にみえないのだという（同氏前揭論文）。

以上、最末の第六十四章下を除く丙簡諸章の考察はこれをもって終る。

後　語

これまでの検討によって、分章を王弼本のままでよいのかどうか、從來決めかねていた箇所が、郭店本の出現によってほぼ正確に正すことができたと思われる例もあった。しかし郭店本閒でのある句の有無の差異について、それは注釋の混入の有無によるのだと判定したり、帛書などのテキストにはあるが郭店本には無い句について、同じ句が重出することになるので郭店本には無いのだと判定したりする説などがみられた。それらの説は、ある程度理解できないことはないが、その根據が必ずしも確實だとはいいきれない點もあり、今後の新たな資料の出土や現存文獻との關係の考察の進展によって新事實が解明されるかもしれない。

これまでの粗雜な考察では、周知の郭店本原『老子』説と、別に原『老子』が存在し、そこからの異なる立場からの抄寫本が郭店本であるとする説と、どちらがより眞實に近いものかの判定は決めかねるのが現狀である。まだ今回の檢討したものよりはるかに多くの竹簡の檢討が殘されており、その檢討をまって一應の結論を得たいと考えている。現段階では一應のものとはいえ、結論をだすのは尙早だと思われる。

（二〇〇三、九、三稿、二〇〇五、四、七補訂）

注

（1）許抗生「初讀郭店竹簡《老子》」（『中國哲學』第二十輯、郭店楚簡研究、遼寧教育出版社、一九九九年）。

（2）王中江「郭店竹簡《老子》略說」（『中國哲學』第二十輯、郭店楚簡研究、遼寧教育出版社、一九九九年）。

（3）郭沂「楚簡《老子》與老子公案」（『中國哲學』第二十輯、郭店楚簡研究、遼寧教育出版社、一九九九年）。

（4）裘錫圭「郭店《老子》簡初探」（『道家文化研究』第十七輯、三聯書店、一九九九年）。

（5）王博「關於郭店楚墓竹簡《老子》的結構與性質——兼論其與通行本《老子》的關係」（『道家文化研究』第十七輯、一九九九年）。

（6）池田知久「尙處形成段階的《老子》最古本——郭店楚簡《老子》」（『道家文化研究』第十七輯、三聯書店、一九九九年）。
（7）趙建偉「郭店竹簡《老子》校釋」（『道家文化研究』第十七輯、三聯書店、一九九九年）。
（8）李零「郭店楚簡校讀記」（『道家文化研究』第十七輯、三聯書店、一九九九年）。
（9）池田知久前掲稿。拙稿「郭店『老子』から見た『老子』の分章」（『汲古』第四十二號所收、二〇〇二年）。
（10）魏啓鵬「楚簡《老子》柬釋」（『道家文化研究』第十七輯、三聯書店、一九九九年）。

郭店本『老子』攷（二）

前　言

本來であれば、郭店本[1]の順序は甲簡から始まっているのであるから、甲簡から檢討すべきであるが、量的に多いことに加えて『老子』との差異が多く困難な問題があるため、とりあえず甲簡と重複箇所のある丙簡から檢討を始めた。いまとりあえず量的に少ない乙簡から檢討を始めたいが、『韓非子』解老篇での引用と重複するので、解老篇での『老子』の扱いにも注目したい。帛書はもちろんのこと郭店本でも〈老子〉なる書名はまったくみえないことも、『老子』が何時ごろから〈老子〉と呼ばれ通用するようになったのかの問題は、今後の討究の課題として殘されている。ある程度、明快にわかるのは『淮南子』道應篇などでは『老子』と同文の引用には、おおむね「故老子曰」としていることからすれば、『淮南子』のある篇の成立時期には帛書の《德篇》《道篇》が〈老子〉と呼稱されていたと推定され、《德篇》《道篇》なる篇が『老子』とよばれるようになったということである。『淮南子』には道應篇ほど集中的ではないが、冒頭の原道篇にも「老聃之言曰」として『老子』（四十三章）の一部が引用されている事實を指摘しておき、郭店本の檢討にはいりたい。

一　乙簡検討

第五十九章

○郭店本

紿（治）人事天、莫若嗇。夫唯嗇、是以杲（早）、是以杲（早）備（服）是胃（謂）……【1】不克、不克則莫智（知）其亙〈亟（極）〉、莫智（知）其亙〈亟（極）〉可以又（有）或（國）。又（有）或（國）之母、可以長……、【2】長生售（舊＝久）視之道也。■　〔五十九〕

○帛書

治人事天、莫若嗇。夫唯嗇、是以蚤（早）服。蚤（早）服是胃（謂）重積【德】。重【積德則无不克、无不克則】莫知其【極】。莫知其【極】、可以有國。有國之母、可【以長久。是胃（謂）深槿（根）固氐（柢）、長生久視之道也。　〔五十九〕（甲乙本）

○王弼本

治人事天、莫若嗇。夫唯嗇、是謂早服。早服謂之重積德。重積德則無不克、無不克則莫知其極。莫知其極、可以有國。有國之母、可以長久。是謂深根固柢、長生久視之道也。　〔五十九〕

〔人民を治めるにも天に仕えるにも、〔君主にとって〕最もよいのは吝嗇することである。吝嗇であることによってこそ、〔君主は〕はじめから道理にしたがうことで、〔かれは〕「德」を積み重ねたとよばれる。「德」

を積み重ねれば、何ひとつ打ち勝てないものはない。打ち勝てないものがなければ、何人にもかれの〔力の〕極限は知られない。極限が知られないとき、〔かれは〕國家を保有することができるであろう。〔かれが〕國家の「母」を保有したとき、永續できるであろう。このことが、根を深くし幹を固くして、いつまでも生きながらえる道とよばれるものである。〕　（以下、王弼本の譯は小川環樹による。）

なお原文について、「是以𣅜（早）」の下には「備（服）」字を缺くという。[2] また趙建偉は、「復」が本字で「用心愛嗇而不外馳」の意味であり、「重積德」は第五十一章に従って「重德」とすべきだという。[3] 廖名春は『呂氏春秋』重己篇にもとづいて、「久視」を「久治」と解釋する。[4]

この章と同じ文の一部について、『韓非子』解老篇でも、次のような解説を試みている。

聰明睿智天也、動靜思慮人也。人也者、乘於天明以視、寄於天聰以聽、託於天智以思慮。……書之所謂治人者、適動靜之節、省思慮之費也。所謂事天者、不極聰明之力、不盡智識之任。苟極盡則費神多、費神多則盲聾悖狂之禍至、是以嗇之。嗇之者、愛其精神、嗇其智識也。故曰「治人事天莫如嗇。」衆人之用神也躁、躁則多費、多費之謂侈。聖人之用神也靜、靜則少費、少費之謂嗇。嗇之謂術也生於道理。夫能嗇也、是從於道而服於理者也。……聖人雖未見禍患之形、虛無服從於道理、以稱蚤服。故曰「夫謂嗇、是以蚤服。」知治人者其思慮靜、知事天者其孔竅虛。思慮靜、故德不去。孔竅虛、則和氣日入。故曰「重積德。」夫能令故德不去、新和氣日至者、蚤服者也。故曰「蚤服是謂重積德。」積德而後神靜、神靜而後和多、和多而後計得、計得而後能御萬物、能御萬物則戰易勝敵而論必蓋世、故曰「無不克」。無不克本於重積德、故曰「重積德則無不克」。戰易勝敵則兼有天下、論必蓋世則民人從。進兼天下而退從民人、其術遠、則衆人莫見其端末。莫見其端末、是以莫知其極、故曰「無不克則莫知其極。」凡有國而後亡之、有身而後殃之、不可謂能有其國能保其身。……不見事極者爲保其身、有其國、故曰「莫知其極。」莫知其極「則可以有國」。所謂「有國之母」、母者、道也。道也者、生於所以有國之術、……故曰「有國之母、可以長久」樹木有曼根、有直根。根者、書之所謂「柢」也。柢也者、木之所以建生也、曼根者、木之所以持生也。……故曰「深其根。」……故曰「固其柢」……故曰「深其根、固其柢、長生久視之道也。」

長文なのでいま概略をいえば以下のように解説をしている。

「治人」とは行動や思慮を適切に使い無駄使いをしないことであり、「事天」とは天與の聰明さや知識を使い盡くさないことを意味する。もしそうしなければ精神的浪費が多く、禍が生ずる。從って「嗇《おし》」むのだ。また次の説明によれば、「少費」が「嗇」だと明言し、「嗇」は「愛其精神、嗇其智識」であり、衆人と聖人とを對比して、前者の「用神」は「躁」で「多費」であるのに對して、後者の場合は「靜」であり「少費」で、それが「嗇」なのだという。それはとりもなおさず「從於道而服於理」だという。そこで速やかに「道理」に服從するのだという。「治人」のことをわきまえている者は「思慮靜」であり、「事天」のことをわきまえている者は「孔竅虛」であり、結果として「重積德則無不克」となり、天下を兼有し民衆を服從させることができるという。人に自らのなす究極の目的を知らせないのは身を守り國を保持するためである。所謂「國を保持する原則」は「道」である。木の喩えでいうならば、木の建立を支える直根と木の生育を保持する「柢」とがあって、そこで「直根を深くし、「柢」をしっかりさせれば、生命を延長させ永久に生存させる原則である。」というのである。

ところで別稿でもすでに触れたことではあるが、ここで改めて乙簡冒頭の『老子』（五十九章）とほぼ同じ文章を検討してみよう。周知のように解老篇では『老子』と同文を引用するにあたって、決して「故老子曰」とはいわず「故曰」といって、〈老子〉の名を出さない。しかも解老篇のこの章の解説では、引用される『老子』と同文について、ある箇所で「書之所謂」といっている（ほかに『老子』五十三章の一部が「書之所謂」と記されている）。この「書」は明らかに『老子』と當時いわれた文章なのであろうか、もしそうであるならば何故に『老子』と表現しないのか。

この解老篇での「書之所謂」というのは、書名の不確定な書籍を示すものと思われ、解老篇は『老子』の解説ではなく、『老子』とほぼ同文の典籍の解説といえよう。帛書甲本に篇名乃至は書名がないことは、甲本より後出とされる乙本に篇名或は章名が附せられ字數まで記されている事實からすれば、『韓非子』のばあい、篇名は後からつけられた可能性は十分ある。從って、解老・喩老の篇名は帛書の《德篇》《道篇》が『老子』とされてから附されたものと考えられる。それは書名は未確定だとしても、後世に殘るに足る内容の典籍であると、解老篇の作者が考えたからこそ解説をしたと考えられる。また因みに『韓非子』六反篇には「老聃有言曰」として『老子』（四十四章）と同文の一部が引用されているが、この篇の制作年代は不明である。(5)『淮南子』には「故曰」ではなく「故老子曰」として『老子』と同文が引用されていることからすれば、六反篇は『淮南子』の成立すなわち漢初のある時期と同じ頃の成立かと推定される。

全般に解老篇では、現存『老子』と同じ句を引用するが、「故老子曰」とは一度もいわない。かえってこの箇所では「書之所謂治人〈五十九章〉者」とか「書之所謂柢〈五十九章〉也」「書之所謂大道〈五十三章〉也者」といっているところからすれば、解老篇の解説する文章は、實は名稱未定のある典籍の文章であることを明示していることに他ならないことを意味する。

周知のように馬王堆帛書甲本では、ほぼ『老子』と同文であるが、〈老子〉という篇名乃至は書名はいっさい記されていない。ただ帛書乙本では、ほぼ『老子』と同文の文末に《德》《道》という篇名か書名らしきもの及び字數まで記されているが、〈老子〉という名稱はまったくみえない。《德》《道》と記されているのがほぼ篇名だと推定されるが、〈老子〉という名稱はいっさい使われていない事實は注目すべきであろう。

第四十八章

○郭店本

學者日益、爲道者日員（損）。員（損）之或員（損）、以至亡爲【3】也、亡爲而亡不爲。　〔四十八上〕

○帛書

爲學者日益、聞道者日損、損之又損、以至於无爲、无爲而无不爲矣。　〔四十八〕（甲乙本）

○王弼本

『爲學日益、爲道日損、損之又損、以至於無爲、無爲而無不爲。』取天下常以無事、及其有事、不足以取天下。〔四十八〕

（學問をするときには、日ごとに〔學んだことが〕増してゆく。「道」を行うときには、日ごとに〔すること を〕減らしてゆく。減らしたうえにまた減らしていって、最後に何もしないことにゆきつく。この何もしないことによってこそ、すべてのことがなされるのだ。』天下を勝ち取るものは、いつでも〔よけいな〕手出しをしないことによって取るのである。よけいな手出しをするようでは、天下を勝ち取る資格はない。）

まず原文について、『釋文』は、簡本「學者」の上「聞」字を脱しており、また帛書は、「爲」と「聞」を互倒しているという。趙氏は、今本の「爲學」は「聞學」とすべきだといい、また帛書を參考にしてであろうか、冒頭の「學者日益」は「學」の上に「聞」字が缺落しているのではないかという。しかも帛書の「爲」と「聞」とは互倒だという。さらに廖氏は、文頭の「學者」は「爲學者」だとする。

王弼本の「爲學」「爲道」は、郭店本は「學者」「爲道者」、帛書は「聞道者」「爲道者」となっている。王弼本は少なくとも帛書を繼承したものではなく、郭店本ではないにしても、「爲道」に關しては郭店本に類したテキストを繼承したものであることがわかる。なお傅奕本では「爲學者」「爲道者」となっていて、「者」字の附いている點で王弼本・河上公本以外のテキストに合致する。

ここで氣がつくことは、この章は王弼本によれば、郭店本の後に「取天下常以無事、……」と前文とは内容的に異質の文章が接續するが、それは郭店本にはないことである。意味上からいえば郭店本の句讀が理にかなっていると考えられ、現存『老子』は後文を切り離さずに一章としたと考えられ、郭店本の句讀が本來のものであったと考えられる。「無爲」と「無事」とは關聯があるようにも考えられるが、現代の時點でのわれわれの觀點からすればの話であるが、例えば「爲學」「聞道」と「取天下」という政治的傾向とでは内容的には接續しないと考えられる。なお趙氏は「無不爲」すなわち「無不治」の意味だとするがどうであろうか。

第二十章

○郭店本

𢇍（絕）學亡悳（憂）、唯與可（呵）、相去幾可（何）？完（美）與亞（惡）、相去可（何）若？

【4】人之所褁（畏）、亦不可以不褁（畏）。〔二十上〕

○帛書

絕學无憂。】唯與呵、其相去幾何？美與亞（惡）、其相去何若？人之所畏、亦不可以不畏。〔二十上〕（甲本）

絕學无憂。唯與呵、其相去幾何？美與亞（惡）、其相去何若？人之所畏、亦不可以不畏人。〔二十上〕（乙本）

○王弼本
絶學无憂。唯之與訶、相去幾何？善之與惡、相去若何？人之所畏、不可以不畏。』（二十上）
（學ぶということをすてよ、〔そうすれば〕思いわずらうことはなかろう。はい〈唯〉というのとああ〈阿〉というのとが、どれほどのちがいがあろう。善と惡のちがいだって、どれくらいのものであろうか。「他人の畏れ避けることは、私も避けなければならない」というが、）』
荒兮其未央哉！衆人熙熙、如享太牢、如春登臺。我獨泊兮其未兆、如嬰兒之未孩、兮若無所歸。衆人皆有餘、而我獨若遺。我愚人之心也哉！（二十下）

帛書、王弼本などでの章序（十九・二十章）であれば、「絶學無憂」は前章に續くのが當然かもしれない。また郭店本では、前文の「亡不爲」の右下に句讀號らしきものがあり、第一句は上文に屬すると思われる。しかし章序（四十八章上半・二十章）からみれば、前文の「爲學者」の缺陷を指摘していることを考えあわせると、意味上からして「絶學無憂」は前文（郭店本では第四十八章）に屬するとも考えられる。趙氏は、帛書・今本は「絶學無憂」を上章（十九章）に續けるが、韻が揃わず、祖本の原來の順序はどうであったか、わからないという。

帛書では「其相去幾何」と「其」字があるが、郭店本・王弼本にはない。また郭店本、帛書では「美與惡」となっているが、王弼本では「善之與惡」となっていて、「惡」が善惡の「惡」と美惡の「惡」と、意味の異なる對應となっている。これは王弼乃至はその基づくテキストが、獨自に改められていたものか。河上公本も王弼と同じく善悪の對照であるが、傅奕本は帛書などと同じく美悪の對照である。恐らく「美しい」と「醜い」の對照であろう。王弼本は「悪」字の誤解であろう。

また引用の帛書乙本文末の「人」字は、次の句に續けるべきかどうか問題となるところである。裘錫圭は「人が畏懼するところのもの（人君）は、またやはり彼を恐れる人（民衆?）を畏懼しなければならない」と解すべきで、今本より帛書乙本がよいとする。[6] 郭店本の寫眞版にみえる「人」字の上の横短線（正方形の中黒點とは異なる）は、閲讀者が誤り書き加えたものだとする。いま判定はむずかしいところで、他にも寫眞版でみると、句讀でない箇所にも同樣な横短線があるところがみえる。形式的にみれば郭店本の句讀を獲るべきかと思うが、裘氏の主張も棄てがたい。郭店本の『釋文』は「人」字を第十三章の文頭に置くが、解釋は裘氏の方が妥當だと考える。また廖氏も、「人之所畏、亦不可以不畏人」と、「人」字がこの章にあるのがよいとする。さらに复旦大學哲學系『老子注釋』（上海人民出版社、一九九七年）も帛書乙本を底本として譯していることを附言しておく。

第十三章

○郭店本

。人⿱龍心（寵）辱若纓（驚）、貴大患若身。可（何）胃（謂）⿱龍心（寵）【5】辱?・⿱龍心（寵）爲下也。得之若纓（驚）、遊（失）之若纓（驚）、是胃（謂）⿱龍心（寵）辱纓（驚）。□□□□□【6】若身?・⿸虍壬（吾）所以又（有）大患者、爲⿸虍壬（吾）又（有）身。汲（及）⿸虍壬（吾）亡身、或可（何）□□

□□□□【7】爲天下、若可以厇（託）天下矣。炁（愛）以身爲天下、若可（何）以迲天下矣。■【8】　〔十三〕

○帛書

龍（寵）辱若驚、貴大梡（患）若身。苛（何）胃（謂）龍（寵）辱若驚？龍（寵）之爲下、得之若驚、失之若驚、是胃（謂）龍（寵）辱若驚。何胃（謂）貴大梡（患）若身？吾所以有大梡（患）者、爲吾有身也。及吾无身、有何梡（患）？故貴爲身於爲天下、若可以迈〔橐－乙〕（託）天下【矣】；愛以身爲天下、女何〈可〉以寄天下矣。　〔十三〕（甲乙本）

○王弼本

寵辱若驚、貴大患若身。何謂寵辱若驚？寵、爲下得之若驚、失之若驚、是謂寵辱若驚。何謂貴大患若身？吾所以有大患者、爲吾有身。及吾無身、吾有何患！故貴以身爲天下、若可寄天下。愛以身爲天下、若可託天下。　〔十三〕

（寵愛と屈辱は〔人を〕狂ったようにさせるものだ。それは大きい患いを自分の身と同じようにたいせつにすることだ。寵愛と屈辱が狂ったようにさせるとは、どういう意味か。臣下であるものは、それを獲得したときには、ひどく興奮する。それを失ったときにも興奮する。これが寵愛と屈辱は狂ったようにさせるという意味である。大きな患いを自分の身と同じようにたいせつにするとは、どういう意味か。われわれが大きな害を受ける理由は、われわれが身體を有するからである。身體を有しなければ、われわれに何の害があろうか。……自分の身だけをたいせつにすることが、天下のためにすることより強ければ、そういう人にこそ天下をあずけることができるであろう。自分の身だけをいとおしむことが、天下のためにすることより強ければ、そういう人にこそ天下をひき受けさせることができるであろう。）

郭店本の文頭はいま釋文の句讀に從って表示しておく。王弼本は「貴以身……可寄天下。愛以身……可託天下」であるが、帛書は「貴……託天下。……愛……寄天下」という句序になっており、「貴」と「託」、「愛」と「寄」が對應している。郭店本も帛書・傅奕本と同じである。王弼は何らかの理由で改めたのであろうか。

第四十一章

○郭店本

上士昏（聞）道、堇（勤）能行於其中。中士昏（聞）道、若昏（聞）若亡。下士昏（聞）道、大芺（笑）之。弗大【9】芺（笑）、不足以爲道矣。是以建言又（有）之、明道女（如）孛（費）、遲（夷）道□□□【10】道若退。上悳（德）女（如）浴（谷）、大白女（如）辱、坣（廣）悳（德）女（如）不足、建悳（德）女（如）□□貞（眞）女（如）愉。【11】大方亡禺（隅）、大器曼成、大音祇聖（聲）、天象亡坓（形）、道……【12】

〔四十一〕

○帛書

上【士聞】道、堇（勤）能行之。中士聞道、若存若亡。下士聞道、大笑之。弗笑【不足】以爲道。

是以建言有之曰、明道如費、進道如退、夷道如類。上徳如浴（谷）、大白如辱、廣徳如不足。建徳如【偸】、質【貞如渝】、大方无禺（隅）、大器皃（晩）成、大音希聲、天〈大〉象无刑（形）、道褒无名。夫唯道、善始且善成。

〔四十一〕（乙本）

○王弼本

上士聞道、勤而行之。中士聞道、若存若亡。下士聞道、大笑之。不笑不足以爲道。故建言有之、明道若昧、進道若退、夷道若纇。上徳若谷、大白若辱、廣徳若不足。建徳若偸、質眞若渝、大方無隅、大器晩成、大音希聲、大象無形、道隱無名。夫唯道善貸且成。

〔四十一〕

（最もすぐれた士は「道」について聞いたとき、力を盡してこれを行う。中等の士は「道」について聞いても、たいして氣にもとめない。最も劣った士は「道」について聞いたとき、大聲で笑う。笑われないようなものは「道」としての價値がない。それゆえに『建言』に〔次のように〕ある「明らかな道ははっきり見えず、前へ進むべき道はあとへもどるように見え、平坦な道は起伏が多いように見える。最上の徳は〈深い〉谷のようであり、あまりにも白すぎるものは汚されたようで〈黑ずんでおり〉、廣大な徳は缺けたところがあるように見える。健やかでたくましい『徳』は怠けものに見え、質樸で純粋なものは色あせて見える。大いなる方形は四隅がなく、大いなる容器はできあがるのがおそく、大いなる音樂はかすかな響きしかないし、大いなる『象《かたち》』には〈これという〉形狀がない」。「道」はかくれたもので、名がないからである。「道」こそは何にもまして〈すべてのものに〉援助を與え、しかも〈それらが目的を〉成しとげるようにさせるものである。）

廖氏は、「於其中」の句は、下文の「亡」と韻が合わない。下の「中士」の「中」字の影響をうけて誤寫したのであろうという。

郭店本は、「明道」「夷道」「進道」の順序であるが、帛書ほかは「明道」「進道」「夷道」とあって、句序の違いがすでに指摘されている。(7) ところで、第四十一章第十二簡の末尾が缺落しているので、第十三簡の第五十二章に接續するのかどうか問題である。「道生一、一生二、二生三、三生萬物、……」(四十二章)、「天下之至柔、馳騁天下之至堅、……」(四十三章)などとある。これは第四十一章の末尾に「道」の働きについての記述があるので、王弼本の第四十二章・第四十三章とは、意味の上で繫がるかとも思われるが、それに續く「名與身孰親、……」(四十四章)との關係はなんともいえない。

郭店本の文末「大方亡禺(隅)、大器曼成、大音祗聖(聲)、天象亡茔(形)、道……」の句と接續するか否かは今後の考察を待ちたい。

第五十二章

○郭店本

閟(閉)其門、賽(塞)其逸(兑)、終身不孟。啓其逸(兑)、賽(塞)其事、終身不逨。■

〔五十二中〕

○帛書

・天下有始、以爲天下母。旣（既）得其母、以知其【子】、復守其母、沒身不殆。『・塞其悶（悶）、閉其門、終身不堇（勤）。啓其悶、濟其事、終身【不棘。』見】小曰【明】、守柔曰强。用其光、復歸其明。毋道〈遺〉身央（殃）、是胃（謂）襲常。

〔五十二〕（甲本）

○王弼本

天下有始、以爲天下母。既得其母、以知其子、既知其子、復守其母、沒身不殆。『塞其兌、閉其門、終身不勤。開其兌、濟其事、終身不救。』

〔五十二中〕

（この世界にははじめがある。〔そしてこのはじめが〕世界の〔すべての〕母だといえる。母を知ったものは、さらにそこからその子どもを知る。子どもを知ったものは、その母をさらにしっかり保持する。〔そうすれば〕死ぬときまで危害を受けることはない。『穴〈耳や目などの感覚器官〉をふさぎ、門〈理知のはたらき〉を閉じるならば、一生の終わりまでくたびれることはない。穴をひらき、わずらわしさを増すならば、一生の終わりまで救いはないであろう。）』

見小曰明、守柔曰强。用其光、復歸其明。無遺身殃、是謂襲常。

〔五十二〕

趙氏は、「[illegible]」は思うに「矜」の異形であり、「勤」の意味に讀む。「逨」は思うに「來」の或體で、返り歸るの意味だという。また、この章は「その欲道を啓いて、その勞擾をみたせば、迷って正しい道を失い、生涯正しい道に歸れなくなる」ことを説いたのだという。

この章は、郭店本が「閟（閉）其門、賽（塞）其[illegible]（兌）」であるのに對して、帛書その他が「塞其閟（閟）、閉其門」となっていて句順が異なるが、意味の上からいえば問題はない。ところで第十三簡の冒頭は、王弼本第五十二章の中開章であるが、帛書甲本の分章符號によれば、その前の「天下有始」に始まる章は「沒身不殆」で終結し、句の順序は異なるが郭店本冒頭の「閟（閉）其門、賽（塞）其⿺辶兌（兌）」には、別章である符號が文頭につけられていて、帛書甲本の分章が正しいことが郭店本によって裏づけられることになる、なお殘念なことに、帛書甲本は「見小曰明」の「見」字の部分が缺落しているので、「見」字の前の分章符號の有無が確認できず、郭店本のように「終身不救」で分章するのが正しいのか確認できない。

第四十五章上

○郭店本

大成若【13】夬（缺）、其甬（用）不幣（敝）。大浧（盈）若中（盅）、其甬（用）不穿（窮）。大攷（巧）若佁（拙）、大成若詘、大植（直）【14】若屈。■ 〔四十五上〕

○帛書

大成如缺、其用不幣（敝）。大盈如湓（沖）、其用不⿱穴郡（窘）。大直如詘（屈）、大巧如拙、大贏如炳（絀―乙本）。』 〔四十五〕（甲乙本）

○王弼本

大成若缺、其用不弊。大盈若沖、其用不窮。大直若屈、大巧若拙、大辯若訥。』 〔四十五〕

この章の意味は分かりやすいので、いま現代語譯は省略する。この章は、郭店本の句順が「大攷（巧）若仳（拙）、大成若詘、大植（直）【14】若屈」であるのに對して、帛書その他は「大直如詘（屈）、大巧如拙、大贏如炳（絀－乙本）」となっているが、意味上は問題はないといえる。武内義雄は『韓詩外傳』によってこの章前半の末句のあとに「其用不屈」とあるのが古い形であろうというが、(8)それは誤り。

また郭店本は王弼本では一章にしているのを、兩章に分章しているのは正しいといえよう。意味上からして接續しないことは明瞭だからである。ここも郭店本によって是正されると考えられる。とにかく『老子』の代表である王弼本の分章には問題があることは明瞭であろう。末段の「躁」と「靜」との對應や末尾の「可以爲天下正」などの語をみれば前段とは異質であることは明らかで、兩章に區切る符號があることは當然だと考えられる。

第四十五章下

○郭店本

喿（燥）剩（勝）蒼（滄）、青（清）剩（勝）然（熱）、淸淸（靜）爲天下定（正）。〔四十五下〕

○帛書

趮（躁）勝寒、靚（靜）勝鄭（熱）。請（清）咥（靜）、可以爲天下正。〔四十五下〕（甲本）

○王弼本

大成若缺、其用不弊、大盈若沖、其用不窮、大直若屈、大巧若拙、大辨若訥、『躁勝寒、靜勝熱。清靜爲天下正。』〔四十五下〕

（……『動きまわれば寒さに勝てるが、靜かにしていれば熱さに勝てる。清らかに靜かであるものが、天下の長となるのだ。』）

この章は、郭店本と王弼本はほぼ一致するが、帛書は「可以」の字が多い。「正」と「定」はいずれも耕韻去聲で通假可能。王弼本は上章と接續して一章としているが、郭店本の句讀を考慮すると、意味内容からして分章したほうがよいと思われる。

第五十四章

○郭店本

善建者不拔、善休者【15】不兌（脫）、子孫以其祭祀不屯。攸（修）之身、其悳（德）乃貞（眞）。攸（修）之豙（家）、其悳（德）又（有）舍（餘）。攸（修）【16】之向（鄉）、其悳（德）乃長。攸（修）之邦、其悳（德）乃奉（豐）。攸（修）之天下□□□□□□□【17】豙（家）、以向（鄉）觀向（鄉）、以邦觀邦、以天下觀天下。虛（吾）可（何）以智（智）天□□□□□【18】

○帛書　〔五十四〕

善建者【不】拔、【善抱者不脱】、子孫以祭祀【不絕。修之身、其徳乃眞。修之家、其徳有】餘。修之鄉、其徳乃長。修之【邦、其徳乃豐。修之天下、其徳乃溥。以身観身、以家観家、以鄉観鄉、以邦観邦、以天下観天下。吾何【以】知天下之然茲（哉）？以此。〔五十四〕（甲乙本）

○王弼本

善建者不拔、善抱者不脱、子孫以祭祀不輟。修之於身、其徳乃眞。修之於家、其徳乃餘。修之於鄉、其徳乃長。修之於國、其徳乃豐。修之於天下、其徳乃普。故以身観身、以家観家、以鄉観鄉、以國觀國、以天下観天下。吾何以知天下之然哉？以此。〔五十四〕

（しっかりうちこまれているものは引き抜かれることはなく、固くかかえられているものはすべり落ちることはない。〔このようにすれば〕子孫代々〔祖先を〕祭ることは、とだえないであろう。〔そのやり方で〕ひとりの身において〔完全に〕修めれば、〔「道」の〕徳《めぐみ》〔その効果〕はまちがいなくあらわれ、……）

王弼本、傅奕本は「其徳乃餘」とするが、郭店本、帛書は「其徳有餘」とある方が妥當なように思われる。また王弼本は「修之於身」などと「於」字を置くが、郭店本・帛書などでは「於」字はない。また郭店本・帛書本甲では「國」が「邦」となっているのは、より古い時代の筆寫を示すものか。このことは次の解老篇についてもいえる。

この章は『韓非子』解老篇にも解説が、次のようにある。

人無愚智、莫不有趨舍。恬淡平安、莫不知禍福之所由來。得於好惡怵於〔五十四〕淫物、而後變亂。所以然者、引於外物、亂於玩好也。恬淡有趨舍之義、平安知禍福之計。而今也玩好變之、外物引之、引之而往故曰「拔。」至聖人不然、一建其趨舍、雖見所好之物不能引、不能引之謂「不拔」。一於其情、雖有可欲之類、神不爲動、神不爲動之謂「不脫」。爲人子孫者體此道、以守宗廟不滅之謂祭祀不絕。身……、家……鄉國天下……。今治身而外物不能亂其精神、故曰「脩之身、其德乃眞。」眞者、愼之固也。治家、……故曰「脩之家、其德有餘。」治鄉者行此節、……故曰「脩之鄉、其德乃長。」治邦者行此節、……故曰「脩之邦、其德乃豐。」莅天下者行此節、……、故曰「脩之天下、其德乃普。」……故曰「以身觀身、以家觀家、以鄉觀鄉、以邦觀邦、以天下觀天下、吾奚以知天下之然也以此。」

この解老篇では「國」が「邦」となっている。帛書甲本の「邦」と同じで、帛書乙本の「國」とは異なる。成立年代はどうか。もっとも傅奕本と帛書が一致し、王弼本と異なることがあるので一概に成立年代まで問題にはできないかもしれない。

ところで、この解老篇の解釋は、小川環樹譯と比較してきわめて具體的である。「不拔」や「不脫」は精神的にか道德的にか確立していれば、外からの誘惑によってぐらつかないことであり、このようにしっかりしていれば宗廟の祭りを絶やさないのだ。……さて自身を治めて外的なもので精神を亂すことができなくなる、そこで「自身を修めれば、その資産は固く護られる。」という。……と解説する。この解釋の正否はともかく、解老篇の説明は具體的で納得しやすいといえよう。さらに喩老篇にも孫叔敖について「故九世而祀不絶、故曰、善建者不拔、善抱者不脱、子孫以其祭祀不輟。孫叔敖之謂也」とある。武内氏は、「其」は「共」の誤りだと推測するが、郭店本をみればその推定は間違いであることがわかる。

以上、郭店本乙簡を考察してきたが、丙簡の場合と同様に語句的に際立った差異は認められない。ただ分章と章序については、丙簡の場合と同様に大きな差異が認められる。こうした分章や章序の差異をどのように解釋するかは、決定的な決め手がないので斷定のしようがない。甲簡を考察した上で何らかの判斷を下してみたい。

二　甲簡檢討（上）

第十九章

○郭店本

（絶）智（知）弃卞（辯）、民利百伓（倍）。■㡭（絶）攷（巧）弃利、覜（盜）惻（賊）亡又（有）。■㡭（絶）憍（僞）弃慮、民复（復）季〈孝〉子〈慈〉■。三言以【1】爲貞（辨）不足、或命（令）之或虖（乎）豆（屬）。■⿰足𠚕索（素）保僕（樸）、少ム（私）須〈寡〉欲。■　〔十九〕

○帛書

絕聲（聖）棄知（智）、而民利百負（倍）。絕仁棄義、而民復畜（孝）茲（慈）。絕巧棄利、盜賤无有。此三言也、以爲文未足、故令之有所屬。見素抱【樸、少私寡欲。】〔十九〕【甲】

絕耶（聖）棄知（智）、而民利百倍。絕仁棄義、而民復孝茲（慈）。絕巧棄利、盜賤无有。此三言也、以爲文不足、故令之有所屬。見素抱樸、少私寡欲。〔十九〕（乙本）

○王弼本

絕聖棄智、民利百倍。絕仁棄義、民復孝慈。絕巧棄利、盜賊無有。此三者、以爲文不足、故令有所屬。見素抱樸、少私寡欲。〔十九〕

（英知をなくしてしまい知識を投げすてよ。〔そうすれば〕人民の利益は百倍にもなるであろう。仁愛をなくし、道義をすてよ。〔そうすれば〕人民は孝行と慈愛にかえるであろう。技術をなくし、利益をすてよ。〔そうすれば〕盜人どもはいなくなるであろう。この三つのことがなされたとき、〔生活があまりにも單純で〕裝飾が足りないと〔人が〕思うならば、付屬品をもたせるがよい。素絹を外につけ樸を手にさせるのだ。〔そうすれば〕利己心は少なくなり、欲望はとぼしくなるであろう。）

帛書乙本の「絕耶（聖）棄知（智）、而民利百倍」の箇所が、郭店本では「㡭（絕）智（知）弃卞（辯）、民利百伓（倍）」となっており、「絕仁棄義」の箇所が「㡭（絕）㒣（僞）弃慮」となっている。「聖智」や「仁義」批判が消え「知辯」や「㒣（僞）弃慮」批判となっているところから、「聖智」や

「仁義」を否定していないので、從來「仁義」批判を俎上にあげて儒家の出現より後の時代の作だとされ、『史記』老子傳にみえる老子の孔子先輩說を否定する根據としてきたのは、修正すべきだとされる。何時ごろからこうした「聖智」や「仁義」批判に變化したのか、或は別系統の傳本なのかはなんともいえない。句の順序が多少異なるとはいえ、ほぼ同樣の主張の文章といえる。ただここに「仁義」批判がみえないとはいえ、郭店本丙簡に「古（故）大【2】道登（廢）、安有㤅（仁）義」（十八）とあって、「仁義」批判がみえることは見落としてはならない。趙氏は、「絕聖棄智」「絕仁棄義」は『莊子』內篇にみえないが、『莊子』胠篋にはあり、後學の附加かという。また廖氏は、「絕聖棄智」「絕仁棄義」は『莊子』胠篋にあり、これは莊子學派の改造だといい、「𢇍（絕）智（知）弁卞（辯）」は『荀子』に「夫人雖有性質美而心辯知必將求賢……」（性惡）とあって、「辯知」と連言されているのでそれと關聯があるとする。また『莊子』には「聖人」が風刺と否定の對象となっている（盜跖）ので、戰國時代の莊子一派による非儒色の強い表現となったものと推定している。

　郭店本甲と郭店本丙との關係については檢討する必要があろう。ただ幸いなことに兩テキストには、同じ箇所の殘簡（第六十四章下）があるので、それらを比較檢討することによって兩者のテキストの關係が多少は解明されるかと思い、先に試みたが結論を出すには至らなかった。この章では帛書及び王弼本と大きく異なり、特に「仁義」や「聖人」の批判が消失し、代わりに『荀子』批判らしいことがみえるのは、どのように理解してよいのか問題である。

「𢡺（僞）」や「慮（慮）」の批判は、『荀子』正名篇の主張と關係があるのではないかといわれている。また前稿でも少し觸れたことであるが、〈聖〉の批判の消失は、『老子』の理想人が「聖人」とあって、『莊子』のような「至人」「眞人」「神人」などが理想人とされていないことからすれば、當然なこととといえるかもしれない。

第六十六章

○郭店本

江海（海）所以爲百浴（谷）王、以其【2】能爲百浴（谷）下、是以能爲百浴（谷）王。聖人之才（在）民前也、以身後之、其才（在）民上也、以【3】言下之。其才（在）民上也、民弗厚也、其才（在）民前也、民弗害也。天下樂進而弗詀（厭）。【4】以其不靜（爭）也、古（故）天下莫能與之靜（爭）。〔六十六〕

○帛書

江海所以能爲百浴（谷）王者、以其善下之、是以能爲百浴（谷）王。是以聖人之欲上民也、必以其言下之；其欲先民也、必以其身後之。故居前而民弗害也、居上而民弗重〔厚－甲〕也。天下皆樂隼（推）而弗猒（厭）也、非以其无靜（爭）與？故天下莫能與靜（爭）。〔六十六〕（甲乙本）

○王弼本

江海所以能爲百谷王者、以其善下之、故能爲百谷王。是以欲上民、必以言下之；欲先民、必以身

後之。是以聖人處上而民不重、處前而民不害、是以天下樂推而不厭。以其不爭、故天下莫能與之爭。〔六十六〕

（大江〔揚子江〕や海が幾百の川や谷の王である理由は、〔この二つが〕すぐれて下《ひく》い地位にあるからだ。だから、幾百の川や谷の王であることが可能である。それゆえに人民の上にある〔統治者になろう〕と望むならば、そのことばを下くしなければならない。人民の先頭に立つ〔指導者になろう〕と望むならば、一身をかれらのあとにおかなければならない。それゆえに聖人は、人民の上にいながら人民はそれを重荷とせず、前に立ちながら人民は害があるとはしない。それゆえに天下〔の人びと〕は喜んでかれを支持して、いやがらない。かれは爭うことをしない。だから、天下〔の人びと〕はだれひとりかれと爭うことができないのである。）

郭店本は「以言下之」であるが、他本は「以其善下之」となっている點などが異なっているが、この章は、郭店本と帛書はほぼ一致する。ただ語句上では、前者が「聖人之才（在）民前」「才（在）民上」であるのに對して、後者は「欲上民」「欲先民」となっていて、前者では單に「在」であるのに、後者では「欲」である點と、前者と後者の句順が逆になっている點が異なる。また後者には「聖人」の前に「是以」があること、前者の「厚」が「重」となっている（この點は帛書甲本より帛書乙本の方が郭店本に類似しているといえよう）程度で、意味的には殆ど變らない。

第四十六章

〇郭店本

辠（罪）莫厚虐（乎）甚欲、咎莫僉（憯）虐（乎）谷（欲）得、【5】化（禍）莫大虐（乎）不智（知）足。智（知）足之爲足、此亙（恆）足矣。■ 〔四十六中下〕

〇帛書

・天下有道、【却】走馬以糞。天下无道、戎馬生於郊。『・罪莫大於可欲、𤡬（禍）莫大於不知足、咎莫憯於欲得。故【知足之足】、恆足矣。 〔四十六〕（甲乙本）

〇王弼本

天下有道、【却】走馬以糞。天下无道、戎馬生於郊。（罪莫大可欲、）禍莫大於不知足、咎莫大於欲得。故知足之足、常足矣。 〔四十六〕

（天下に「道」が行われるとき、足の速い馬は追いやられて畑を耕すのに使われる。天下に「道」が行われないとき、軍馬が都市の城壁のそばにまで増殖する。『欲望が多すぎることほど大きな罪悪はなく、満足することをしらないことほど大きな災いはなく、〔他人のもちものを〕ほしがるほど大きな不幸はない。ゆえに〔かろうじて〕足りたと思うことで満足できるものは、いつでもじゅうぶんなのである。）

「罪莫大可欲」の句は、王弼本にはなく郭店本・帛書・河上公本にはある。恐らく王弼本は書き落としたと推測される。武内氏は、「罪莫大可欲」が無いのが正しいというが、郭店本や帛書によればそれは誤りか。解老篇には「禍莫大可欲」「禍莫大於不知足」と、「禍」についての記述が重複していて、前者の「禍」は「罪」の誤りだと指摘されている。廖氏は、郭店本のこの文の前に、帛書や王弼本はともかく『韓非子』喩老篇にも「天下有道、却走馬以糞」「天下无道、戎馬生於郊」の句があるというのは誤り。喩老篇には「天下有道」「天下无道」などの句は地の文としてはみえるが、これらの句は引用文とはされていない。また氏は帛書甲本の中黒點による分章についてまったく言及しないのはいかなる理由によるのであろうか。また趙氏は、「可」は過分・過多の意味で、「可」は「多夥」の「夥」と解すべきだという。「可」「夥」はいずれも哥部の字だという。

すでに觸れたことだが、(9)この章は、帛書甲本では「・罪莫大於可欲」となって前文の「・天下有道」とは別章とされると考えられる。この點は郭店本と帛書甲本との句讀が一致し、帛書甲本の句讀の正しさが立證される。ただ郭店本の寫眞版では「辠（罪）」の前に句讀の印がないことが多少氣になる。第五簡の『老子』第六十六章である前文と續けて一章とすると、『老子』や帛書と餘りにも違いが大きくなるばかりでなく、意味的にも合致しない。いま少し檢討する必要があろうか。ただ「欲」「得」「足」が押韻している點は見逃してはなるまい。いまここで分章するとすれば、郭店本も帛書甲本・帛書乙本とほぼ同樣であり、分章を見極めるためにも郭店本は極めて有效である。ただ句の順序についていえば、郭店本が最も妥當だと考えられる。すなわち「知足」「不知足」についていえば、帛書甲本も帛書乙本も最後の句とのつながりでいえば不自然であり、郭店本が最も自然な文章だといえる。元來は郭店本のような原文であったのかと推定される。

前文の第六十六章の帛書では、「欲」字が多く使われていて（郭店本では「欲」字はみえない）、「欲」が問題だとすれば、句讀の印がないことを考慮して、續いた文章とすべきかとも考えられるが、それは考えすぎというべきか。

第三十章

○郭店本

以衍（道）差（佐）人宔（主）者、不谷（欲）以兵強【6】於天下。善者果而已、不以取強。果而弗𤼷（伐）、果而弗喬（驕）、果而弗矜（矜）、是胃（謂）果而不強。其【7】事好〔長〕。

〔三十上中〕

○帛書

以道佐人主、不以兵強於天下。其【事好還、師之】所居、荊朸（棘）生之。善者果而已矣、毋以取強焉。果而毋驕（驕）、果而勿矜、果而【勿】伐、果而毋得已居、是胃（謂）【果】而不〔不―乙本に無し〕強。』物壯而老、是〔是―乙本に無し〕胃（謂）之不道、不道蚤（早）已。

〔三十〕（甲乙本）

○王弼本

以道佐人主者、不以兵強天下。其事好還。師之所處、荊棘生焉。大軍之後、必有凶年。善有果而已、不敢以取強。果而勿矜、果而勿伐、果而勿驕、果而不得已、果而勿強。』物壯則老、是謂不

〔三十〕

道、不道早已。

（『「道」によって君主を助けようとする人は、武力を用いて天下をおびやかすことをしない。そのようなことは、はねかえってくるのがつねだからだ。軍隊のたむろしたところには、いばらやとげの木がはえる。大きな戰いのあとには、きっと凶作がくる。すぐれた人は目的をとげればそこでやめる。勝利をそれ以上に進めようとはしない。目的をとげても、したことを誇りとしてはならない。目的をとげても、これみよがしにしてはならない。目的をとげても、傲慢になってはならない。目的をとげても、それは避けることのできないことをしたまでであるとせよ。目的をとげても、粗暴であってはならない。』活氣に滿ちたものにも、その衰えのときがある。これは「道」に反することとよばれる。「道」に反することは、すぐに終わってしまう。）

この章は、郭店本と帛書と句序がかなり異なり、帛書にはあるが郭店本にはない「物壯而老、是胃（謂）之不道、不道蚤（早）已」（郭店本では、王弼本の第五十五章に當る第十八簡の章末にあり、句讀號が末尾にあるのでそこで分章されることになろう）句が認められる。郭店本の末尾は缺落があるとは思えない。句讀號があるところからみれば、ここでこの章は終結しているといえよう。郭店本の末尾の句は意味的には「そのようなことは宜しい」と解釋できる。帛書のような文章になったのは何故か、さらに檢討する必要がある。いま兩者を比較してみると郭店本の方は「强」の輕視で一貫した文章になっている。これに對して帛書甲本では「其【事好還、師之】所居、荊朸（棘）生之」の句が中閒にあって、「兵强」と關聯は認められないことはないが、不自然に思われる。殊に郭店本では、文末に「其事好」の句があり、寫眞版では「好」字の下に句讀號が附せられていて、そこで文章が切れることになっている。

郭店本のこの章の末尾には句讀號があり、それに續いて現行本第十五章がある。寫眞版からすれば、「其事好」で終わるのが當然である。しかし趙氏の説では、「强」と「長」は押韻し、「長」は「其事好」に屬すべきだといい、「師之所處、荊棘生焉。大軍之後、必有凶年」の四句は「不谷（欲）以兵强【6】於天下」の傍注が本文になったのだという。李零や趙氏の説では「長」「遠」「還」は通じて用いられるという。(10)「强」と「長」は押韻する。また許抗生は「還」字のあとの「師之所處、……」は後人が增纂したものという。(11)

また趙氏は次のようにいう。「果而不强」の上、帛書・今本はみな「果而不得已」句が多く、下文（第三十一章）の「不得已」にかかわって餘分だろう。帛書・今本は「是謂果而不强」の下に、さらに「物壯則老、是謂之不道、不道早已」の四句（三句?）が附加されている。郭店本甲簡の第五十五章の末尾に「物壯則老、是謂之不道」の兩句があるので、本章では重出しないのだ。姚鼐はまたいっている「『物壯則老十二字衍、以在下篇〔含德〕章〔心使氣曰强〕下、〔心使氣曰强〕誦者誤入此〔勿强〕句下』」、「姚說誠是、簡文卽爲力證。」と（姚說は未見）。趙氏説は正しいかもしれない。趙氏はもともと帛書は經文と解說が混入しているという立場である。ただ先にも言及したように帛書甲本の五行篇のように明確に經と說とが區別されているわけではない。確かに内容からいえば、「赤子」のことを説いている第五十五章の方が、帛書などにある末尾の句はふさわしいように思われる。帛書や王弼本との違いをどう理解すればよいか問題である。武内氏は、「物壮而老、是胃（謂）之不道、不道蚤（早）已」の句はすべて第五十五章から外してこの章のものとするのは誤りであろう。

郭店本では「以衍（道）差（佐）人宔（主）者、不谷（欲）以兵強【6】於天下。善者果而已、不以取强。果而弗癹（伐）、果而弗喬（驕）、果而弗稐（矜）、是胃（謂）果而不强。其【7】事好」（三十）であるのに、帛書では「天下」の下に「【其事好還、師之】所居、楚朸（棘）生之」の句が、さらに王弼本では「荊棘生焉」の下に「大軍之後、必有凶年」の句が附加されている。また帛書と王弼本では文末に「物壮而〔則―王本〕老、是胃（謂）之不道。」〔三十〕（王弼注―壮、武力暴興、喩以兵强於天下者也。飄風不終朝、驟雨不終日、故暴興必不道、早已也。（王弼注譯文―壮とは、武力がにわかに興ること、軍隊で天下を威壓することを喩えている。突然吹き起こる風は朝のうちに止むし、にわか雨は一日ももたない、それゆえにわかに興ったことは必ず不自然で、すぐに止む。））が附加されている。

いま參考までに示すと、これまでの「其事好還」以下の譯文は次のようである。

（その政治は根本の道に立ち返ろうとする。それというのも軍隊の駐屯地には、……―福永光司譯）

（兵、ここでは武力を指す。强は、逞强。其は、ここでは戰爭を指す。好還は、容易に結果を得ること。戰爭では容易にこのような結果〔逞强〕を得る。軍隊がやってきたところには、……）

（前出、复旦大學哲學系『老子注釋』）

とあるが、いずれも明快な譯文とは思えない。郭店本のままであれば、「目的をとげても、粗暴であってはならない。―小川環樹譯」というのに沿って解釋すれば「そうしたことは宜しい」という譯文になろうか。また「其事」とは趙氏によれば「不以取强」を指すのだという。

第十五章

○郭店本

長古之善爲士者、必非（微）溺玄達、深不可志（識）、是以爲之頌（容）、夜（豫）虐（乎）奴（若）冬涉川、猷（猶）虐（乎）其【8】奴（若）愄（畏）四⿱吅文（鄰）、敢（嚴）虐（乎）其奴（若）客、觀（渙）虐（乎）其奴（若）懌（釋）、屯虐（乎）其奴（若）樸、坉虐（乎）其奴（若）濁。竺（孰）能濁以朿（靜）【9】者、⿰爿酉（將）舍（徐）清。■竺（孰）能庀以迬者、⿰爿酉（將）舍（徐）生。保此衍（道）者不谷（欲）端（尚）呈（盈）。〔十五〕

○帛書

古之善爲道者、微眇（妙）玄達、深不可志（識）。夫唯不可志（識）、故强爲之容、曰：與呵其若冬涉水、猷（猶）呵其若畏四⿱吅文（鄰）、嚴呵其若客、渙呵其若淩（淩）澤（釋）、沌呵其若楃（樸）、湷呵其若濁、湛呵其若浴（谷）。濁而情（靜）之、余（徐）清。女〈安〉以重（動）之、余（徐）生。葆此道者不欲盈。』〔夫唯不欲盈―乙本無し〕、是以能獘（敝）而不成。〔十五〕（甲乙本）

○王弼本

古之善爲士者、微妙玄通、深不可識。夫唯不可識、故强爲之容、豫焉若冬涉川、猶兮若畏四鄰、儼兮其若容、渙兮若冰之將釋、敦兮其若樸、曠兮其若谷、混兮其若濁。孰能濁以靜之、徐清。孰能安以久動之、徐生。保此道者不欲盈。』夫唯不盈、故能蔽不新成。〔十五〕

（いにしえの士として最もすぐれた人びとは、鋭敏、精妙で神祕的な洞察力をそなえ、それは理解できないほどの深さであった。こういうことは理解されないがゆえに、〔かれらの世に現われる〕容を語るほかはない。〔かれらの〕愼重なことは冬に川を渡ろうとしているかのようであり、注意深いことは四方から危險が起こるのを畏れるかのようであり、威儀を正したさまはだれかを訪問するときのようであり、やわらかなことは氷がとけはじめるときのようであり、重厚なことはまだ削られていない樸のようであり、度量のひろさは山のくぼみのようであり、底の見えない暗さはかき濁された流れのようである。何人がその濁りを靜めてやがては澄みきることができるであろうか。何人がそこに生氣がみえ活動しだすまで待てるであろうか。この「道」を自分のものとして保持する人は、それがあふれるほどになるのを期待しはしない。』そしてあふれるほどになることがないからこそ、それはすべてをおおいつくし、新たに仕立てる必要のない〔衣服のような〕ものである。）

廖氏は、「夫唯不可識、……」の句は後からの注の混入ではないかという。

冒頭の「長古」の「長」字は、上の「其事好」に附けるべきだと、趙氏は次のようにいう。簡本甲第三十章の箇所で、簡本甲の「長古」の〈長〉字は上に續けて讀み、「其事好長」と作るべきだ。「其事」とは前の「不以取强」などを指す。下・强・長は協韻。ここの簡文はまた簡本・帛書・今本は章序の上で内在的に聯繫することを説明することができる。

冒頭の郭店本の「善爲士者」は帛書・傅奕本では「善爲道者」となっているが、王弼本では郭店本と同じく「善爲士者」となっている。恐らく「士」が正しいのであろう。

この章の末尾は郭店本では句讀號がなく、また「是以能襞（敝）而不成」の句もなく、帛書第六十四章下段が接續している。意味的には帛書にある末尾の「是以能襞（敝）而不成」の句はなくともよいし、内容的にある必要があるかどうか問題である。ただ、王弼本では「夫唯不盈、故能蔽不新成」となっており、福永光司譯文は「そも盈ちたるを願うことなし、かるがゆえ、古びし衣、敝しきれてまた新しく成らる（原文「不」は「而」の誤寫とする－楚の古代文字では、「不」と「而」が類似しているものもある。）」である。王弼本にみえる「夫唯……」の句法は、第二、第八、第四十一、第七十章などにもみえ、『老子』に特徴的なものだといわれてきたが、郭店本甲簡のこの章にはみえない。また郭店本乙簡には、第四十一章があるが、肝心な「夫唯……」の部分は缺落していて確認しようがない。しかし郭店本甲簡でも、第六章・第七章・第九章などには「夫唯……」の文がみえていることは指摘しておきたい。

趙氏は次のようにいう。「深不可識」は、思うに初めは此の句はなかった。簡本は舊體を殘している。「是以爲之頌」は、今本は多く「故强爲之容、曰」に作るが、簡本は舊體を殘している。「川」と「鄰」は合韻。今本の「其若容」の「容」字は「客」字の誤り。簡本は「懌（釋）」、帛書の「淩（凌）澤（釋）」は後人の誤入。簡本が正しい。此の句の下、帛書・今本は同じく「曠兮其若谷」一句が餘分だが、簡本が正しい。「其若谷」の一句は、思うに第四十一章に引きずられての餘分な句である。

第六十四章下

○郭店本

爲之者敗之、執之者遠【10】之。是以聖人亡爲古（故）亡敗、亡執古（故）亡遊（失）。臨事之紀、誓（愼）冬（終）女（如）忖（始）、此亡敗事矣。聖人谷（欲）【11】不谷（欲）、不貴難得之貨、𡥈（教）不𡥈（教）、復衆之所＝⿱化止（過）。是古（故）聖人能尃（輔）萬勿（物）之自肰（然）、而弗【12】能爲。 〔六十四下〕（甲簡）

爲之者敗之、執之者遊（失）之。聖人無爲、古（故）□□□。【11】訢（愼）終若詞（始）、則無敗事喜（矣）。人之敗也、亙（恆）於其戲（且）成也敗之。是以【12】人欲不欲、不貴戁（難）得之貨、學不學、復衆之所逃（過）。是以能補（輔）壤（萬）勿（物）【13】之自肰（然）、而弗敢爲■。【14】 〔六十四下〕（丙簡）

○帛書

爲之者敗之、執之者失之、是以聖人无爲也、【故】无敗【也】。无執也、故无失也。民之從事也、恆於其成事而敗之。故愼冬（終）若始、則【无敗事矣。是以聖人】欲不欲、而不貴難得之⿰月爲（⿰貝爲）、學不學、復衆人之所過。能輔萬物之自【然、而】弗敢爲。 〔六十四下〕（甲本）

爲之者敗之、執之者失之、是以耶（聖）人无爲【也、故无敗也。无執也、故无失也】。民之從事也、恆於其成而敗之。故曰『愼冬（終）若始、則无敗事矣。』是以耶（聖）人欲不欲、而不貴難得之貨、學不學、復衆人之所過。能輔萬物之自然、而弗敢爲。〔六十四下〕（乙本）

○王弼本

爲者敗之、執者失之、是以聖人無爲、故無敗。無執、故無失。民之從事、常於幾成而敗之。愼終如始、則無敗事。是以聖人欲不欲、不貴難得之貨。學不學、復衆人之所過。以輔萬物之自然、而不敢爲。〔六十四下〕

（何かしようとするものは害を與え、固執するものは失うであろう。それゆえに聖人は、何もしないから何ものをもそこなわず、何ものにも固執しないから何ひとつ失わない。人びとが仕事をする場合、いつでも完成に近づいたときにだめにしてしまう。「やりはじめと同じく、終りぎわを愼重にせよ」。そうすれば仕事がだめになることはない。それゆえに、聖人は欲望を起こさないように望み、手に入れにくい品物をとうといものとはしない。學ばないように學び、大衆の通りすぎてしまったあとへみなをもどらせる。こうして萬物がその本性に従うことを助けてやる。しかし、行動することをすすんではしないのである。）

この章は、すでに「郭店本『老子』攷（一）」で考察したところであるが、考察し殘したところもあるので、以下、少しく餘論を述べてみたい。

廖氏は、「𡥈」は「教」の省文で、「𡥈」と「學」とは同源で音形がともに近い、そこで丙簡から「𡥈」は「學」と釋され、以後いずれも誤って「學」としたのだという。しかし廖氏の甲簡から丙簡への流れは確證があるわけではない。廖氏は、甲簡が舊本に近く、丙簡は甲簡の簡潔な語句を改造增衍したもので、帛書はこれをうけてさらに調整し、王弼本などは帛書を承けたものという。また「臨事之紀」は「治事之要」だという。

第三十七章

○郭店本

衍（道）亙（恆）亡爲也、侯王能守之、而萬勿（物）牆（將）自𢡺（化）。𢡺（化）而雒（欲）复（作）、牆（將）貞（鎮）之以亡名之𢾕（樸）。夫【13】亦牆（將）智（知）足、智（知）以朿（靜）、萬勿（物）牆（將）自定。■

〔三十七〕

○帛書

道恆无名、侯王若守之、萬物將自㥨（化）。㥨（化）而欲作、吾將鎮之以无名之楃（樸）。鎮之以无名之楃（樸）、夫將不辱。不辱以情（靜）、天地將自正。

〔三十七〕（甲乙本）

○王弼本

道常無爲而無不爲、侯王若能守之、萬物將自化。化而欲作、吾將鎮之以無名之樸。無名之樸、夫將無欲。不欲以靜、天下將自定。

〔三十七〕

（「道」はつねに何事もしない。だが、それによってなされないことはない。もし諸侯や國王たちがそれを保持したならば、あらゆる物は自然に變形するであろう。變形した物たちが頭をもたげようとしたら、われわれは「名づけられない樸」の重みで抑制すべきである。「名づけられない樸」は、やはり欲望のない状態をもたらす。欲望を断って靜かならば、天下は自然に安らかになるであろう。）

この章は、郭店本・帛書・王弼本が、それぞれ異なっていて、なかなか面倒である。大きな差異は、第一句は、郭店本と王弼本はそれぞれ「道亙亡爲」や「道常無爲而無不爲」だが、帛書は「道恆无名」となっており、帛書と王弼本はそれぞれ「鎮之以无名之楃（樸）」「無名之樸」の句が郭店本より多い。

郭店本・帛書・王弼本は、

夫【13】亦𤖯（將）智（知）足、智（知）以朿（靜）、萬勿（物）𤖯（將）自定　（郭店本）

夫將不辱。不辱以静、天地將自正　（帛書甲本乙本）

夫亦將無欲、不欲以靜、天下將自定　（王弼本）

となっていて、それぞれのテキストは「知足」「不辱」「無欲」や「復萬物……定」「天地……正」「天下……定」と異なっている。前者の「足」「辱」「欲」の字はいずれも屋部入聲の字である。最終句は、郭店本は前半の句と同様に「萬物」ですべて一貫しているが、帛書では「天地」に、王弼本では「天下」に變っている。王弼本の場合は、あるいは政治的色彩がこめられて變化したとも推測される。また前者の「知足」と「無欲」は意味がほぼ一致するが、帛書の「不辱」はどのように解釋したらよいのであろうか。前出の复旦大學『老子注釋』では「恥辱を感じない」としているが、一應、「名稱のない道すなわち樸によるものだから」と考えれば、意味が通らないことはないが、あまりすっきりはしない。

趙氏は次のようにいう。帛書は「道恆無名」（三十二章）にかかわって書き誤り。……もし〈名〉とすれば韻があわない。今本は「無爲而無不爲」（四十八章）にかかわって「而無不爲」四字は餘分。簡本は重複しないのが體例なので、四十八章に「亡爲而亡不爲」とあるから本章には無い。帛書の「不辱」は「知足」の注語である。第三十二章で「知止所以不殆」というのは、「不辱」すなわち「知足」の注語であることを證している。また帛書の「不辱」は今本の「不欲」の音訛である。

初めの方の（もし諸侯や國王たちがそれを保持したならば、あらゆる物は……―小川環樹譯）の箇所のみは三本とも一致している。しかし、王弼本の後四句の原文は、「無名之樸、夫將無欲。不欲以靜、天下將自定」であり、譯文は、

（『名づけられない樸』は、やはり欲望のない状態をもたらす。欲望を斷って靜かならば、天下は自然に安らかになるであろう―小川環樹譯）

（荒木のように名を持たぬ無爲の道であれば、さても萬物は無欲に歸するであろう。萬物が無欲に歸して心靜かであるならば、天下はおのずからにして治まるであろう。―福永光司譯）

であるが、最終句は郭店本では「あらゆる物は自然に安定するであろう」とでも譯されよう。武内氏は「吾將鎮之以無名之樸」と「無名之樸……」の閒に「樸雖小……而自均」（三十二章）の三十四字を第三十七章の錯簡だとして插入するが、誤りか。

第六十三章

○郭店本

爲亡爲、事亡事、未（味）亡未（味）。大少（小）之多惕（易）必多𡉚（難）。是以聖人【14】猷（猶）𡉚（難）之、古（故）終亡𡉚（難）。■　〔六十三〕

○帛書

爲无爲、事无事、味无未（味）。大小多少、報怨以德。圖難乎【其易也、爲大乎】其細也。天下之難作於易、天下之大作於細。是以聖人冬（終）不爲大、故能【成其大】。夫輕若（諾）必寡信、多易必多難、是以聖人猷（猶）難之、故終於无難。　〔六十三〕（甲乙本）

○王弼本

爲無爲、事無事、味無味。大小多少、報怨以德。圖難於其易、爲大於其細。天下難事必作於易、天下大必作於細。是以聖人終不爲大、故能成其大。夫輕諾必寡信、多易必多難、是以聖人猶難之、故終無難矣。　〔六十三〕

（行動しないようにせよ。干渉しないことを事とせよ。味のないものを味わえ。小さいものを大きいとし少ないものを多いとせよ。「怨みのあるものには德行をもって報いよ」。むずかしいことに對しては、それがまだたやすいうちに處理し、大きなことに對しては、それがまだ小さいうちに處理せよ。天下の困難な仕事は、たやすいことのなかにそのはじめがあり、大きな仕事は、小さなことのなかにはじめがある。それゆえに、聖人は決して〔みずから〕大となろうとはしない。だから、大となることを成しとげる。およそ、輕々しく約束するものは信義をまもることがまれであり、物事を何でも手輕に考えるものは必ず困難に出合うことが多い。それゆえに、聖人でさえ困難とすることはある。だから、どんな困難にも最後には打ち勝つのである。）

この章は、「大小」以下が郭店本とその他では大きく異なっていて、「報怨以德。圖難於其易、爲大於其細。天下難事必作於易、天下大必作於細。是以聖人終不爲大、故能成其大。夫輕諾必寡信、多易必多難」の句が郭店本以外にはあるが、郭店本にはなく、その他のテキストに比べて文章が極端に短い。しかも他のテキストの附加された部分を削除すると、ほぼ郭店本と同文になる。これはどう解釋したらよいか。「大小多少」の譯文は、

（小さいものを大きいとし、少ないものを多いとせよ－小川環樹譯）

（小には大を與え、少なきには多きを返し－福永光司譯）

とあるが、「報怨以德」と意味が一貫するであろうか。また「多易必多難」の譯文は、

（物事を何でも手輕に考えるものは必ず困難に出あうことが多い－小川環樹譯）

（易しく考えすぎると、きっとひどい目にあう－福永光司譯）

となるが、郭店本の「大小之多易必多難」の譯文は、

（さまざまなあまたの容易と考えられるものは、必ず困難に出あうことが多い。）

となろうか。あとは帛書や王弼本と同じであるから問題はなく、意味上からしても問題はない。結局のところこの章は、郭店本の文章で意圖することは傳えることができるのであり、他の諸本は冗長な文とみることができよう。

廖氏は、「大少（小）之、多惕（易）必多𪚓（難）」の二句は「大、少之；〔多、少之。報怨以德。圖難於其易、爲大於其細。天下難事必作於易、天下大必作於細。是以聖人終不爲大、故能成其大。夫輕諾必寡信〕、多易必多難」に作るべきだという。しかし推定である。

第二章

○郭店本

天下皆智（知）𢼸（美）之爲𢼸（美）也、亞（惡）已、皆智（知）善、此其不善已。又（有）亡之相生也、【15】𪚓（難）惕（易）之相成也、長耑（短）之相型（形）也、高下之相浧（盈）也、音聖（聲）之相和也、先後之相墮（隨）也。是【16】以聖人居亡爲之事、行不言之𡥈（教）。萬勿（物）復（作）而弗忖（始）也、爲而弗志（恃）也、成而弗居。天（夫）唯【17】弗居也、是以弗去也。■

〔二〕

○帛書

天下皆知美之爲美、惡已。皆知善、訾（斯）不善矣。有无之相生也、難易之相成也、長短之相刑（形）也、高下之相盈也、意〈音〉聲之相和也、先後之相隋（隨）、恆也。是以聲（聖）人居无爲之事、行【不言之教。萬物作而弗始】也、爲而弗志（恃）也、成功而弗居也。夫唯居、是以弗去。

〔二〕（甲乙本）

○王弼本

天下皆知美之爲美、斯惡已。皆知善之爲善、斯不善已。故有無相生、難易相成、長短相較、高下相傾、音聲相和、前後相隨。是以聖人處無爲之事、行不言之教。萬物作焉而不辭、生而不有、爲而不恃、成功而弗居。夫唯弗居、是以不去。

〔二〕

（天下すべての人がみな、美を美として認めること、そこから惡さ《みにく》〔の觀念〕が出てくる。〔同様に〕善を善として認めること、そこから不善〔の觀念〕が出てくるのだ。まことに「有と無はたがいに〔その對立者から〕生まれ、難しさと易しさはたがいに補いあい、長と短は明らかにしあい、高いものと下いものはたがいに限定しあい、音と聲はたがいに調和を保ち、前と後ろはたがいに順序をもつ」のである。それゆえに、聖人は行動しないことにたより、ことばのない教えをつづける。萬物はかれによってはたらかされても、〔その勞苦を〕いとわないし、彼は物を育てても、それに對する權利を要求せず、何か行動しても、それによりかからないし、仕事をしとげても、そのことについての敬意を受けようとはしない。自分のしたことに敬意を受けようとしないからこそ、かれは〔到達したところから〕追いはらわれないのである。）

この章は、三本ともほぼ同じで、違いは帛書は「恆」「功」字が多く、王弼本は「故」や「生而不有」の句（この句は王弼本第五十一章にもみえる。帛書甲本では「□□弗有也、爲而弗寺也」とあるが、「生」字の有無は不明。）や「功」字が多い程度である。

趙氏は次のようにいう。「皆智（知）」の下「善之爲」の三字が省略されている。「此其不善已」の「此」字は上につけて讀むべきで、「也」とすべきだ。また帛書のみ「先後之相隋（隨）、恆也」の

「恆也」あり。韻があわないので、この二字は無いのがよい。「無爲」を郭店本甲・乙簡は「亡爲」に作る。ただ丙簡のみ帛書・今本に同じ。丙簡は別系統である。「生而不有」の句は、簡本・帛書にはなく、今本にあり。第五十一章の錯簡であろう。理由は第五十一章の主語は「道」、ここは「聖人」であるため。

第三十二章上

○郭店本

道亙(恆)亡名、僕(樸)唯(雖)妻(微)、天陛(地)弗敢臣、侯王女(如)能一【18】獸(守)之、萬勿(物)牆(將)自賓(賓)。■

〔三十二上〕

○帛書

道恆无名、樸唯(雖)小而天下弗敢臣。侯王若能守之、萬物將自賓。』天地相合、以兪甘洛(露)。【民莫之】令、而自均焉。始制有名、名亦既有、夫亦將知止、知止所以不殆。卑(譬)【道之】在天下也、猷(猶)小浴(谷)之與江海也。

〔三十二〕(乙本)

○王弼本

道常無名、樸雖小、天下莫能臣也。侯王若能守之、萬物將自賓。』天地相合、以降甘露、民莫之令而自均。始制有名、名亦既有、夫亦將知止、知止可以不殆。譬道之在天下、猶川谷之於江海

〔三十二〕

（「道」は永久であって名がない。まだけずられていない樸は小さく見えても、天下にそれより大きなものはない。王や諸侯がそれを保持するならば、萬物はみずから敬意を表するためにやってくるであろう。）

この章では、先の郭店本第三十七章の「衍（道）亙（恆）亡爲也」とは異なり、「道亙（恆）亡名」とあり、テキストはすべて「無名」となっている。第三十七章では帛書以外はすべて「無爲」となっているのはなぜであろうか。「樸」に言及されているのも注意すべきことであろう。なお郭店本では、「小」が「微」になっているのは意味に變りはないとして、「天下」が「天地」になっているのは、帛書以下は政治的な解釋が入ったものであろうか。

第三十二章下

○郭店本

天陞（地）相合也、以逾甘零（露）。民莫之命（令）天〈而〉自均安。訂（始）折（制）又（有）名。名【19】亦既又（有）、夫亦牐（將）智（知）止、智（知）止所以不訂（始）。卑（譬）道才（在）天下也、猷（猶）少（小）浴（谷）之與江涺（海）。■【20】

〔三十二下〕

○帛書

天地相谷〈合〉、以俞甘洛（露）。民莫之【令、而自】均焉。始制有【名、名亦既】有、夫【亦將知止、知止】所以不【殆】。俾（譬）道之在天【下也、猶小】浴（谷）之與江海也。

天地相合、以兪甘洛（露）。【民莫之】令、而自均焉。始制有名、名亦既有、夫亦將知止、知止所以不殆。卑（譬）【道之】在天下也、猷（猶）小浴（谷）之與江海也。〔三十二下〕（甲本）〔三十二下〕（乙本）

○王弼本

天地相合、以降甘露。民莫之令、而自均。始制有名、名亦既有、夫亦將知止、知止所以不殆。譬道之在天下也、猶川谷之於江海。〔三十二下〕

（天と地は合體し、甘い露を降らせるであろう。だれも命令しなくても人民は和合するであろう。〔樸が〕ひとたび削られれば名ができる。名ができるようになったからには、もはやとどまるべきだと知るがよい。とどまるべきときを知ることにより、危險から免れることができる。「道」の天下におけるありかたをたとえていえば、川の流れや谷川が〔もっと大きな〕大江や大海にそそぐようなものである。）

この章は、帛書でも前の第三十二章上と接續しているが、郭店本では分章符號がついているので兩章に分ける。廖氏は次のようにいう。「逾」は「輸」で「墮」のこと、「兪」「愈」は、みな「濡」と讀み「潤」の意味。「智（知）止」の「止」字は河上公本などでは「之」に作る。古代文字では「止」と「之」はきわめて類似しており、どちらにも讀めるが、意味の上から「止」では中斷してしまう。胡適は簡本がでる前に「之」と解讀していたのはすばらしい。「之」は「道」のことという。また蔣錫昌の説に從い、「道才（在）天下也」は倒文だという。「道」と「天下」、「小谷」と「江海」との關係から。

三　甲簡檢討（下）

第二十五章

○郭店本

又（有）𤖯蟲〈蚰〉成、先天陞（地）生、敓繆（穆）、蜀（獨）立不亥（改）、可以爲天下母。未智（知）其名、𡥈（字）之曰道、虗（吾）【21】𢐗（强）爲之名曰大。大曰灊、灊曰逋〈遠〉、逋〈遠〉曰反（返）。天大、陞（地）大、道大、王亦大。國中又（有）四大安、王凥（居）一安。人【22】法陞（地）、陞（地）法天、天法道、道法自肰（然）。■

〔二十五〕

○帛書

有物昆成、先天地生。繡（寂）呵繆（寥）呵、獨立【而不改】、可以爲天地母。吾未知其名、字之曰道。吾强爲之名曰大。【大】曰筮（逝）、筮（逝）曰【遠、遠曰反。道大】、天大、地大、王亦大。國中有四大、而王居一焉。人法地、【地】法【天】、天法【道、道】法【自然。

〔二十五〕（甲本）

有物昆成、先天地生。寂兮寞兮、獨立而不𤤈（改）、可以爲天地母。吾未知其名也、字之曰道。吾强爲之名曰大。大曰筮（逝）、筮（逝）曰遠、遠曰反。道大、天大、地大、王亦大。國中有四

大、而王居一焉。人法地、地法天、天法道、道法自然。〔二十五〕（乙本）

〇王弼本

有物昆成、先天地生。寂兮寥兮、獨立不改、周行而不殆、可以爲天下母。吾未知其名也、字之曰道。吾強爲之名曰大。大曰逝、逝曰遠、遠曰反。道大、天大、地大、王亦大。國中有四大、而王居一焉。人法地、地法天、天法道、道法自然。〔二十五〕

（形はないが、完全な何ものかがあって、天と地より先に生まれた。それは音もなく、がらんどうでただひとりで立ち、不變であり、あらゆるところをめぐりあるき、疲れることがない。それは天下〔萬物〕の母だといってよい。その眞の名を、われわれは知らない。〔假に〕「道」という字をつける。眞の名をしいてつけるならば、「大」というべきであろう。「大」とは逝ってしまうことであり、「逝く」とは遠ざかることであり、「遠ざかる」とは「反ってくる」ことである。だから「道」が大であるように、天も大、地も大、そして王もまた大である。こうして世界に四つの大であるものがあるが、王はその一つの位置を占める。人は地を規範とし、地は天を規範とし、天は「道」を規範とし、「道」は「自然」を規範とする。）

この文章は、王弼本以外の郭店本にも帛書にも「周行而不殆」の句がないこと、すなわち道の遍在を示さないことを意味するのであろう。また『韓非子』解老篇をみると、

凡理者、方圓・短長・麤靡・堅脆之分也。故理定而後可得道也。故定理有存亡、有死生、有盛衰。夫物之一存一亡、乍死乍生、初盛而後衰者、不可謂常。唯夫與天地之剖判也具生、至天地之消散

也不死不衰者謂常。而常者、無攸易、無定理、無定理非在於常所、是以不可道也。聖人觀其玄虛、『用其周行、強字之曰道』、然而可論、故曰「道之可道、非常道也。」

とあって、「道」が偏在しているかのごとき表現がみられるのは、解老篇の作者のみたテキストは「道」の「周行」を前提にしたものであり、郭店本はおろか帛書ころあるいはそれより後のテキストではないかと推定される。『莊子』には「東郭子問於莊子曰、所謂道、惡乎在。莊子曰、无所不在」（知北遊）とあるところからいえば、「道」の遍在はある時期から共通の認識になっていたのではないか。その元は所謂『老子』のこの句にあると思われる。

しかし『老子』での「道」の遍在は帛書でも認められていないことは確認しておくべきことである。また郭店本では、「天・地・道・王」の順序であるのに、その他のテキストは「道・天・地・人」の順序である。この章でも、郭店本も〈自然〉を除けば「道」が最高の存在とされているのに、「天」「地」が「道」より上位とされているのは何故か問題である。

また帛書だけが「道」を「天地母」とし、何故に郭店本や王弼本は「天下母」としているのか。「天下」の方が「天地」よりも政治的色彩があるように思われるが、帛書が「天地母」となっているのに、郭店本が「天下母」となっているのは何故か。王弼本は帛書を繼承せず、郭店本と同じなのは、王弼が底本とした文章が郭店本と同文であったためであろうか。

第五章中

○郭店本

天陛（地）之勿（閒）、其猷（猶）囩（橐）籊〈籥〉與？・虛而不屈、違（動）而愈出。■【23】　〔五中〕

○帛書

天地不仁、以萬物爲芻狗。聲（聖）人不仁、以百省（姓）【爲芻】狗。『天地【之】閒、【其】猶橐籥輿（與）？・虛而不淈（屈）、動而兪（愈）出。』多聞數窮、不若守於中。　〔五〕（甲本）

天地不仁、以萬物爲芻狗。聖（聖）人不仁、【以】百姓爲芻狗。天地之閒、其擫（猶）橐籥輿（與）？・虛而不淈（屈）、動而兪（愈）出。』多聞數窮、不若守於中。　〔五〕【乙】

○王弼本

天地不仁、以萬物爲芻狗。聖人不仁、以百姓爲芻狗。『天地之閒、其猶橐籥乎？・虛而不屈、動而愈出。　〔五中〕

（〔だが〕天と地の中閒は、ちょうど橐籥《ふいご》のようだといえるだろう。その内部は虛であるが、〔力が〕盡きはてることはなく、動かせば動かすほど〔力が〕多く出てくる。）』

多言數窮、不如守中。　〔五下〕

「天地不仁、……」と「天地之閒、……」とは果たして意味的に通ずるものといえようか。考えてみると郭店本の句讀が正しいのではなかろうか。そうだとすれば、從來の分章は改める必要があるといえよう。趙氏は、「天地不仁、以萬物爲芻狗。聖人不仁、以百姓爲芻狗」は簡本にはこの四句なく、同一章内にあるのは意味的に不可だといい、帛書系統には增益するところがあり、簡本は盡く重複を剔去したという。

第十六章上

○郭店本

至虛、亙（恆）也。獸（守）中、箮（篤）也。萬勿（物）方（旁）𠈉（作）、居以須復也。天道員員、各復其堇（根）。■【24】　〔十六上〕

○帛書

至虛極也、守情（靜）表也。萬物旁（竝）作、吾以觀其復也。天物雲雲、各復歸於其【根、】曰靜】。情（靜）、是胃（謂）復命。復命、常也。知常、明也。不知常、帀（妄）、帀（妄）作凶。知常容、容乃公、公乃王、王乃天、天乃道、【道乃久】。沕（沒）身不怠。　〔十六〕（甲本）

○王弼本

致虛極、守靜篤、萬物竝作、吾以觀復。夫物芸芸、各復歸於根。　〔十六上〕

〔空虛に向かって進めるかぎり進み、靜寂を一心に守る。〔そうすれば〕あらゆる生物はどれもこれも盛んにのびる。わたくしは、それらがどこへかえってゆくのかをゆっくりながめる。あらゆる生物はいかに茂り榮えても、それらがはえた根もとにもどってしまうのだ。〕』

歸根曰靜、是謂復命。復命曰常、知常曰明、不知常、妄作、凶。知常容、容乃公、公乃王、王乃天、天乃道、道乃久。沒身不殆。〔十六〕

「天道」「天物」「夫物」と各本に違いがある。趙氏は「天道」が正しいのではないか、また郭店本の文字が少ないのは經のみで説を省略したのだという。楚文字では「忄」のある字もない字も同じ字として扱われており、「恆」の字に相當するとされる。しかし他本はいずれも「極」に作る。「芸芸」はいずれも同じく文韻平聲の字であり同文とされる。王弼は郭店本末尾に當る文を「各々その始まる所に歸る」と解釋する。「芸芸」は河上公注では、華葉の盛んなさまという。また衆多のさまだともいう。

また郭店本は「堇（根）」で區切られるが、帛書甲本ではその箇所が缺落していて、中黑點の有無が確認できないのは殘念である。

第六十四章上

○郭店本

其安也、易枽也。其未兆（兆）也、易悔（謀）也。其毳（脆）也、易畔（判）也。其幾也、易俴（散）也。爲之於其【25】亡又（有）也。絧（治）之於其未亂。合□□□□末、九成之臺甲□□□□□□□□□□【26】足下。〔六十四上〕

○帛書

・其安也、易持也。【其未兆也】、易謀【也、其脆也、易判也、其微也、易散也。爲之於其未有、治之於其未亂也。合抱之】木、生於毫末。九成之臺、作於羸（蔂）土。百仁（仞）（千－乙）之高、台（始）於足下。

〔六十四上〕（甲乙本）

○王弼本

其安易持、其未兆易謀、其脆易判、其微易散。爲之於未有、治之於未亂。合抱之木、生於毫末。九層之臺、起於累土。千里之行、始於足下。

〔六十四上〕

（じっとしているあいだはとらえやすい。まだ兆しが現われないうちは處置しやすい。もろいものは融けやすく、微小なものは消滅させやすい。まだ何でもないうちに處理し、混亂が大きくならないうちに秩序だてておくことだ。ひとかかえくらいの大木でも、毛すじほどの芽からはえるのだし、九重の高さの築山でも、ひと盛りの土から築きはじめられるし、千里の遠方への旅行も、足もとからふみだされるのだ。）

この後に丙簡と重複する以下の帛書の文が續く。

爲之者敗之、執之者失之、是以聖人无爲也、【故】无敗【也】；无執也、故无失也。民之從事也、恆於其成事而敗之。故（曰－乙本）愼冬（終）若始、則无敗事矣。是以聖人欲不欲、而不貴難得之䐠（貨－乙本）、學不學、而復衆人之所過；能輔萬物之自然、而弗敢爲。

〔六十四下〕（甲乙本）

この章は、帛書に缺文が多いが、郭店本によって王弼本に近い形であることが確認できる。ただし郭店本の後半の十數字の缺文は、逆に帛書によって復元されるのを除いてのことであるが。帛書甲本の「百仁（仞）（千—乙本）之高」は、王弼本・傅奕本・河上公本などいずれも「千里之行」に作る。「高」と「行」とは、高さと平面の距離の違いはあるが、意味はどちらでも通ずる。また李零も「千里之行」と復元し、整理者が「甲」を「乍」の誤りだとし、「作」と讀みなしている、という（『郭店楚簡校讀記』北京大學出版社、二〇〇二年）。

第五十六章

○郭店本

智（知）之者弗言、言之者弗智（知）。閔〈閉〉其⿺辶兌（兌）、賽（塞）其門、和其光、迵（同）其訢（塵）、⿰畜刂其⿱佘貝、解其紛、【27】是胃（謂）玄同。古（故）不可得天〈而〉新（親）、亦不可得而疋（疏）、不可得而利、亦不可得而害、【28】不可得而貴、亦可不可而戔（賤）。古（故）爲天下貴。■

〔五十六〕

○帛書

知者】弗言、言者弗知。塞其悶、閉其【門、和】其光、同其⿱軫土（塵）、坐（挫）其閱（鋭）、解其紛、是胃（謂）玄同。故不可得而親、亦不可得而疏；不可得而利、亦不可得而害；不可【得】而貴、亦不可得而淺（賤）。故爲天下貴。

〔五十六〕（甲本）

知者弗言、言者弗知。塞其垸、閉其門、和其光、同其塵、銼（挫）其兌（鋭）而解其紛、是胃（謂）玄同。故不可得而親也、亦【不可】得而【疏；不可】得而〇利、【亦不可】得而害；不可得而貴、亦不可得而賤。故爲天下貴。

〔五十六〕（乙本）

〇王弼本

知者不言、言者不知。塞其兌、閉其門、挫其鋭、解其分、和其光、同其塵、是謂玄同。故不可得而親、不可得而踈、不可得而利、亦不可得而害、不可得而貴、不可得而賤、故爲天下貴。

〔五十六〕

（知っているものは、しゃべらない。しゃべるものは、知っていない。穴―感覚器官―をふさぎ、門―理知能力―を閉ざす。〔こうして〕すべての鋭さはにぶらされ、すべての紛れは解きほぐされ、すべての激しいようすはなだめられ、すべての塵は〔はらい除かれて〕なめらかになる。これが神秘な「同一」とよばれる。したがって〔人は〕それと親しくすることはできず、それを遠ざけることもできない。それに利益を與えてやることことはできず、害を加えることもできない。それゆえに、天下で最もとうといものなのである。）

この章は、いずれのテキストも意味するところは同じである。語句の位置や文字に多少の違いはあるが、いわゆる「和光同塵」の句を含む四句は共通して同じであるが、その四句の順序は郭店本と帛書は同じだが、王弼本のみ異なる。王弼はいかなる本を底本としたのであろうか。

第五十七章

〇郭店本

以正之（治）邦、以戠（奇）甬（用）兵、以亡事【29】取天下。虗（吾）可（何）以智（知）其肰（然）也。夫天多期（忌）韋（諱）、而民爾（彌）畔（叛）。民多利器、而邦慈（滋）昏。人多【30】智（知）天〈而〉戠（奇）勿（物）慈（滋）记（起）。法勿（物）慈（滋）章（彰）、覜（盗）惻（賊）多又（有）。是以聖人之言曰、我無事而民自福（富）。【31】我亡爲而民自𧓍（化）。我好靑（静）而民自正。我谷（欲）不谷（欲）而民自樸。【32】

〔五十七〕

〇帛書

・以正之（治）邦（國―乙本）、以畸（奇）用兵、以无事取天下。吾何以知其然也戋（哉）？夫天下多忌諱、而民彌貧。民多利器、而邦家茲（滋）昏。人多知（智）、而何（奇）物茲（滋）【起】。法物茲（滋）章、而盜賊【多有】。是以【聖】人之言曰：我无爲也、而民自化。我好靜、而民自正。我无事、民自富。我欲不欲、而民自樸。

〔五十七〕（甲乙本）

〇王弼本

以正治國、以奇用兵、以無事取天下。吾何以知其然哉？以此。天下多忌諱、而民彌貧。民多利器、國家滋昏。人多伎巧、奇物滋起。法令滋彰、盜賊多有。故聖人云、我無爲而民自化、我好靜而民自正、我無事而民自富、我無欲而民自樸。

〔五十七〕

（國家を統治するには、正直にする。戦いを行うには、人をだます。しかし、天下を勝ち取るのは、手出しをしないことによってである。……だから聖人はいう、「私は行動しない、それゆえに人民はおのずから教化され、私が靜寂を愛すれば、人民はおのずから正しく、私が手出ししなければ、人民はおのずから富み榮え、私が欲望をなくしていれば、人民はおのずから『けずられていない樸』のよう〔に簡素〕であろう。」）

「是以聖人之言曰」が王弼本で「故聖人云」に變化し、「我無事而民自富」の句の位置が變化しているだけである。なお趙氏は、「夫天多期（忌）韋（諱）」の箇所は簡本が正しいとする。

第五十五章

○郭店本

畣（含）悳（德）之厚者、比於赤子、蟲（螝）蠆蟲它（蛇）弗蠚（蠚）、攫鳥猷（猛）獸弗扣、骨溺（弱）菫（筋）秝（柔）而捉【33】固。未智（知）牝戊（牡）之合然荵（怒）、精之至也。終日虖（乎）而不㥑（憂）、和之至也、和曰県〈棠（常）〉、智（知）和曰明。【34】賹（益）生曰羕（祥）、心貞（使）熂（氣）曰彊（强）、勿（物）（壯）則老、是胃（謂）不道。■

〔五十五〕

○帛書

含德之厚者、比於赤子。逢（蜂）𢔶（蠆）螝（虺）地（蛇）弗螫、攫鳥猛獸弗搏、骨筋弱柔而握固。未知牝牡之會而朘怒、精之至也。冬（終）曰〈日〉號而不叏、和之至也。和曰常、知和〈常〉

曰明、益生曰祥、心使氣曰强。【物壯】卽老、胃（謂）之不道、』不【道蚤（早）已。

〔五十五〕（甲本）

含德之厚者、比於赤子。逢（蜂）癘（蠆）蟲（虺）（蛇）弗赫（螫）、據鳥孟獸弗捕（搏）、骨筋弱柔而握固。未知牝牡之會而朘怒、精之至也。冬（終）日號而不嚘、和【之至也。知和曰】常、知常曰明、益生【曰】祥、心使氣曰强。物【壯】則老、胃（謂）之不道、』不道蚤（早）已。

〔五十五〕（乙本）

○王弼本

含德之厚者、比之於赤子也。蜂蠆蛇不螫、猛獸不據、攫鳥不搏、骨弱筋柔而握固。未知牝牡之合而全作、精之至也。終日號而不嗄、和之至也。知和曰常、知常曰明、益生曰祥、心使氣曰强。物壯則老、謂之不道、』不道早已。

〔五十五〕

（「德」を豊かにもつ人は、〔生まれたばかりの〕赤子に比べられる。蜂やまむしも食いつくことはなく、猛獸もつかみかかることはなく、猛禽もとびつくことはない。骨は弱く筋肉は柔らかだ、しっかり握りしめる。男女の交合をまだ知らないのに、〔體は〕は完全につくられている。精〔生命力〕が最高だからである。一日じゅう泣き叫んでも聲はかれない。和〔の氣〕が最高だからである。この和〔の氣〕を知ることが「永久であるもの」〔との一致〕とよばれ、「永久であるもの」を知ることが「明察」とよばれる。生命に何かをつけ加えようとすることは「不吉」とよばれる。心が息を激しくつかうのを「强」〔粗暴〕とよぶ。活氣にあふれたもの〔生物〕には、その衰えのときがある。これ〔粗暴〕が「道」に反することとよばれる。「道」

に反することは、すぐに終わってしまう。）

「物壮則老、謂之不道、不道早已」については、第三十章の箇所で多少詳細に論じているのでここでは省略に従う。なお「物壮則老、謂之不道、不道早已」の句は、王弼本ではすでに第三十章にもみえるが、郭店本甲簡の同章にはなく、前半の二句のみこの第五十五章にみえる。意味内容からしてその方が自然のように思われるので、郭店本の方が原型であろう。郭店本以外はさらに「不道早已」があるが、後からの附加ではないかと思われる。附加の時期は帛書にすでにみえるので、漢代初期にはすでに定著していたと考えられる。第三十章にこの章と同様の附加があるのはいかなる理由によるかは不明。ただすでに指摘したように、王弼注は第三十章にしかない。

また郭店本のようであれば、「老」「道」と押韻するが、「不道早已」があると韻を失する。この句は、帛書での附加かあるいは「不道」の注文か。なお廖氏はこの章は初句から押韻していることを指摘している。

第四十四章

○郭店本

名與身箮（孰）新（親）？身與貨【35】箮（孰）多？貴（得）與貢（亡）箮（孰）疠（病）？其㤅（愛）必大贊（費）、㕒（厚）賫（藏）必多貢（亡）。古（故）智（知）足不辱、智（知）止不

怠（殆）、可【36】以長舊（久）。■　〔四十四〕

○帛書

名與【身孰親。身與貨孰多。得與亡孰病。甚愛必大費、多藏必厚亡。故知足不辱、知止不殆、可以長久。　〔四十四〕（乙本）

○王弼本

名與身孰親。身與貨孰多。得與亡孰病。是故甚愛必大費、多藏必厚亡。知足不辱、知止不殆、可以長久。　〔四十四〕

（名譽と身體、どちらが〔人にとって〕より切實であるか。身體と財寶、どちらにより多くの價値があるか。獲得と損失、どちらがより大きな害惡であるか。それゆえに、〔物を〕あまりにも愛惜することは必ず過度の浪費につながり、〔あまりにも〕多く貯藏することは必ず巨大な損失に導かれる。〔どの程度で〕滿足すべきかを知れば、屈辱を免れ、〔どこで〕とどまるべきかを知れば危險に出あわない。〔そうすれば〕いつまでももちこたえられる。）

王弼本では「故知足不辱」の「故」字が缺落している違いがあるだけである。廖氏は、この章も有韻の文だと指摘する。

第四十章

○郭店本
返也者、道僮（動）也。溺（弱）也者、道之甬（用）也。天下之勿（物）生於又（有）、生於亡。
■　〔四十〕
○帛書
反也者、道之動也。【弱也】者、道之用也。天下之物生於有、有【生】於无。〔四十〕（乙本）
○王弼本
反者、道之動。弱者、道之用。天下萬物生於有、有生於無。〔四十〕
（あともどりするのが「道」の動き方である。弱さが「道」のはたらきである。天下のあらゆる物は「有」から生まれる。「有」そのものは「無」から生まれる。）

この章については殆ど問題がない。ただ「有」字の下に重文符號が脱落しているといわれている。

第九章
○郭店本
朱而涅（盈）【37】之、不不若已。湍而羣之、不可長保也。金涅（盈）玉室、莫能獸（守）也。貴福（富）喬（驕）、自遺咎【38】也。攻（功）述（遂）身退、天之道也。【39】〔九〕
○帛書

揰（持）而盈之、不若其已。㩼（揣）而允之、不可長葆也。金玉盈室、莫之能守也。貴富而驕、自遺咎也。功遂身退、天之道也。〔九〕（乙本）

○王弼本

持而盈之、不若其已。揣而梲之、不可長保。金玉滿堂、莫之能守。貴富而驕、自遺其咎。功遂身退、天之道。〔九〕

（器を手にもって、いっぱいにしたままでおくのは、やめた方がよい。劍の刃に焼きを入れて鋭くしても、いつまでもそのまま鈍らないわけはない。黄金と寶玉が、座敷に充滿していても、それらを守りつづけることはできない。富と高貴な地位が傲慢さをますならば、破滅をもたらすものである。仕事を終えたときには引退する、それが天の「道」である。）

この章は、いずれのテキストも殆ど同文といってよい。帛書や王弼本の「金玉盈室」「金玉滿堂」が郭店本では「金涅（盈）玉室」となっているが、意味の上からみて郭店本は書き誤りではないかと推定される。また傅奕本は「功遂身退」が「成名功遂身退」となっている。

結　語

これまで大まかに郭店本甲・乙・丙簡や帛書甲本・乙本、王弼本などについて、郭店本との差異や關聯をみてきた。その結果は甲簡は、乙簡・丙簡との差異が多少大きいことが確認できた。しかし郭店本から王弼本に至るまでの經過がいかなるものであったかについての綿密な考察はできなかった。それにあまり細かい語句などの詮索は必要はあまりないのではなかろうか。すなわち郭店本の各簡は別系統のものなのか、あるいは或る簡が最古でそれから展開してより新しい簡が形成されたのか、また郭店本と帛書との關聯さらには帛書と王弼本との關係はどうであったのか、などの問題の解明がさらに要請されよう。しかし郭店本自體がいかなる性質のものであるかの解明は餘りなされなかったので、今後はむしろ郭店本自體の關聯や内容の考察が必要と考える。

例えば、趙氏はしばしば甲簡について「簡本は、其の舊を存す」といっているが、「其の舊」とはどのようにして確認できるのか。氏はまた帛書は經と說とが混入しているとするが、帛書甲本の五行篇には確かにそのような事實があるが、それはかなり明確な形で記されており、論證することができる。しかし郭店本の場合はそのような確認はきわめて困難である。また甲簡と乙・丙簡との差異がある特定の篇について認められるが、甲簡から丙簡へさらには帛書や王弼本へと發展變形していったとする說もあるが、どのような理由でそのような變形が行われたのか論證することは大變むずかしい。

いま郭店本甲簡の第三十章と第五十五章とを比較して考察してみよう。

第三十章を帛書及び王弼本の同章と比較してみると、第三十章前段にある多少の文字の違いはとにかく、郭店本には帛書甲本の「【物壯】卽老、胃（謂）之不道、不【道早已】」の三句がない。なにゆえにこの三句は郭店本にはないのか。竹簡をみる限りでは第三十章末尾の第七簡と次章の第八簡とは接續していて、ほかのテキストにある三句が入る餘地はない。

次に、同じ句のある郭店本「勿（物）（壯）則老、是胃（謂）不道」（五十五に有り、三十に無し）と帛書甲本「【物壯】卽老、胃（謂）之不道、不【道早已】」（五十五）を擧げると、王弼本は第三十章・第五十五章と同じく帛書の三句がある。これは先に檢討したように末句は郭店本のように、第三十章にないのが本來の型ではないかと思われる。

江有誥の『先秦韵讀』では、いかなるテキストを使用したかいかなる理由によるのか不明だが第五十五章では押韻を指摘するが、第三十章ではまったく押韻を指摘しない。また姚鼐は先の第三十章の末三句を第五十五章の錯簡だとする（武内義雄『老子』―岩波文庫の指摘による）。ところが武内氏の『老子の研究』では姚鼐の指摘などにまったく言及していないのは、手抜きではなかろうか。また先にも指摘した第三十章の解說での趙氏說は正しいかもしれない。趙氏はもともと帛書は經文と解說が混入しているという立場である。ただ先にも言及したように帛書甲本の五行篇のように明確に經と說とが區別されているわけではない。

なおこの二句または三句は、次に示すように、郭店本〔二句〕・帛書本〔三句〕・王弼本〔三句〕は、第五十五章にいずれのテキストにもあるのはなぜか。ただ注目すべきは、王弼の注は第三十章のみにあって第五十五章にはないことである。王弼本には初めからこの三句のあるテキストであったため、彼は先の章の句に注を施して後の第五十五章の注は省略したともいえる。郭店本甲簡は明らかに他の諸本とは異なるものであったことが確認できる。

そこで最後に郭店本がいかなる性質のものか、またいかなる目的があって作成されたものかについての一端でも知りえたら郭店本の性格が多少とも明らかになると思われるので、郭店本の内容を改めて考察してみよう。

さて以上は細かい語句の差異に注目して兩者の新舊の検討は本論で行ってきたので、ここでは主として竹簡の序列と内容を考察して小論の檢討を終りたい。

一體これら郭店本竹簡はいかなる目的乃至意圖があって作成されたものなのであろうか。それがある程度わかればこれらの竹簡の性格が明らかになるのであるが、それが不明なのである。そこで郭店本の各簡の接續關係を考察すると、次のごとくグループ化されるが、各グループの序列は便宜的なものに過ぎない。グループ閒の關聯はなく、各グループの序列は便宜的なものと考えた方がよい。接續する竹簡の序列は、王弼本に從えば次のとおり。

【甲】簡は、

（一）第一簡から第二十簡（十九・六十六・四十六下・三十上中・十五・六十四下・三十七・六十三・二・三十二章）

（二）第二十一簡から第二十三簡（二十五・五中）

（三）第二十四簡（十六上）は獨立した簡でグループのどの位置に竝べるかは明らかではない。

（四）第二十五簡から第三十二簡（六十四上・五十六・五十七）

（五）第三十三簡から第三十九簡（五十五・四十・九）

【乙】簡は、

（一）第一簡から第八簡（五十九・四十八上・二十上・十三）

（二）第九簡から第十二簡（四十一）

（三）第十三簡から第十八簡（五十二中・四十五上・四十五下・五十四）

【丙】簡は、

（一）第一簡から第三簡（十七・十八）

（二）第四簡から第五簡（三十五）

（三）第六簡から第十簡（三十一中下）

（四）第十一簡から第十四簡（六十四下）

各簡の接續と王弼本の章序とは殆ど一致しない。

このうち廖氏は、甲簡の（三）は一グループをなすものだと推定している。

なお上の記述から解るとおり、長く接續している竹簡でも帛書乃至王弼本の章序とはまったく異なり、《道篇》と《德篇》とが入り混じっており無統一のようにみえる。このような章序の原本を、帛書乃至王弼本（兩者にも多少の章序の差異はあるが）のような章序に竝べかえることは可能であろうが、そのようにして凡そ八十一章本を作るであろうか。

現在、目にすることのできる『老子』は帛書にしても王弼本にしても、帛書の《道篇》にしても

《德篇》にしてもそれぞれ整然として「道」なり「德」なりについて、それらの用語が主要なものだとしても、集中的にまとめられて記述されてはおらず、散在して記述されていて治身的記述や策略的な記述や軍事的な記述などと混在している。もしも《道篇》や《德篇》に形成される以前の原型としてのものが郭店本だとしたならば、別の型のまとまった書籍を作成するとすれば、自ずからいま少し整然とした形式の書籍になっていたのではないかと推察される。そのように考えると郭店本すなわち『老子』原型説は成立困難ではなかろうか。

いま《道篇》に屬する章をみると、次に示すように「道」に言及したものが多い。

【甲】「以衍（道）差（佐）人宔（主）者」（三十章）「保此衍（道）者」（十五章）「衍（道）亙（恆）亡爲也」（三十七章）「道亙（恆）亡名」（三十二章）「孳（字）之曰道」（二十五章）「天道員員」（十六章）「天之道也」（九章）、【丙】「古（故）大【2】道登（廢）」（十八章）「古（故）道□□□」（三十五章）「〔故有道者不處〕郭店本竹簡には缺落」（三十一章上）

また《德篇》に屬する章をみると、「德」の字はみえないものの、次に實例を示すように「聖人」にかかわる政治や養生に關するものが多い。

【甲】「聖人之才（在）民前也」（六十六章）「是以聖人亡爲古（故）亡敗」（六十四章）「是以聖人【14】猷（猶）難（難）之、古（故）終亡難（難）」（六十三章）「古（故）爲天下貴」（五十六章）「我谷（欲）不谷（欲）而民自樸」（五十七章）「可【36】以長舊（久）」（四十四章）【乙】「長生舊（舊＝久）視之道也」（五十九章）「終身不逨」（五十二章）「清清（靜）爲天下定（正）」（四十五章）

「子孫以其祭祀不屯」（五十四章）【丙】「聖人無爲」（六十四章）

そこでとりあえず竹簡の最も長く連續する甲簡（一）すなわち第十九章から第三十二章まで、『釋文』の順序に從って全十一章（郭店本の分章を一應のものとして）の內容を概略だけでも考察してみると次のごとくである。

第十九章（民利百倍や盜賊の消失など政治的效果を强調）
第六十六章（聖人がへりくだることによる政治的效果）
第四十六章下（欲望を抑制して足ることを知ることの效用）
第三十章上中（武力の强化によらない政治の效用）
第十五章（古代の理想的人物の洞察力、愼重、威儀の正しさ、柔軟さの記述）
第六十四章下（聖人の無欲と無執著の效用）
第三十七章（爲政者が道の原則の無爲を實行することの效用）
第六十三章（無爲の行動をとり愼重に行動することの效用）
第二章（聖人の無作爲や不言の教えの勸め）
第三十二章上（道の無名に倣うことの勸めと效用）
第三十二章下（天地自然に倣えば民衆も安定し抑制を知ることの效用）

これらのことから解るのは、いずれも政治か養生の現實的な效用を說いた諸章であるという事實である。從ってこれら郭店本甲簡の一部ではあるが、それらはそうした目的をもって書寫されたのではないかと推定できる。

これらの事實をふまえて、現在のところ出土し公開されている郭店本『老子』の内容を全般的に詳細に考察しないといえないことであるが、これら帛書でいう《道篇》と《德篇》の入り混じったものを原本とみなして、それを整理しなおして帛書乃至は王弼本に近い章序のテキストを再構成したとみるのは、かなり困難ではなかろうか（それらの綿密な考察は後學に委ねたい）。それよりも、形式は不明であるがある種の原本があって、自らの何らかの目的のための實用に適した章句を書寫したとみる方が自然ではなかろうか。勿論、その原本の文章や分章は帛書乃至王弼本とは異なったものと想定されるが、まったく異質のものではなかったと想定される。最終的な結論を導き出すにはさらに新たな資料の出現を待った方がよいと思われる。これは一應の憶測的結論である。

（二〇〇四、二、一四稿、二〇〇五、四、八補訂）

注

（1）以下、郭店本の本文は荊門市博物館編『郭店楚墓竹簡』（文物出版社、一九九八年）の『釋文』による。

（2）『釋文』注〔1〕參照。

（3）趙偉建「郭店竹簡《老子》校釋」（『道家文化研究』第十七輯、一九九九年）以下、趙氏の說はこの著による。

（4）廖名春『郭店楚簡老子校釋』（清華大學出版社、二〇〇三年）以下廖氏の說はこの著による。

（5）容肇祖『韓非子考證』（臺聯國風出版社、一九七三年）、木村英一『法家思想の研究』（弘文堂書房、一九四四年）附錄、韓非子考證を參照。六反篇について、容氏は自著に近いものとみるが、木村氏は韓非子後學の著とする。

（6）裘錫圭「郭店《老子》簡初探」（『道家文化研究』第十七輯、三聯書店、一九九九年）。以下、裘氏の說はこの著による。

（7）『釋文』注〔12〕參照。

（8）『老子の研究』（『武内義雄全集』第五卷、角川書店、一九七八年）。以下、武内說はこの著による。

（9）本書所收、拙稿「『馬王堆漢墓帛書』德篇・道篇考——原初的『老子』試探」參照。

（10）許抗生「初讀郭店竹簡《老子》」（『中國哲學』第二十輯、郭店楚簡研究、遼寧教育出版社、一九九九年）。以下、許氏の說はこの著による。

（11）李零「郭店楚簡校讀記」（『道家文化研究』第十七輯、三聯書店、一九九九年）參照。

『老子』の思想の基本的特徴について

――地上的なるもの・女性的なるものの重視――

一

『老子』には、「母」「牝」「雌」などの語がしばしば見え且つ尊重されている。これに反して、男性的なものはあまり尊重されておらず、單なる表現上のことでいえば、「教父」(四十二章)なることばが教えの根本といった意味で尊重されて使用されているにすぎない。牡・雄などの語も見えはするが、いずれも牝・雌よりも劣るものとされている。しかも、『老子』では、單なる女性を示すことばの尊重にとどまらず、女性的なるものが尊重されていることが注目される。それは「柔」「弱」「靜」など一般に女性的屬性とされるものが、「剛」「强」「動」「躁」など一般に男性的屬性とされるものに對して、優越する概念として扱われている事實に示される。このことは、或は剛强なるものが柔弱なるものに勝るという日常一般の評價の單なる逆轉と見ることもできよう。しかし、一般的に劣位と考えられているものの優位性の主張と、一貫して「母」「牝」「雌」など女性的なるものを尊重していることが、密接に連關しているという點からすると、單なる日常的評價の逆轉と見るだけではすまされない何ものかが感ぜられる。

というのは、視野を擴げて文化人類學的觀點から、この女性的なるものの尊重について見るならば、つとに石田英一郎が指摘している如く、遊牧社會對農耕社會、天父神對地母神といった、社會文化の二大類型と密接な關聯がありそうに思われるからである。儒家の代表的な思想を傳える『論語』『孟子』について見ると、そこには究極の權威者としての「天」が見えるのに對して、『老子』では究極的權威の根源としての「道」についての言及が壓倒的に多く、天の語は極めて少ない上に、道より下位の概念とされていることが注目される。このことは、中國思想における基本的傾向としての天の尊重を考えるとき、異質なものであるといえよう。更にまた、中國社會での家系の繼承における父系・男系の極端な重視という基本的傾向と對比して考えるとき、これまた『老子』における女性的なるものの重視は、異質であると言わなければならない。

このようなことから、『老子』の思想と他の思想特に儒家思想との差異は、單なる學派的次元での對立というだけではないのではないか、學派的對立という觀點からのみ見たのでは、道家思想特に『老子』の思想の本質を見誤る恐れがあるのではないかと思われる。『老子』に關して、從來は文化人類學的觀點を含めての考察が餘りなされていない恨みがあるように思う。そこでいま、かかる觀點を念頭に置きながら、『老子』における天の性格、天と道との關係、道の觀念、女性的なるものの尊重の傾向などについて考察を行いたいと思う。

二

石田英一郎は「桃太郎の母[1]」なる論考の中で、原始母神の信仰と關聯させながら『詩』大雅・生民篇に見える姜嫄や『周禮』春官・宗伯に見える先祖より先妣を重視する事實に注目するとともに、荊楚の思想と農耕的－母權的文化基盤の基づく古い民閒信仰との關聯を主張する所論を紹介しながら、『老子』の道もまた「原初の實在としての母であった」として、「天下之母」「萬物之母」「貴食母」「玄牝」などの語に言及している。

この石田氏の『老子』における女性的なるものへの注視は、實は道家思想なるものを文化人類學的觀點から理解しようとする重要な鍵なのである。先の論考より後に發表された氏の「二つの世界觀[2]」なる論考では、ここ二千數百年閒の人類の思想や歴史に多大の影響を與えた主要な宗教の背後にある世界觀や世界像をとり擧げ、それらを次の二つに分類された。

第一のグループとしてユダヤ教・キリスト教・イスラム教を擧げる。その世界觀の特徴として（一）唯一の超越神、（二）創造された宇宙、（三）不寛容と非妥協性、（四）男性原理、（五）天の思想、（六）宇宙の有限性、（七）宇宙の合理性、の七項目を擧げる。これと對照的な第二のグループとしてヒンドゥ教・佛教・道教、更には南ユーラシア大陸の多くの古代宗教や民閒信仰を擧げる。その世界觀の特徴として（一）所與の存在としての宇宙、（二）宇宙の中の神々、（三）寛容と融通性、（四）

女性原理、（五）大地の思想、（六）限定されない宇宙、（七）宇宙の非合理性、の七項目を数えあげている。

ここに擧げたそれぞれの特徴の詳細についてはいま省略にしたがうが、ただ第二のグループの世界觀の諸特徴のうち、（二）（四）（五）に關しては『老子』に言及していたりして、密接に關係すると思われるのでここに引用しておきたい。

（二）宇宙の中の神々　神は單一でもなければ宇宙の外にあるものでもない。人間とともに宇宙の中にある。この世界觀は、第一の峻嚴な一神教に對して、多神教的、アミニズム的であり、しばしば汎神論に傾く。神々と人間とはそれほど隔絶的ではない。

（四）女性原理　神々の世界では、女神の地位がかならずしも低いものではないばかりか、多かれ少なかれ、古代オリエントのそれに共通した原始母神的な信仰の痕跡が認められる。哲學的には、『老子道德經』の中にくり返される天地萬物の〝母〟ということばも、この系統に屬する思想であると思う。

（五）大地の思想　原始母神の觀念は〝母なる大地〟につらなる。大地への親しみは、何らかの形でこの世界觀の中に跡づけられる。私は古代オリエント文明との文明史的つながりから推して、大地の信仰が第二群の諸宗教に本來的なものではなかったかということを想定している。

（圏點筆者）

ここで注意されるのは、この世界觀では、神々と人間との距離がそれほど隔絶していないという指摘、『老子』の中の「母」と原始母神的な信仰との關聯の指摘、更にこの原始母神の觀念と大地の信仰との關聯の指摘などである。いまこれらの指摘に沿いながら、『老子』の思想について考察を進めて行こうと思う。

さて、『老子』の中で最高位の概念は「道」であって「天」ではないことは周知のことである。勿論『老子』の中でも天の概念が比較的高い位置を與えられてはいるが、決して最高位のものではない。特に道との關聯で現れるとき、必ず道より下位のものとされる。ところが、天と道とが結合して「天之道」「天道」などという奇妙な使われ方が見られる。道が最高のものとされる『老子』において、道はみちだけで十分であって、こうした天と道との結合はおかしいのではないか、しかもこの場合の道は、『老子』に特徴的なものとされる實體としての道ではなくて、「はたらき方」「法則」と言った意味での道であることが既に指摘されている。[3]いまこの「天之道」「天道」について検討してみたい。

先ず、

天之道、損有餘而補不足也、人之道則不然、損不足以奉有餘。（七十七章）

（天の道は〔このように〕多すぎるものから減らして、たりないものへ補ってやる。人の道はそうではない。足りないほうを〔もっと〕減らして、多すぎるほうへさし出す。―小川環樹譯、以下『老子』は同氏譯）

によく示されているように、「天之道」は「人之道」との對照において用いられていることから、重心は天にあるのか道にあるのかと問われるならば、人に對する天にあることは明らかであろう。また、

天之道、利而不害、聖人之道、爲而不爭、

（天の道《やりかた》は、利益を與えて害を加えないことであり、聖人の道は、行動して爭わないことである。）

（八十一章）

においても、「天之道」は「聖人之道」に對照されて用いられており、重心は道にではなく天なり聖人なりに置かれていることは明らかである。

以上の例からすると、「天之道」での道は、實は儒家でしばしば使われる「先王之道」「聖人之道」などの道と、内容は異なるものの規範乃至方法といった意味での實體的でない道という點では、極めて類似したものと認められる。これは『老子』に特徴的な實體のある道とは異質なものである。しかもこの場合、重心は道にではなく天にあるというのであるから、ここには『老子』における天の觀念が現れているといえよう。例えば、人がしばしば處世上の教訓として引用する、

功遂身退、天之道、

（仕事を終えたときには引退する。それが天の「道」である。）

（九章）

は、道家の理想的な處世法とされるが、これが「天之道」だという。つまり天のやり方は最上の方法であり、從って天は最上のものと意識されている。このことからするならば、『老子』における「天之道」には、最高のものと意識されている天の觀念が現れていると言うことができる。

それでは、この「天」はどのような性格を持つものなのであろうか。さきに「天之道」の道の用法は、儒家での用法と類似していることを指摘したが、天についても同樣なことが言えるであろうか。

確かに天を最高のものとするという點では、類似しているといえよう。しかしながら『論語』『孟子』における天は、周知の如く人に超絶した絶對的な性格があり、且つ人格的な要素をも含むものと考えられている。『論語』『孟子』にみえる天は、全能の人格神的存在だとは言えないにしても、少なくとも人に超絶した存在であり、人の考量の地平をはるかに超えた結果を人にもたらす存在だと考えられていることは間違いない。天は究極的には人の測り知れない絶對者なのである。そこに「噫、天は予を喪ぼせり。天は予を喪ぼせり」(先進)といった嘆きが發せられることも起こり得たのである。この『論語』に見える嘆きは、人にはどうすることもできない狀況に直面したとき、かかる狀況をもたらした絶對者である天に向って發せられたのである。天はときに絶對的なものとして人に迫り、人は已むを得ず從う運命や宿命として受け取ったのである。

それでは、上述した儒家的な天に對して、『老子』にみえる「天之道」の天はどうであろうか。人に超絶したものとして受け取られているであろうか。『老子』では「天之道」が「聖人之道」や「人之道」と對照されたり、或いは暗默のうちに「人之道」を意識してのものであることからするならば、兩者は隔絶しているのではないかとの疑念も起こり得よう。しかしながら『老子』の天は、人が已むを得ず否應なしに從わざるを得ないといった運命的な性格のものではないようである。このことは先にもみた、

天之道、利而不害、聖人之道、爲而不爭。
(天の道《やりかた》は、利益を與えて害を加えないことであり、聖人の道は、行動して爭わないことである。)

（八十一章）

に如實に現れているように、天と人とはパラレルな關係にあるものとされている。しかも、ここでの「天之道」と「聖人之道」との内容には、超え難く隔絶した差異というものは認められない。しかもここで「聖人之道」について言われる「不爭」ということは、『老子』にしばしば見える常套語のひとつであるが、別の箇所では、

天之道、不爭而善勝、不言而善應、……

（天の道は、争わないで勝ち、ものもいわないで應えることにすぐれているし、……）　（七十三章）

とあって、他ならぬ「天之道」の内容ともされているのである。更に『老子』の常套語の一つである「水」の譬えを述べた箇所では、

上善若水、水善利萬物而不爭、處衆人之所惡、故幾於道。

（最上の善とは水のようなものだ。水のよさは、あらゆる生物に惠みを施し、しかもそれ自身は争わず、それでいて、すべての人がさげすむ場所に滿足していることにある。このことが、〔水を〕「道」にあれほど近いものとしている。）　（八章）

とあって、道に近いとされる水の性格として、先の「天之道」「聖人之道」の兩者に跨る働きが、同時に歸屬せしめられている。このことは、より一層明白に「天之道」と「聖人之道」とが、すなわち天と人とが超え難い一線によって隔絶されていないことを示すものといえよう。

ところで、こうした「天之道」と「聖人之道」との比較によって天と人との關係がほぼ明らかにな

ったのであるが、また他面では「天之道」そのものの考察によっても、兩者の非隔絶性が確かめられる。先にみた「利而不害」（八十一章）ということは、人にとって全く不可能なことかといえば、むしろ特殊な人でなくとも時に實行可能な事柄に屬するといえよう。同じく「不争而善勝、不言而善應（争わないで勝ち、ものもいわないで應えることにすぐれている）」（七十三章）についてみても、人にとって不可能どころか、むしろ我々の生活の中の知恵として活用されていることだとさえいえる。「不争而善勝」などは、所謂「名を捨てて實を取る」といった形で、現實に行われているともいえる。更に「持てる者から取って持たざる者に與える」といった意味のことを行うとされる「天之道」（七十七章）は、貧富の不公平の是正いういわば社會的正義の實現の要請ともいえるものである。持てる者はいよいよ富み、持たざる者はいよいよ貧困に苦しむといった、當時の現實社會の不合理に對する批判ともみられ、極めて人間的な事柄に屬する。つまり『老子』における天は、人と隔絶したものではないということは一層明白である。從って、そこには如何ともすべからざるものとして迫ってくる天に對する人の深い嘆きは聞かれない。むしろ、

天道無親、常與善人。　（七十九章）

（天の道にえこひいきはない。つねに善人の側につく。）

といった樂觀が、『老子』での天に對する態度の基本にはあるといえよう。ときに、

衆人熙熙、如亨太牢、如春登臺。我獨泊兮其未兆、如嬰兒之未孩、……衆人皆有餘、而我獨若遺。我愚人之心也哉。沌沌兮。俗人昭昭、我獨昏昏。俗人察察、我獨悶悶。……衆人皆有以、而我獨

頑似鄙。……

（多くの人は樂しそうに笑い、お祭りの太牢《いけにえ》のごちそうを食べ、春の日に、高い臺から見はらしているようだ。私はひとり身じろぎひとつせず、何の兆しも見せないでいる。まだ笑ったことのない赤子のようだ。ふわふわとぶらさがり、……すべての人はあり餘るほどもっているのに、私ひとりは何もかも失ってしまったようだ。私の心はまったく愚かものの心なのだ。それほど〔私は〕なまくらなのだ。世のなかの人びとは光り輝く（かしこい）人ばかりなのに、私ひとりは暗い（無知な）のだ。人びとは活發ですばしこいのに、私ひとりは心がもやもやしている。……多くの人は何かとりえがあるのに、私ひとりは扱いにくいいなかもののようだ。……）　（二十章）

と「衆人」や「俗人」との斷絶を嘆くことばはみられはする。けれども超絶的な天に對する嘆きは聞くことはできない。『老子』においては、天と人とは隔絶した性質のものではない證ということができよう。(4)

更にまた、『老子』には時として「天地」が最高至高のものとして登場する場合がある。その天地について、

天地不仁、以萬物爲芻狗。

（天と地には仁《いつくし》みはない。〔かれにとって〕人民どもは、わらでつくった狗《いぬ》のようなものだ。）　（五章）

と、一般に天地の惠みをいうのとは違って、その非情性を述べるが、これに續いて、

聖人不仁、以百姓爲芻狗。

（聖人にも仁みはない。〔かれにとって〕人民どもは、わらでつくった狗のようなものだ。）（同上）

と、人の世界でも同様であるという。「聖人不仁」とは、明らかに儒家の價値觀に對する批判である。この章はその點に狙いがあるのであろうが、無意識のうちに天地の働きは結局のところ人と同じであることを語っているのである。また、

天長地久、天地所以長且久者、以其不自生、故能長生。

（天は永遠であり、地はいつまでもある。どうしてそうであるかといえば、自身の命を育てようとしないからだ。だから、あんなに長く生きているのだ。）（七章）

と、天地の永遠性の祕訣を述べると、それに續いて、

是以聖人後其身而身先、外其身而身存。

（それゆえに聖人は〔人の〕背後に身をおきながら、實はいつも前方にいる。外側に身をおいているが、實はいつもそこに在る。）（同上）

と、聖人についても天地の永遠性が當てはまり得ることをいう。現實には天地と人とは、その働きが異なるとはいえ、原理的には同一だという觀念に貫かれていると思われる。天地は人にとって不可解不可思議なものではないのである。

以上に見てきたところによれば、『老子』において最高のものとして現れる天や天地は、『論語』『孟子』に見える如き、人に超絶したところから壓倒的な力をもって人に迫ってくるものとは異質なものである。かかる天や天地と人との關係は、まさに石田氏の指摘された「神々と人間とはそれほど

隔絶的でない」と言うことになろう。「神々」とは最高とされるものと考えられるからである。そしてこの天と人との隔絶的でないということは、上來見てきたその内容からして、極言すれば地上的なるものを中心とする思考に基づくものだといえるかも知れない。

三

これまで『老子』での「天之道」「天道」における「天」及び「天地」について、主として人との對比における「天」及び「天地」について、また最高のものとして現れる「天」及び「天地」について考察してきた。

いまそれとは違って、道との關係における「天」及び「天地」について見ると、最高の位置からは脱落している。『老子』の中で天と道との關係を直接的に示す箇所は極めて少なく、僅かに二箇所に見えるにすぎない。(5) 一つは、『老子』に特徴的な道の全貌を示している、かの有名な次の箇所である。

有物混成、先天地生、寂兮寥兮、獨立而不改、周行而不殆、(6) 可以天下母、吾不知其名、字之曰道、強爲之名曰大。大曰逝、逝曰遠、遠曰反、故道大、天大、地大、王亦大、域中有四大、而王居其一焉、人法地、地法天、天法道、道法自然。

(形はないが、完全な何ものかがあって、天と地より先に生まれた。それは音もなく、がらんどうで、ただひとりで立ち、不變であり、あらゆるところをめぐりあるき、疲れることがない。それは天下〔萬物〕の母だといってよい。その眞の名を、われわれは知らない。〔假に〕「道」という字《あざな》をつける。眞の名をしいてつけるならば、「大」というべきであろう。「大」とは逝ってしまうことであり、「逝く」とは遠ざかることであり、「遠ざかる」とは「反ってくる」ことである。だから「道」が大であるように、天も大、地も大、そして王もまた大である。こうして世界に四つの大であるものがあるが、王はその一つの位置を占める。人は地を規範とし、地は天を規範とし、天は「道」を規範とし、「道」は「自然」を規範とする。）

（二十五章）

道は天地より先に存在するものであり、無形無聲、何ものにも依存せず不變であり、あらゆるものに行きわたっていて、あらゆるものを生み養うものである。そしてその假の呼び名を「道」というのであるが、天はまたこの道を規範とするというのであるから、道は天の上位概念である。この天は天地の天であるが、いま一つ萬物の復歸を説いた箇所に、

夫物芸芸、各復歸其根、歸根曰靜、是謂復命、復命曰常、知常曰明、不知常妄作凶、知常容、容乃公、公乃王、王乃天、天乃道、道乃久、沒身不殆。

（あらゆる生物はいかに茂り榮えても、それらがはえた根もとにもどってしまうのだ。根もとにもどること、それが靜寂とよばれ、運命に従うことといわれる。運命に従うことが「常」とよばれる。「常」を知ることは、「明」とよばれる。「常」を知らなければ、めくらめっぽうにやってしまい、災にあうこととなる。「常」を知る人は、すべてを包み容れることができる。「容」であることは、そのまま偏見のないこと〔公〕であり、「公」であることは、そのまま王であることであり、王であることは天であることであり、天であるこ

とは「道」であることである。「道」は永久なのである（から、それを保有する人も永久である）。その人の身體に終りがくるまで、危險はない。）

（十六章）

とある。命をいうところからすると、至高の命令者がいるように思われるが、それが何であるかは不明である。或いは天が背後に想定されているのではないかとも推測される。それはとにかくとして、道の恆久性に天を接續させて終わっていることからして、道が天より上位概念とされていることが認められる。そして『老子』の中では、道より上位の概念は見出されないのである。

この最高位のものとされる「道」の概念については、先にみた二十五章にも「寂兮寥兮」とあって、實體の認識の難しさいわれるが、その難しさはより明白には次のように表現されている。

視之不見、名曰夷、聽之不聞、名曰希、摶之不得、名曰微。此三者不可致、故混而爲一、……是謂無狀之狀、無物之象、是謂惚恍。

（目をこらしても見えないから、すべり拔けるものとよばれ、耳をすましても聞こえないから、かぼそいものとよばれ、手でさわってもつかめないから、最も微小なものとよばれる。これら三つのことは、それ以上つきつめようがなく、まざり合って一つになっているのだ。……それは狀《すがた》なき狀、物とは見えない象《かたち》とよばれ、はっきりとはしないそれらしきものとよばれる。）

（十四章）

道之爲物、惟恍惟惚。

（「道」というものは實におぼろげで、とらえにくい。）

（二十一章）

人間の知覺にはとらえ得ないおぼろげなものであることから、道の神祕的であることが言われる。

この道の不可認識性が強調されることから、道は神祕的で人から遠く隔たっているという印象を受け易いが、果たしてどうであろうか。『老子』の道は、かかる不可認識性や神祕性にもかかわらず、奇妙なことに儒家の天のように、人に一方的に迫ってくるという性格を持たない。それはかえって、

故道生之、德畜之、長之育之、亭之毒之、養之覆之、生而不有、爲而不恃、長而不宰、是謂玄德。(7)

(こうして、「道」は生み出し、德は養う。そして生長させ育てあげ、凝縮させ濃厚にし、食物を与えかばってやる。生み出しても、自分のものだと主張せず、はたらかせても、それにもたれかからず、その長となっても、それらをあやつることをしない。これが「神祕の德」とよばれる。)(五十一章)

というように、人にとって好まれ親しまれる働きなり性格なりを持つものとされる。道との關係は、儒家における人と天との關係のように緊張關係ではなく、親近な關係である。道は決して人に對して強壓的に迫ってこない。むしろ、

孔德之容、唯道之從。

(すべてにはいりこむ「德」(のある人)の立ち居ふるまいは、ただ「道」だけに従っている。)(二十一章)

道常無名、朴雖小、天下不敢臣、侯王若能守之、萬物將自賓。

(「道」は永久であって名がない。まだ削られていない樸《あらき》は小さく見えても、天下にそれより大きなものはない。王や諸侯がそれを保持するならば、萬物はみずから敬意を表するためにやってくるであろう。)(三十二章)

道常無爲而無不爲、侯王若能守之、萬物將自化。

(「道」はつねに何事もしない。だが、それによってなされないことはない。もし諸侯や國王たちがそれを保持したならば、あらゆる物は自然に變形するであろう。)

(三十七章)


に見られるように、道は人の方から接近しうるものとされ、道の働きに人は從いうるものとされる。道は萬物を生みだし萬物をそれぞれ萬物たらしめるものとされる(8)ほど偉大であるにしても、

是以萬物莫不尊道而貴德、道之尊、德之貴、夫莫之命、常自然。

(それゆえに、あらゆる生物はすべて「道」をうやまい、「德」をとうとぶものである。だが、「道」と「德」がうやまいとうとばれるのは、〔何か權威のあるものから〕任命されたからではなくて、それはつねに自ずから然《そう》なのである。)

(五十一章)


と言われるように、强制的に偉大さを讚美させられるのではなく、自發的に自ずからそうするという。人を含めての萬物と道との關係は隔絶的ではない。しかもこの道こそは、『老子』の中の最高の神ともいうべきものなのである。

この道が、「原初の實在としての母でもあった」として、石田英一郎は、「天下母」(二十五章・五十二章)「萬物之母」(一章)「食母」(二十章)「玄牝」(六章)などを擧げられた。(9) この中で明白に道を指しているといえるのは、二十五章と五十二章のみであろうが、それにしても至高の存在を母という女性で表現したということは注目すべきことである。殊に『老子』全體にみられる次の如き女性的なるものの尊重の數々をみるとき、至高者を母と表現したことは決して偶然ではない。

愛民治國、能無爲乎、天門開闔、能爲雌乎。

（人民を愛し國を統治して、しかも知られずにいることができるか。天の門がひらいたり閉じたりするときに、雌〔という受け身〕の態度をとりつづけられるか。）（十章）

知其雄、守其雌、爲天下谿、常德不離、復歸於嬰兒。

（雄《かた》さ〔の力〕を知りつつ、雌《よわ》さ〔のまま〕にとどまるものは、天下の〔何ものをも受け入れる〕谿《たにま》のようなものとなる。）（二十八章）

牝常以靜勝牡。

（牝はいつでも靜かであることで牡に勝つ。）（六十一章）

後の二例は、明らかに雄・牡に對する雌・牝の優位を說いたものであるが、直接に女性を指さず女性的なるものの優位を示すことばもまたみえる。例えば、柔弱に對する剛强は男性的なものと一般に考えられるが、

天下柔弱、莫過於水、而攻堅彊者、莫之能勝、其無以能易之、弱之勝彊、柔之勝剛、天下莫不知、莫能行。

（すべての人が知っていることであるが、これを實行できる人はいない。）（七十八章）

と、柔弱の剛彊に對する優位を說く。しかもこの「水」は、八章で「道」に喩えられているし、「弱者道之用（弱さが「道」のはたらきである）」（四十章）と明言されてさえいる。また「守柔曰强（柔弱〔すなおさ〕を保持することが〔眞の〕强さとよばれる）」（五十二章）と逆說的に柔の重視が說かれてもい

る。更にこの柔弱については、死生の喩えでその優位性を説いている。

人之生也柔弱、其死也堅強、萬物草木之生也柔脆、其死也枯槁。故堅強者死之徒、柔弱者生之徒、是以兵強則不勝、木強則共（折）[10]、強大處下、柔弱處上。

（人が生まれるときには柔らかでしなやかであり、死んだときは、くだけやすくかわいている。だから、堅くてこわばっているのは死の仲間であり、柔らかで弱々しいのが生の仲間である。それゆえに武器があまりに強ければ勝つことがないであろうし、強い質の木は折れる。強くて大きなもの〔たとえば木の幹〕は下にあり、柔らかで弱いもの〔たとえば枝や葉〕が高いところにある。）　（七十六章）

一般に、生は死に比べてよいとされるが、その生に附隨する柔軟さをとり上げて、死の堅強や枯槁と對比することによって、柔弱の優位を説明しようとしているのである。

以上にあげた女性的なるものの尊重の諸例は、『老子』全八十一章から見るならば、量的には決して多いとはいえないが、問題は『老子』の中に、この女性的なるものの尊重に反する記述が見られないということであろう。この内容的な一貫性があるからこそ、石田氏の指摘した至高の存在者たる道が、母に喩えられることが意味を持つのである。そしてこの女性的なるものの尊重の一貫性と至高者を女性に喩えていることは、原始母神的な信仰と何らかの關係があるのではないかということを示唆する。殊に天の、道に對する優位性が否定されていることや、道と人との關係が隔絶的ではないという事實、殊に道が萬物に行きわたっているという事實を考えあわせると、そのことはより確實なように思われる。更にまた、人間に隔絶したところから、一方的に強壓的に人に迫ってくる存在者が『老子』の中に見られないという事實をも併せ考えるべきであろう。畢竟するに、『老子』の思想は地上的な思考乃至大地からの思考に基づくものといえるのではなかろうか。

四

以上に見てきたところによって、次のことがほぼ明らかになった。すなわち『老子』における天または天地は、時には最上位の概念として現れるが、それらは儒家における人に超絶したところから人に迫るところの不可抗不可解な性格のものではなく、人との距離はそれほど隔絶したものではない。また『老子』では、天や天地よりもより上位の概念として道がみえるが、この道についても天と同様に、人との關係は隔絶したものではない。道は時に母乃至は女性的なものとして表現されるが、この女性的なるものの尊重は『老子』において一貫している。そしてこの特徴は、儒家思想における天の重視・男性優位などの諸特徴と對照的のものである。いま文化人類學的な觀點を考慮にいれてみるとき、兩者の對立は單なる學派的ということには解消しきれぬものがあるように思われるのである。ふつう『老子』における女性的なるものの尊重は、『老子』に特徴的な逆說的な思考から出たものであるとか、權力の座にない弱者の立場にあることからの發想であるとかいうことから、學派的な對立の次元でのものだといわれている。確かに『老子』の逆說的思考や表現はその特徴であって、一般には弱者とみられるものをば眞の强者として說きなすことは、常識的立場に立つ儒家を攻擊する場合、極めて效果的だといえようから、そのために女性的なるものの優位を說いたといえなくもない。また天に對する『老子』にみえる態度にしても、儒家で最高とする天を道の下位に置くことによって、單に自己の思想の優位性を主張したといえるかも知れない。

しかしながら、『中庸』には「北方之强」「南方之强」ということばがみえ、北方に對しては「衽金革（鄭注「衽猶席也」）、死而不厭」と剛强な男性的なことがいわれるのに對して、南方については「寬柔以教、不報無道」という極めて女性的なことが歸屬せしめられている。これは强さというものに對する考えの南北の相違を、象徵的に示していると思われる。そしてこれは學派的對立とは異次元の問題ではないかと考えられる。『莊子』の天道篇では、老耼が孔子のことを「北方之賢者」と呼んでいる說話がみえるし、田子方篇では、道家的理想人とみられる溫伯雪子なる人物が、魯國での面會人を斷った際に、「吾聞、中國之君子、明乎禮義而陋於知人心」と語った說話がみえる。これらは事實はともかくとして、道家に屬する人物が、儒家の徒または儒學の盛行する地の人々を、北方と呼び自らは南方が地盤であることを示している。また相手を中國といって自らは中國文化圈に屬さぬことを示している。これらは興味深いことといわねばならないとともに、道家の徒が地域的にも文化的にも中原とは異質であることを示すものであって、單なる思想的な對立には止まらぬことを反映しているのではなかろうか。因みに『老子』との關係が問題とされる老耼なる人物の出身地は、一應楚國に屬するとされ、當時の中原の地域からは南方と目されていたことも參考されよう。

更に、『書經』はのちに儒家の經典とされたものではあるが、その最も古い五誥の部分は、周の建國初期の事情をほぼ正確に傳えているであろうとされる。その中にはしきりに至高者としての天が現れ、或は災いを下し或は助け、人から畏れられている。いまほんの少し例を擧げると、「天降割于我家不少（上天は余が家に聊かならず禍を下された）」（大誥）[10]、「天明畏、弼我丕丕基（天の明は恐ろしい。しかるに我が周國の大きな礎を助成されるぞ）」（同上）、「天乃大命文王、殪戎殷（かくして上天よりは文王さまに大命を下され、誅殺のことわりにより、戰もて殷より悪人を除けよと）」（康誥）、「天降威我民、用大亂喪德、亦罔非酒惟行（だから天が恐ろしい罰を我が民たちに下され、かくてひどく騒ぎを起して德を失ふに至るのも、酒をふだんのこととして飲むからに外ならぬ）」（酒誥）などがそれである。これら諸篇にみなぎる雰圍氣は、何かといえば天をもちだすのであって、彼ら周初の支配者たちは、至高者の天を中心にすべてを行っていたことが窺われる。しかも、ここにみられる天は、人と隔絶したところから命令を下し罰を下す存在であることが窺われるのである。天が中心になっている點では、『老子』において、道がすべての思考の中心に据えられていることと相似しているといえるが、（ただ『老子』は戰國期の諸思想、特に北方的な天の思想の波に洗われていて、五誥におけるほど純粋ではないが）、道の性格は上述の天の如き威壓的ではない點が注目に値しよう。しかもこの五誥に窺われる状況は、儒家などという學派成立のはるか以前の状況であったということ、また地域的には黄河流域の北方中國の状況を示すものだということが重要な點である。

これら上述の諸事實を考慮するとき、先に明らかにした『老子』にみえる諸特徴は、儒家などの學派との學派的な對立の次元のみで考察されることには問題があるのではなかろうか。いま少し視野を擴げての次元で道家思想というものを考えてみる必要があるように思う。

（一九七三、三、七稿、二〇〇五、四、九補訂）

注

（1）『石田英一郎全集』第六巻、所收。

（2）『石田英一郎全集』第三巻、所收。なお、この論考の末節にも、儒家と道家との對立は、學派的對立を超えて、その遠い背後には異質な文化が底流していることを豫想しておられるのが注目される。

（3）小川環樹は、「それよりも、少し奇異に感じられることがある。「天之道」を老子がいうからである。「天の道は、争わずして而もよく勝つ」（七十三章）などは、天のはたらき方と解される。この「天の道」が「人の道」（七十七章）と對立して使われるからには、なおさらそう解さざるをえない。……老子の形而上學において、「道」は天と地とよりも上位の概念だとすると、「天の道」というのは矛盾したことではないだろうか。そもそも「道」は「道」たることでじゅうぶんであって、ある理想の狀態を「天の道」として表現すること自體が、「道」の完全性、その自足をそこなうものではないか。」（『老子・莊子』－中央公論社・世界の名著、所收、一九六八年－解說）と述べておられる。注目すべき指摘であると思う。

（4）ただし、唯一箇所、人にとって不可解なまた人に超絶的な天が、『老子』の中にみえることを指摘しておきたい。「勇於敢則殺、勇於不敢則活、此兩者、或利或害、天之所惡、孰知其故、是以聖人猶難之」（第七十三章前半）。

（5）この外には、三十二章や三十九章などに、天地が最上位の概念ではないことがはっきりと讀み取れる。

（6） 馬王堆出土の帛書『老子』には「周行而不改」の句はなく、「道」の遍在の思想はない。後人の附加であろう。帛書『老子』は一九七三年十二月に發見されたが、日本ではみることができなかった。全文の寫眞版と釋文を伴ったもので、現在、一應定本とされているものは國家文物局古文獻研究室編『馬王堆漢墓帛書〔壹〕』で、文物出版社より一九八〇年に出版されたものである。（《馬王堆漢墓帛書》整理小組編『馬王堆漢墓帛書〔壹〕』は一九七四年九月に文物出版社より出版された。また簡裝本の『帛書老子』は文物出版社より、一九七六年三月に出版された。）したがって、一九七三年出版のこの文章を草した時點では、一九七三年十二月出土した帛書『老子』をまだ見ることはできなかったので、「道の遍在」の考えが、『老子』にあったとの主張は、ここに訂正する。なお、その後、「道の遍在」の考えを示す句は元來はなく、後の附加であろうとの見解は本書所收、拙稿「帛書『老子』から見た王弼所注本『老子』原本攷」二二五頁でも述べてある。

（7） ここと類似の表現は、二章、十章、三十四章などにもみえ、いずれも道に關聯して說かれている。なお、ここの引用の文頭の「故」字は、帛書にはなく、「道生之、德畜之、長之育之、……」の文も「德」字はない。すべて「道」のはたらきとしていて、現行本『老子』では、前半と同じく五十一章となっているが、この後半は專ら「道」のはたらきを述べたものであり、訂正を要する。前注（6）に述べた理由によりここも訂正を要する。なおこの箇所の件については、本書所收、拙稿「馬王堆漢墓出土の帛書《德篇》《道篇》考――原初的『老子』試探」九五頁を參照。

（8） かかる「道」の性格については、二章、二十五章、三十四章、四十二章、五十一章などにみえる。

（9） 「谷神不死、是謂玄牝、玄牝之門、是謂天地之根、綿綿乎若存、用之不勤」（六章）の玄牝について、石田氏は「ここにいう《玄牝》も「天地ニ先ダッテ生ジ」た「萬物ノ母」であり、原初の女性原理である

《道》であろう。しかもこれと同格に置かれる不死の《谷神》とは、古來、萬物を生成する穀神とも、あるいは虛にして物なき狀態とも解せられてきたが、一本には《谷》を《浴》に作り、《谷》といい《浴》といい、その水神的性格の跡を文字にとどめたものかも知れない。」(『桃太郎の母』一九四八年)といわれる。いずれにしても、この章は大地的な思考であることは間違いないといえよう。

(10) 原文は「木强則共」または「木强則兵」であるが、兪樾の說によれば、「共」または「兵」は、「折」の誤りだという。

(11) 以下、譯文はすべて吉川幸次郎氏譯『尙書正義』第三册(一九四一年)による。

『老子』王弼注考察一班

はじめに

「正始之音」の代表として、王弼の名は何晏とともに併擧される。二十三歳の若さでなくなったとはいえ、彼の殘した『易』と『老子』に對する注釋は、それぞれ注釋史上に不滅のものとして現存する。前者は、漢代以來主流であった「象數易」に代わって、新たに主流となった「義理易」の原點であり、「五經正義」の一つとして採用され、『易』解釋の正統と認められることとなった。また後者は、『老子』注釋の完成品の最古のものとして、『老子』解讀のためには、その解釋を採る採らぬにかかわらず、眼を通さねばならない書物とされている。斷片的には、前漢初期頃の現存最古の『老子』注釋と目される『韓非子』解老篇があるが、現行本『老子』八十一章中の八分の一章程度にしか亙らず、しかも各章の中のまたその一部分の解釋にしか過ぎない。從って、『老子』注釋の原點もまた王弼注だということができる。

哲學史なり思想史なりを繙けば、必ず王弼について言及され、『周易注』『周易略例』『老子注』などに言及し、或はそれらを引用して、王弼の思想について述べられているのであるが、それら注釋についての専論は意外に少ないように思われ、特に『老子注』についてはその感が深い。王弼は、思想の系譜の上では「貴無論」に屬するとされ、その意味では『老子注』は、彼の思想を知るための最も重要な手がかりとなるものといえる。そこでいま、北京大學の樓宇烈教授の最近の勞作『王弼集校釋』上下（中華書局、一九八〇年）によりながら、『老子道德經注』について、その中のキーワードと思われるものの中の幾つかについて、小論で檢討してみようと思う。さらにまたそれに先だって、『老子道德經注』と密接に關聯すると思われ、かつ王弼の著作と推定される『老子指略』についても考察を加え、王弼注理解の一助としたいと思っている。

王弼の思想を理解するには、『老子道德經注』のほか、『周易注』『周易略例』などはもとより、廣く彼の生きた時代の思想界の傾向や、彼と交友關係にあった人たちの思想や、また彼と論爭を交わした人たちの思想などについても、よく理解していなければならないと考えるが、魏晉思想研究についての門外漢としては、到底そこまでは及びかねるので、當面、上述した問題に限って考察を行いたい。

一　『老子指略』について

『三國志』卷二十八・鍾會傳の注所引の何劭の王弼傳によれば、王弼は「老子に注し、之が指略を爲る、致めて理統有り。道略論を著わし、易に注し、往々、高麗の言有り」と記されている。『易』については、『隋書』經籍志には「周易十卷」と著録され、その下に「魏尙書郎王弼注、六十四卦六巻。韓康伯注繫辭以下三巻。王弼又撰易略例一巻。……」とあり、『周易注』『周易略例』ともに現存する。『老子』については、同志には「老子道德經二巻、王弼注」と著錄され現存するが、『周易略例』に相當すると推定される『老子指略』については言及がない。ただ『舊唐書』經籍志に『老子指例略』が著錄されるが、作者不明とされている。『新唐書』藝文志に到って、同書は王弼の著作と明記される。しかし同名の書籍は現存しない。ところが王維誠が『雲笈七籤』所收の『老君指歸略例』及び『道藏』所收の『老子微旨例略』から『老子指略』を輯成し、『新・舊唐書』に記される『老子指例略』の佚文にほかならないとされた。かかる推定についての詳細は筆者には不明であるが、王維誠の『老子指例略』輯校本を基にさらに校訂を加えたものが『老子指略』として、樓宇烈の勞作『王弼集校釋』には収められている。(1)王氏の論考を未見なので、『老子指略』の基本となっている『老子微旨例略』が王弼の著作かどうか確實ではないが、筆者のみるところではほぼ王弼の著作としてよいのではないかと思われる。

『老子微旨例略』と『老君指歸略例』とを比較すると、前者の前半は一部分を除いて、後者とほぼ同一の文章である。從って後者は前者の一部である可能性がある。いま後者の収められている『雲笈七籤』冒頭の「道修部　總敍道德」の項には、ほかに『老君指歸』『韓非子』主道篇『淮南鴻烈』ほかがともに収められているが、主道篇は『韓非子』原文の前半全部がそのまま採られて後半は削除され、『淮南鴻烈』はやはり原道訓の冒頭部分がそっくり採られて、それに續く文は全部削除されている。以上の事實を考慮すると、『老君指歸略例』は本來の文章の冒頭部分乃至は前半部分である可能性が強い。しかもそれが『老子微旨例略』の前半部とほんの一部分を除いて全く同一であるというのであるから、この後半部は『老子微旨例略』では削除されたと考えることができる。

いま『老君指歸略例』と重複する部分[2]についてみると、現存の『老子』王弼注文などと同一乃至類似の文章が多くみられる。樓宇烈の『校釋』によれば、十四章注、十六章注、三十五章注、二十五章注、四十一章注、一章注、四十章注、二十九章注、五十二章注、三十八章注、の一部分と全く同一の文章や極めて類似した文章が、『老君指歸略例』卽ち『老子微旨例略』乃至『老子指略』の前半部分に使われているとされる。しかしこの他にも『老子指略』第一段の「若溫也則不能涼矣、宮也則不能商矣、形必有所分、聲必有所屬」の句は、『列子』天瑞篇張湛注所引の「王弼曰」の文章の一部分であり、『老子指略』第二段の「道也者、取乎萬物之所由也。玄也者、取乎幽冥之所出也」と同様の思想乃至表現は、王弼注[3]では、

混然不可得而知、而萬物由之以成（二十五章）

言道取於無物而不由也[4]（二十五章）

言道則有所由（二十五章）

萬物皆由道而生、既生而不知其所由（三十四章）

道者、物之所由也（五十一章）

凡言玄德、皆有德而不知其主、出乎幽冥（十章）

有德而不知其主也、出乎幽冥、故謂之玄德也（五十一章）

などにみられる。

また『老子指略』第四段末の「故名號則大失其旨、稱謂則未盡其極。是以謂玄則玄之又玄、稱道則域中有四大也」は、ここだけでは論旨に飛躍があるように思われるかも知れないが、『老子』王弼注に、

玄者、冥默無有也、始母之所出也。不可得而名、故不可言同名曰玄。而言同謂之玄者、取於不可得而謂之然也。……則不可以定乎一玄而已。若定乎一玄、則是名則失之遠矣。故曰玄之又玄也（一章）

凡物有稱有名、則非其極也。言道則有所由、有所由、然後謂之爲道、然則道是稱中之大也。不若無稱之大也。無稱不可得而名、故曰域也。道・天・地・王皆在乎無稱之內、故曰域中有四大者也（二十五章）

とあるのを參照するならば、名號・稱謂の世界にある〈道〉〈玄〉は不完全であり、それ故にさらに別の表現がとられた理由が明瞭になるのであって、『指略』の文章が王弼注をふまえてはじめて成り立つものであることを證するものということができよう。

「崇本息末、守母以存子」(5)の句については、後句との關聯から、樓氏は五十二章注、三十八章注を關聯する文章として擧げるに止まるが、前句と同一の文句は五十七章注、五十八章注にみえることも指摘できる。さらに「不皦不昧」の語は五十五章注にみえるし、「其大歸也、論太始之原以明自然之性」の文の「自然之性」という語は、王弼注には未見の語であるが、何劭の王弼傳によれば、王弼の

『大衍義』に對する荀融の批判に答えた文章に「夫明足以尋極幽微、而不能去自然之性、……」と「自然之性」の語がみえるのも、注目してよいであろう。

以上の事實からするならば、『老君指歸略例』（『老子微旨例略』乃至『老子指略』の前半部分）は、ほぼ王弼の手になるものということができよう。しかも『雲笈七籤』「道德部　總敍道德」の項の先の検討によれば、王弼著と推定される上記の文章はより長い文章の冒頭部分と考えられ、『韓非子』主道篇或は『淮南子』原道訓と同様に、それに接續する文章が當然あったと考えられる。とするならば、『老君指歸略例』を含んだ『老子微旨例略』は、同一人卽ち王弼の手になるものと推定される。

『老子微旨例略』の前半の『老君指歸略例』とほぼ同じ文章に續く文章は、「老子之書、其幾乎可一言而蔽之、噫、崇本息末而已矣」に始まるもので、量的には『老君指歸略例』のほぼ三分の二ほどの文章である。これが先行の文章と同様の王弼の手になるものと斷定できるかどうかは難しい問題である。というのは、先行の文章ほどには『老子』王弼注に合致する文章が多くないからである。しかも王弼注に合致するものも多く斷片的な語だからである。しかし、先にも指摘した「崇本息末」の語がみえ、「聖智、才之傑也。仁義、行之大者也。巧利、用之善也」は、多少の異同はあるが十九章とほぼ同じであるし、「後其身而身存」「外其身而身存」は、七章の本文でもあるがまた四十一章注にもそのまま使われている文である。そのほか「素樸」「聖智」は十九章注に、「舍本」は五十二章注に、「攻末」は五十七章注にみえる語であり、「謀之於未兆」は七十三章注、「有此形必有其分」は四十一章注に、極めて類似した文章がみえることなどを指摘できる。また先には觸れなかったが、『老君指歸略例』に『老子』本文の引用乃至本文と同一語句の使用が多くみられたが、そのことは今問題にしている文章でも同様であって、殊に十九章の本文との關聯が深いのが特徴といえよう。

以上を總合してみるに、『老子微旨例略』（卽ち『王弼集校釋』所收の『老子指略』）の後半部分も、そこに使用されている語句・文章などについてみる限り、前半部分同様に王弼の手になるものである可能性が極めて高いということができる。從って『老君微指例略』全文は、王弼の著作と推定することができる。しかし名稱については、何劭の王弼傳では『老子指略』、『新唐書』藝文志では『老子指例略』が王弼の著作とされるが、『老君指歸略例』や『老子微旨例略』も、ともに王弼の著作として記錄するものはない。王弼傳にみえる名稱は正確なものかどうか疑わしい。『周易略例』などの名稱からすれば、『老子指例略』または『老君指歸略例』が正確な名稱であったと考えられるが不明である。いま便宜上、樓宇烈『王弼集校釋』で使用している『老子指略』の名稱を小論では用いたい。

ところで、『老子指略』について、そこにみられる王弼の考えをみてみよう。『王弼集校釋』では、全文を八段に分けていて、第四段までが先にも觸れた『老君指歸略例』にほぼ當る部分である。

第一段は、「無形無名」なる「萬物之宗」について述べ、それがあらゆる感覺を超え無限定なものであると同時に、「物生功成、莫不由乎此」というように現象界の基底にあって、それを成り立たしめるものであると規定する。「道」という語は直接使われていないが、「無形無名」なるものの説明に、『老子』十四章や二十五章にみえることばが使われ、一章冒頭の文が引用されていることからも、それが「道」を指すことは明らかである。なお、ここで注目されるのは「四象不形、則大象無以暢、五音不聲、則大音無以至」とあることで、これは王弼の『周易略例』明象に「夫象者、出意者也。言者、明象者也。盡意莫若象、盡象莫若言、言生於象。故可尋言以觀象、象生於意、故可尋象以觀意、意以象盡、象以言著」とあるように、意から象に、象から言にと、根源的なものが現象界に現れるには、「象」「言」といった手段が必要だという考えと同質のものである。また「大衍之數五十、其用四十有九」(繋辭傳上)の注に引く王弼の言に「夫無不可以無明、必因於有。故常於有物之極、而必明其所由之宗也」とあるのも、根源的なものはそれ自體では現象し得ないで、形象的なものを借りてはじめて現象しうることを說いたもので、同様な考え方だということができよう。

第二段は、「名」「稱」「言」などの不完全であることをいい、「道」「玄」「深」「大」「微」「遠」など根源的なものを表現しようとすることばも、「常」卽ち不變なるもの「眞」卽ち假りでないものから違離したものだとする。從って『老子』の文章は、辯詰しようとすれば本旨を失うし、名責しようとすれば意義を正しく把えられないといい、その「大要」は「因而不爲。順而不施、崇本以息末、守母以存子、賤夫巧術、爲在未有、無責於人、必求諸己」であるという。次いで法・名・儒・墨・雜の諸家を批判し、彼らの主張に順うことによる諸惡の發生は、「皆用其子而棄母」によると斷定し、さらに諸家を批判した後で『老子』の文章を讚美して終る。

第三段もやはり「名」「形」が根源的なものではないとし、「道」と「形」との對比で、根源者と現象との關係を說き、「安」は「非安」に、「存」は「非存」に、「聖功」は「絕聖」に、「仁德」は「絕仁」によって存立するなどと說く。「形」は非形なる「道」によって成り立つというのである。なお、ここでは「聖功」「仁徳」が校訂されていることは注目しておいてよいであろう。

第四段でも、やはり名稱の不完全性を説き「玄、謂之深者也。道、稱之大者也。名號生乎形狀、稱謂出乎涉求、……故名號則大失其旨、稱謂則未盡其極」といって、「道」や「玄」という『老子』で極めて重要なことばをも不完全だとし、「是以謂玄則玄之又玄、稱道則域中有四大也」と結ぶ。

第五段以後は、『老君指歸略例』では缺如している部分であるが、この段は〈老子之書〉について「崇本息末而已矣」と要約し、邪・淫・盜・訟をなくすのは「存誠」「去華」「去欲」「不尙」であって、「善察」「滋章」「嚴刑」「善聽」といった「攻其爲」「害其欲」のことではないといい、「竭聖智」よりは「見質素」を、「興仁義」よりは「抱樸」を、「多巧利」よりは「寡私欲」を優先すべきだとし、肝要なのは「使民愛欲不生」であって「攻其爲邪」ではないと説き、最後に「故見素樸以絶聖智、寡私欲以棄巧利、皆崇本以息末之謂也」と「崇本息末」の解説を繰り返して終る。

第六段は、「崇本息末」の利を説くとともに、「舍本攻末」の害を説き、「素樸」の尊重と「聖智」の否定を主張する。

第七段は、「名」と「形」、「名」と「實」のことを論じ、「聖智」を考察して「絶聖」「棄智」[7]すべきことを明らかにし、「名行」「譽利」「仁義」を排除して「敦樸之德」「誠實」「孝慈」の恢復を説く。

第八段は、『老子』十九章、七章、五十二章のことばがみえ、十九章、四十一章の王弼注文とほぼ同文もみえることは、先にも指摘したところである。「本苟不存、而興此三美、害猶如之」とか「故必取其爲功之母而已矣」などとあって、基本的にはこれまでと同様に「崇本」の主張にほかならないが、「此三美」が「聖智」「仁義」「巧利」を指すことや、「絶聖而後聖功全、棄仁而後仁徳厚」や「絶仁非欲不仁也、爲仁則僞成也」などと、「聖功」「仁德」などの實現のために「絶聖」「棄仁」があると説いているのは、先の第二段での儒家批判にもかかわらず、『周易』に注し『論語釋疑』を著したことと關係があると思われる。また「身先、非先身之所能也」「身存、非存身之所爲也」といって、「後其身」「外其身」にしてはじめて「身先」「身存」が可能だ、と極めて功利的な主張を説く。もっともこれは『老子』七章の主張を承けたものではあるが。さらに五十二章の引用である「既知其子」「復守其母」は、先の第二段でみた「崇本息末」と竝ぶ「守母存子」に對應する考えを示そうとしたものと思われ、これに續けて「尋斯理也、何往而不暢哉」ということばでこの文章全體を終えている。

二　崇本息末について

『周易略例』が、王弼の『周易注』の總論・綱領であり、『周易』解釋の原則を述べたものだとするならば[8]、そしてまた『老子指略』が『老子指例略』の佚文で、王弼の著作だとするならば、『老子指略』は本來の名稱からして、『周易略例』と同樣に、王弼の『老子注』の總論、綱領であり、『老子』解釋の原則を述べたものといえるかも知れない。とすれば、そこで『老子』について一言でいえば「崇本息末」だと斷言し、また『老子』の「大要」の一項として「崇本息末」「守母存子」を擧げていることは、檢討に値することといえよう。そこでいま、この「本」「末」、「母」「子」關係について、上述のことばの使われている場合の王弼注についてみてみたい。いうまでもなく、上述の各語は象徴的なものであって、その語の指す内容は具體的には多様であるが、當面は相對應する「本」と「末」、「母」と「子」の關係について檢討してみたい。

さて、三十九章注に、

一、數之始而物之極也。……物皆得此一以成、既成而舍一以居成、居成則失其母、故皆裂・發・歇・竭・滅・蹶也。各以其一、致此清・寧・盈・生・貞。

用一以致清耳、非用清以清也。守一則清不失、用清則恐裂也。故爲功之母不可舍也。是以皆無用其功、恐喪其本也。

清不能爲清、盈不能爲盈、皆有其母、以存其形、故清不足貴、盈不足多、貴在其母、而母無貴形。

とあるが、これはほぼ本文の「昔之得一者、天得一以清、……谷得一以盈、……天無以清將恐裂、……谷無以盈將恐竭、……」に對應する箇所である。天が清み谷が盈ちるという「形」卽ち現象界の事柄は、それ自體で成り立っているのではなく、「本」「母」乃至「爲功之母」という「形」「功」を成り立たしめる、より根源的なものがあるというのである。それはまた「一」ともいわれるが、別のことばでは「數之始」で「物之極」と表現される。要するに物の始源であるとともに、物の究極者つまり物の本質をなすもの、物を物たらしめる究極者が「一」だという。従って「物は皆此の一を得て以て成る」のである。「此の一」は、單なる數の「一」ではなく、王弼の定義したごとき「一」でなければならない。「一」の定義は、「少則得、多則惑、是以聖人抱一、爲天下式」（二十二章）の注に、

自然之道、亦猶樹也。轉多轉遠其根、轉少轉得其本。多則遠其眞、故曰惑也。少則得其本、故曰得也。

一、少之極也。式、猶則也。

とみえる。「一」とは、少なさの究極のもの、卽ち數の根源的なもの、數を成り立たしめるものといえよう。「少」と「本」とは關聯しているけれども、「轉少轉得其本」とあるように兩者の閒に隔たりがあるが、「少」の究極のもの「一」と「本」との關聯は、より密接であることが推測され、「抱一」とは極言すれば「本」そのものとなるということができよう。

さて五十二章注には、

母、本也、子、末也。得本以知末、不舍本以逐末也。

とあって、本文の「旣得其母、以知其子、旣知其子、復守其母」という「母」「子」關係を、「本」「末」關係に置きかえているが、先の三十九章注の「爲功之母」と「功」の關係は、そこにみえる「本」と「功」の、更にいえば「本」「末」の關係ということができる。しかもここで「得本以知末」というように、「本」「末」關係は、兩者の閒に輕重の差はあるものの、ともに肯定されるものとしての關係である。それは三十九章注での現象と、それを成り立たしめている根源的なものという關係からも當然であるし、「母」「子」關係は本來連續したもので、互に他者を否定すべき關係でないことからも推測されることである。こうした「本」「末」・「母」「子」の關係について多少詳しく論じているのが三十八章注である。そこには、

> 本在無爲、母在無名。棄本捨母、而適其子、功雖大焉、必有不濟、名雖美焉、僞亦必生。……以無爲用、則得其母、故能己不勞焉而物無不理。下此已往、則失用之母。不能無爲、而貴博施、……所謂失德而後仁、……故苟得其爲功之母、則萬物作焉而不辭也、萬事存焉而不勞也。守母以存其子、崇本以擧其末、則形名倶有而邪不生、……故母不可遠、本不可失。仁義、母之所生、非可以爲母。形器、匠之所成、非可以爲匠也。捨其母而用其子、棄其本而適其末、名則有所分、形則有所止。

とある。ここでは明確に「守母」「崇本」と併せて「存子」「擧末」を説く。ただし「棄本捨母」して「用子」「適末」することは勿論否定され、「母不可遠、本不可失」なのであって、「母」「本」がより尊重さるべきことは、先の三十九章注末尾の「貴在其母」と同様である。そこで「失用之母、不能無爲」であることは、「本在無爲」なのであるから、「本」を失ったことになり、「博施」という行爲をなすこととなり、「失德而後仁」ということになる。この三十八章では、道・德・仁・義・禮は、より價値の高いものから低いものへの順序とされ、論じられているのである。ただ道・德の段階までは「以無爲用」であり、「守母」の狀態であるが、「下此已往」卽ち仁・義以下は「失用之母」に當るとされる。また例えば「仁」は「不能無爲」であるがために、「博施」という「無爲」に對する「有爲」を重んずることになり、それは「捨其母而用其子、棄其本而適其末」ということになる。

ただここで注目すべきことは、「母」とはできないが「仁義、母之所生」といっていることである。つまり「仁義」は「子」であり「末」である。とすれば「守其母以存其子、崇本以擧其末」というのであるから、「仁義」は最上のものとしてではないが、當然容認されることとなる。「大道廢、有仁義。（大いなる「道」が衰えたとき、仁愛と道義（の説）がおこった。―以下、『老子』譯文は小川環樹譯による。）」（十八章）は、三十八章本文と同じような思考であるが、そこの注には、

失無爲之事、更以施慧（惠）立善、

とあって、三十八章の場合と考え方は變りはない。

次いで問題となるのは「絶仁棄義、民復孝慈（仁愛をなくし、道義をすてよ。〔そうすれば〕人民は孝行と慈愛にかえるであろう。）」（十九章）であるが、そこの注には、

仁義、行之善也。……而直云絶。文甚不足、不令之有所屬、無以見棄指。

とあって、上引本文の前後にある「絶聖棄智、……」「絶巧棄利、……」と併せて、文章が舌足らずであるから、文章を續けないと意味が測りかねるというのであって、特に強く「仁義」を否定していることばは見出せない。因みに、「聖智」「巧利」についても同樣なことがいえる。勿論、言外には十八章注にみられるように、「無爲」より劣る「有爲」だとの意向は明らかであろうが。しかしそれにしても本文の「絶仁棄義」とは、やはりずれているように思われる。尤も本文でも、「民利」や「孝慈」など一般社會、道家からみれば世俗社會での價値が肯定されているので、王弼としても齒切れが惡くならざるを得なかったともいえる。けれども先にも觸れたように『老子指略』（第八段）には、

既知不聖爲不聖、未知聖之不聖也。既知不仁爲不仁、未知仁之爲不仁也。故絶聖而後聖功全、棄仁而後仁德厚。……絶仁非欲不仁也、爲仁則僞成也。

とあって、同書の別の箇所では「用其子而棄其母」（第二段）の一學派として儒家を批判しているものの、「絶聖」「棄仁」は、眞の「聖功」「仁德」實現のためには必要なのだとしていて、「聖」なり「仁」なりを肯定している。これは「仁義」觀について、王弼注と『老子指略』との一致を示すものといえよう。

「本」「末」については、以上のような關係のほかに、先にも簡單に觸れたのであるが、『老子指略』で「崇本息末、守母存子」が「其大要」である（第二段）とか、「老子之書、其幾乎可一言而蔽之。噫、崇本息末而已矣」（第五段）「故見素樸以絶聖智、寡私欲以棄巧利、皆崇本以息末之謂也」（同上）といわれていて、「擧末」「知末」ではなく、「息末」が說かれていることがまた注意される。「以正治國、以奇用兵（國家を統治するには、正直にする。戰いを行うには、人をだます。）」（五十七章）の注に、

以道治國則國平、以正治國則奇兵起也。……夫以道治國、崇本以息末。以正治國、立辟以攻末。本不立而末淺、民無所及、故必至於以奇用兵也。

とあり、同章下文の「天下多忌諱、而民彌貧、民多利器、國家滋昏、人多伎巧、奇物滋起、法令滋彰、盗賊多有（天下に禁忌が多くなればなるほど、人民はいよいよ貧しくなる。人民が鋭い武器を多くもてばもつほど、國家はますます暗黑になる。こざかしい技術者が多ければ多いほど、みなれない品物がますますできてくる。法令が嚴格になればなるほど、盗賊が多くなる。）」の末二句の注に、

立正欲以息邪、而奇兵用、多忌諱欲以耻貧、而民彌貧、利器欲以強國者也、而國愈昏弱、皆舍本以治末、故以致此也。

とあり、同章末尾の「故聖人云、我無爲而民自化、我好靜而民自正、我無事而民自富、我無欲而民自樸（だから聖人はいう、「私は行動しない、それゆえに人民はおのずから教化され、私が靜寂を愛すれば、人民はおのずから正しく、私が手出ししなければ、人民はおのずから富み榮得、私が欲望をなくしていれば、人民はおのずから『削られない樸』のよう（に簡素）であろう」）」の注に、

……此四者、崇本以息末也。

とある。理想的正治の「崇本息末」に對して、「以正治國」は「立辟攻末」卽ち法令を公布施行することによって現象面での惡を抑えること、それはまた「立正欲以息邪」であり、それは好ましいことではないとされ、本文に擧げられた諸惡の例は「舍本以治末」のためであると王弼は考える。

これに對して、理想的指導者「聖人」が「無爲」「好靜」「無事」「無欲」である結果として、民衆がそれぞれ各自に好ましい狀態になっているのは、「崇本」卽ちこの場合でいえば「無爲」以下のことを實踐したからであり、そうすることによって「息末」卽ち先の例でいえば「忌諱」「利器」「伎巧」「法令」などの「末」を、「息」卽ち止め用いないようにしたためだというのである。

次いで「是以聖人方而不割、廉而不劌、直而不肆、光而不燿（それゆえに、聖人は方であるが、それで（物を）切り裂くことはなく、（心のなかに）光があるが、（人の目を奪う）きらめきはないのである。）」（五十八章）の注に、

以方導物、令去其邪、不以方割物。所謂大方無隅。

廉、清廉也。劌、傷也。以淸廉導民、令去其汚、不以淸廉劌傷於物也。

以直導物、令去其僻、而不以直激拂於物也。所謂大直若屈也。以光鑑其所以迷、不以光照求其隱慝也。所謂明道若昧也。此皆崇本以息末、不攻而使復之也。(9)

とある。「此皆」とは、「方而不割」以下の逆說的表現の四句のことで、こうした聖人のあり方は、「崇本息末」で、「末」を攻擊せず本來的なものに復歸させることだ、と王弼はいうのである。この場合、「崇本息末」とは「方」「廉」「直」で「導」びき、「邪」「汚」「僻」がなくなるようにさせることであり、「光」で「迷」の原因を明らかにし、「迷」をなくすようにさせることだという。「不攻」とは、「割」かず「傷」つけず「激拂」せず「隱慝」をあばきださないことだ、と王弼は考える。

以上みてきたところによれば、「知末」「擧末」の「末」と、「息末」「攻末」の「末」とは、「本」との關係がそれぞれ異なるし、內容も異なることが明らかであろう。前者では「母」「子」關係に置き換えることが可能であるが、後者についてはそれは無理であろう。前者では「本」と「末」は連續しているが、後者では背反の關係にあり斷絕している。そして王弼注についてみる限り、前者においてのみ「本」と「母」、「末」と「子」を對應させている。『老子指略』(第五段)では、『老子』の本質を「崇本息末」と規定し、十九章のことばを使って、それは「見素樸以絕聖智、寡私欲以棄巧利」にほかならないと說明しているのは、まさしく後者と一致する。他方、「既知不聖爲不聖、未知聖之不聖也、既知不仁爲不仁、未知仁之爲不仁也。故絕聖而後聖功全、棄仁而後仁德厚。……外其身而身存、身存非存身之所爲也。功不可取、美不可用。故必取其爲功之母而已矣。(10)篇云既知其子、而必復守其母」

（第八段）といって、五十二章を引用して「母」「子」關係で説明しているのは、先に引用した五十二章注の「母、本也、子、末也」のことばを想起するならば、前者と一致することは明らかである。

上述の如く二種の「本」「末」關係があるとして、『老子指略』（第五段）で、『老子』の核心は「崇本息末」であり、それは「見素樸以絶聖智……」にほかならないといい、同書最後の第八段で「絶聖而後聖功全、……篇云既知其子、而必復守其母」というのは、結局のところ、同書第二段で『老子』の「大要」の一項目に「崇本以息末、守母以存子」とあることにほかならないと思われる（ただし、ここの「本」「末」と「母」「子」は對應するものではない點を銘記すべきであろう）。「見素樸」という「崇本」から、「絶聖智」という「息末」が生じ、その「絶聖」から「聖功全」という「擧末」乃至「存子」に到るというのが、同書第五段から第八段に至る思想の展開過程なのだからである。

しかしながら、いずれにせよ『老子指略』では、『老子』の基本的性格を「崇本息末」、「攻末」ではなく、「崇本」による「息末」にある、と明言しているが、これは『老子』の性格を的確に把捉したものといえる。例外的には「絶聖棄智、……」（十九章）などという表現も確かにみられはするが、おおむね『老子』では、否定さるべき對象を直接批判するというよりは、中核となっている思想卽ち「本」を、或は逆説的な表現で主張することに主眼が置かれ、時にその主張が實現したならば、批判さるべき現實すなわち「末」が未生起乃至消失に終ると説かれるのが常だからである。そして「本」とは、王弼注に一々ことばとしては現れないけれども、三十八章注から容易に推定しうるように、「道」がその究極のものとされることは明らかであろう。

三　因循について

前章の末尾でも觸れたように、そしてまた『老子指略』の冒頭からも明らかなように、『老子』の思想の中核について、王弼がどのようなことばで表現しているにせよ、それが「道」であると王弼が考えていたことは明らかである。従って、「崇本息末」論に續いてそれを問題とするのが當然だといえようが、尤も重要な問題にはいる前に、古く『史記』でも道家の「術」について、「本」卽ち「虚無」に對して「用」としての「因循」を擧げ、『老子指略』の中でも、『老子』の「大要」の一項として「因而不爲、順而不施」を擧げているので、先にそれを檢討してみよう。

古く『史記』太史公自序の六家要指の箇所で、道家について『老子』の語句を引用しながら、「其術以虚無爲本、以因循爲用（その術《おしえ》は虚無を根本とし、自然にしたがうことを用《はたらき》とする）」（以下、『史記』譯文は岩波文庫本による）と述べる。『老子』には「虚無」「因循」の語は、そのままではみえない。「虚」と「無」とは、『老子』に僅かにみられるものの、決して頻出する語ではないし、「因循」に至っては、どちらの語も全くみいだせない。『老子』に頻出する重要な語は、周知の如く「道」であり「德」である。従って、司馬談のこの批評は、道家の主として『老子』の思想内容について述べたものといえよう。道家という名稱は司馬談の頃に始まると思われ、それは獨自な「道」を説いている學派とみなしたためであろうが、その思想の根本は「虚無」、行動様式は「因循」と捉えたものである。

これは前漢武帝期頃の『老子』理解の一端を示すものといえよう。

六家要指には、また「虚者、道之常也。因者、君之綱也。群臣竝至、使各自明也〔虚〈虚無〉は道の永遠の本性であり、因〈自然にしたがうこと〉は君主のとるべき綱である。群臣はいっせいにやってくる。それはおのおの自身〔の努めを〕明らか〔に知っているから〕である〕」ともみえていて、「因」が政治的手段とないうることを示している。しかし『史記』よりは時代が少し遡る著作かと思われる『韓非子』主道篇に、

道者、萬物之始、是非之紀也。是以名君守始以知萬物之源、治紀以知善敗之端、……去智而有明、去賢而有功、去勇而有强、群臣守職、百官有常、因能而使之、是謂習常。……明君無爲於上、群臣竦懼乎下。明君之道、使智者盡其慮、而君因以斷事、故君不窮於智。賢者敕其材、君因而任之、故君不窮於能。

とみえていて、『老子』的な「道」を君主の「守」「治」すべきものとして説くとともに、君主が「無爲」であるべきこと、有能な臣下たちの有爲に「因」ることによって、「明君」たりうることを説くのは、『史記』の場合と同じく政治的な意味での君主の術としての「因」を説いたものである。法家の書物であるから、政治的であるのは當然あるとしても、『老子』的「道」との關聯でそれが説かれているのは、同書に解老篇、喩老篇が含まれていることとも關聯して、『老子』と法家との連關性の一端を示すものといえよう。なお附言すれば、先にも觸れたことであるが、この主道篇は、ここの引用文に前接する篇首の一段の文章が、『雲笈七籤』冒頭の「總敍道德」の項に、『老君指歸』『老君指

歸略例』『淮南鴻烈』（原道篇冒頭部）『唐開元皇帝道德經序』などとともに収められているのは、この篇が極めて道家的色彩の强いものであることの證左であって、大變示唆的である。

以上は、前漢武帝期頃までに、『老子』と「因循」とか「因」とかを結びつけて考える『老子』解釋があったことの一端を示すものである。その後、『老子』が「因循」思想と結びつけられて解釋されていたかどうかは、『漢書』藝文志所載の『老子』についての「經傳」なり「經說」なりがすべて佚亡してしまった現在、知る由もない。ただ同志の「道家者流」の說明の中に「知秉要執本、淸虛以自守、卑弱以自持、此君人南面之術也。合於堯之克攘、易之嗛嗛」とあるが、「淸虛」「卑弱」など『老子』と關聯の深いことばを重視し、しかも政治的なものと解しているのは、前漢初期乃至それ以前の『老子』解釋の一端との共通性を窺わせる。また、『史記』儒林傳で『詩』が第一におかれているのとは違って、『漢書』藝文志では六藝略で『易』が第一に置かれ、しかも六藝略の諸家の說明にしばしば『易』が引用されている。このような前漢末以降の「五經」の中での『易』の重視と關聯するので、單純に結びつけることは危險なのであるが、上引の文で道家に『易』と共通する點があることの指摘は、魏晉時代の「三玄」の尊重と關聯が全くないとはいいきれないのではないかと思われる。

さて『易』との關係はともかく、王弼注では『老子』のことばを「因」「順」「隨」など「因循」思想と通ずることばで解釋するところが多い[11]。先に擧げた『老子指略』のことばも、『老子』「將欲取天下而爲之、……天下神器、不可爲也。爲者敗之、……故物或行或隨、或戲或吹、……（天下を手に入れ、それをどうかしようと欲するものたちが、……天下は神聖な器である。どうにもしようがないものだ。何とかしようとするものはそれに損害を與え、……それゆえ〔小川環樹は「故」を「夫」に改める〕生物のなかで、あるものは先にゆき、あるものはそのあとからゆく、あるものはゆるやかに息を吹き、あるものは激しく息づく。〕」（二十九章）の注に、

萬物以自然爲性、故可因而不可爲也。……物有常性、而造爲之、故必敗也。凡此諸或、言物事逆順反覆、不施爲執割也。聖人達自然之性、暢萬物之情、故因而不爲、(12)順而不施。

とみえるのである。物はすべて「自然」卽ち自らにそうなる「性」卽ち生まれつきもった性質がある。それはまた「常性」卽ち不變の生得的性質でもある。從って、それに「因」るべきであって、「爲」「造」「施」といった作爲を加えてはならないのだという。この「造」「施」を禁じ、「因」「順」を主張するのは、二十七章注にとくに顯著にみえる。卽ち「善行無轍迹、善言無瑕讁、善數不用籌策、善閉無關楗而不可開、善結無繩約而不可解（すぐれた旅行者は、わだちや跡を残さない。すぐれた辯論者は少しのきずも残さない。すぐれた計算者は數とりの棒を使わないし、門を閉ざすのにすぐれたものは、かんぬきを必要としないが、ひらくことができない。結ぶのにすぐれたものは、縄も巻きひもも使わないが、ほどくことはできない）」（二十七章）のそれぞれの句の注に、

順自然而行、不造不施、故物得至、而無轍迹也。

順物之性、不別不析、故無瑕讁、……因物之數、不假形也。

因物自然、不設不施、故不用關楗・繩約、而不可開解也。此五者、皆言不造不施、因物之性、不

以形制物也。

とあって、「善」とは、「物之性」「物之數《さだめ》」卽ち「物自然」に「因」「順」することであり、それはとりも直さず「不造不施」ということなのである。「善」卽ち本當の、最上の言行は、主體乃至對象の「性」卽ち「自然」に「因」「順」して、作爲的なことをしないことだと說明する。しかも「善行無轍迹」の注「順自然而行……」のことばは、「道」のはたらきを說いた「道常無爲……」（三十七章）の注に、「順自然也」とあって、「善行」は、「道」と同じ行動だというのである。

二十七章注と同じような考えは、「夷道若纇。……建德如偸[13]（平坦な道は起伏が多いようにみえる。……健やかでたくましい德は怠けものにみえ）」（四十一章）の注に、

大夷之道、因物之性、不執平以割物。

建德者、因物自然、不立不施。

とみえ、「大成若缺、……大盈若沖、……大直若屈、大巧若拙、大辯若訥（最も完全なものは何か缺け落ちているようにみえるが、……最も充滿したものは空虛なようにみえる、……最もまっすぐなものは曲がっているようにみえ、最も技量のある人は不器用にみえ、最も雄辯な人は口ごもっているようにみえる）」（四十五章）の注に、

隨物而成、不爲一象、故若缺也。

大盈充足、隨物而與、無所愛矜、故若沖也。

隨物而直、直不在一、故若屈也。

大巧、因自然以成器、不造爲異端、故若拙也。

大辯、因物而言、己無所造、故若訥也。

とみえる。「夷道」については、「大夷之道」と言い換えられており、「建德」についても明言できないが、四十一章の前後の文脈からいえば、本當にしっかりした德という意味ではないかと推測される。そして四十五章の「大」は大變な、非常なといった相對的な意味ではなく、本當の、最上のという相對を絶した意味での「大」であることを考えると、上述の「因」「隨」も、二十七章同様に、最上のあり方について述べられていることは明らかであろう。特に「建德」「大巧」「大辯」については、「不立不施」「不造爲異端」「己無所造」がいわれていて、共通していることが注意されよう。

また政治的策謀的色彩の強く感じられる「將欲歙之、必固張之。將欲弱之、必固强之。將欲廢之、必固興之。將欲奪之、必固與之。是以微明。柔弱勝剛强。魚不可脫於淵、國之利器不可以示人（（あるものを）収縮させようと思えば、まず張りつめておかなければならない。弱めようと思えば、まず强めておかなければならない。衰えさせようと思えば、まず勢いよくさせておかなければならない。奪いとろうと思えば、まず與えておかなければならない。これが「明《ひかり》を微かにすること」とよばれる。こうして柔らかなものが剛いものに、弱いものが強いものに勝つのだ。「魚は深い水の底から離れぬがよい。國家の最も銳い武器は、何人にも見せぬがよい」。）」（三十六章）や「取天下常以無事。及其有事、不足以取天下（天下を勝ち取るものは、いつでも（よけいな）手出しをしないことによって取るのである。よけいな手出しをするようでは、天下を勝ち取る資格はない。）」（四十八章）の注に、

将欲除強梁、去暴亂、當以此四者。因物之性、令其自戮、不假刑爲大、以除將物也、故曰微明也。利器、利國之器也。唯因物之性、不假刑以理物。（以上三十六章）

動常因也。

自己造也。

失統本也。

とみえる。先にみた二十七章・四十一章・四十五章など、極めて一般的な事柄について「物之性」「物自然」「自然」を問題とし、それに「因」「順」することを説くばかりでなく、三十六章のような策謀的な事柄についても、「物之性」を問題にしているところに、『韓非子』主道篇にみえる政治的な「因」とは異なる、より普遍的な「因」を説くようになっていることが認められ、一つの進展がみられるように思われる。四十八章では「以無事」という『老子』で重要なことばが「因」と解され、(13)「知者不言」（五十六章）にみえる同じく重要なことば「不言」が、

因自然也。

と王弼注では、「道」の「無爲」（三十七章）と同じように理解されている。また「是以聖人……不爲而成」（四十七章）の注に、

明物之性、因之而已、故雖不爲、而使之成矣。

とあって、「不爲」も「無爲」「無事」「不言」と同じように解されている。

さらに「道生之、德畜之、物形之、勢成之」（五十一章）の注に、

物生而後畜、畜而後形、形而後成。何由而生、道也。……何由而形、物也。……唯因也、故能無物而不形。

とあって、發生してから感覺的に把握できる形象として現象するためには、「物」に「因」る、卽ち「物」という形をとらざるを得ないというのである。「因」は、政治や人生の理想的なあり方として說かれるばかりでなく、物の存在にも關わるものと考えられるに至っているのである。

四　無形無名・有無について

何晏が吏部尚書の職にあったとき、王弼を高く評價して、『論語』にいう「後生畏るべし」（子罕篇）の人物に當るとほめ、その後、就職のため盡力したり（以上、王弼傳）、同じく何晏が吏部尚書であったときの坐談の席で、まだ弱冠ならざる王弼が、何晏の認めた議論に反論して、一坐の人を感心させたとか、何晏の『老子注』ができあがるかあがらぬ時に、王弼に會ったところ、王弼の『老子注』が優れていたため、自分の注を『道論』『德論』にしたとか、或は注することをやめて『道・德論』を作ったとか（以上、『世說新語』文學篇）といわれるように、何晏と王弼は生活上でもまた思想的にも密接な關係にあった。何晏が王弼を高く評價し、或は議論で、或は『老子注』で、王弼に一目置いていたとはいえ、「其論道、附會文辭不如何晏、自然有所拔得多晏也」（王弼傳）とか「弼論道約美不如晏、自然出拔過之」（『世說新語』文學篇注所引「魏氏春秋」）互に長短があったし、聖人の喜怒哀樂の有無についても、兩者は見解を異にし、何晏は無しと考え、王弼は有りと考えた（王弼傳）。

ところで、上述したように王弼の『老子注』との關わりによって著作されたという、何晏の『道論』の一部が、『列子』天瑞篇の張湛注に引用されて現存する。卽ち、

有之爲有、恃無以生、事而爲事、由無以成。夫道之而無語、名之而無名、視之而無形、聽之而無聲、則道之全焉。……玄以之黑、素以之白、矩以之方、規以之員。員方得形而此無形、白黑得名而此無名。

とある。存在が存在たりえ、事柄が事柄たりうるのは、「無」によって可能なのだといって、「道」を「無」に置き換えながら、さらに續けて、「無語」「無名」「無形」「無聲」なるものが「道之全」だと補足し、また方圓・黑白の例を擧げて、それらの形狀や名稱を得しめるもの、卽ち「道」は反って「無形」「無名」であるという。このように「道」を「無」とする表現と同時に、より嚴密に表現しようとする場合に「無形」「無名」の語を用いるのは、『老子指略』や『老子』王弼注と對比すると極めて興味深い。

このほか何晏の『無名論』の一部と思われるものが、同じく『列子』仲尼篇の張湛注湛に引用されて現存するが、極めて難解である。いまその一部を擧げると、

若夫聖人、名無名、譽無譽、謂無名爲道、無譽爲大。……夫道者、惟無所有者也。自天地已來、皆有所有矣、然猶謂之道者、以其能復用無所有也、故雖處有名之域、而沒其無名之象、……夏侯玄曰、天地以自然運、聖人以自然用。自然者道也。道本無名、故老氏曰彊爲之名。

とあるが、「道」を「無」だとはいわず、「無名」「無所有」「自然」と表現していることが認められる。
こうした何晏の「道」に關する考えや表現とどのように關わっているのかは不明であるが、ある種の共通點が認められることは事實である。一般に何劭の王弼傳や『世說新語』文學篇にみえる、裴徽と王弼との問答、卽ち王弼傳によれば、

問弼曰、夫無者誠萬物之所資也、然聖人莫肯致言、而老子申之無已者何。弼曰、聖人體無、無又不可以訓、故不說也。老子是有者也、故恆言無所不足(15)。

といった話から、當時、「無」が大きな關心事となっており、孔子はそれに言及しないのに、老子は絕え間なく述べていた、つまり老子の思想の中心は「無」であるかの如きことがいわれるのが常である。確かに、後に『崇有論』が書かれるように、この當時「有」「無」の問題が大きな關心事となっていたであろうが、『老子』には「有」「無」に言及したのは數箇所にしかなく、上述の問答にあるようなことは『老子』については當てはまらない。

ところで、王弼は『老子指略』冒頭の第一段で、「道」について述べているのであるが、そこには「無」は一語も現れない。それは第一段のみでなく、『老子指略』全文に亙ってのことなのである。萬物の生成、治績の成功は、「無形」「無名」なるものによるといい、萬物萬事の根源にあってそれらを成り立たしめながら、人には把捉できない究極者卽ち「道」のことを集約して「無形無名者、萬物之宗也」と表現する。これと全く同じことばは、十四章注にもみえるが、十四章は『老子』の「道」について語るとき、必ず引用される有名な章で、「視之不見、名曰夷、聽之不聞、名曰希、……（目を

こらしても見えないから、すべり抜けるものとよばれ、耳をすましても聞こえないから、かぼそいものとよばれ、……」」で始まり、「無物」への復歸や「無狀之狀」「無物之象」「恍惚」など、名狀すべからざる「道」について述べている。その末尾の本文の注に、上引の句がみえるのであって、それが「道」卽ち本文で名狀すべからざるものとして、語られているそのものについての說明であることは明らかである。

もっとも「無形」は「大象無形（大いなる「象《かたち》」には（これという）形狀がない）」」（四十一章）、「無名」は「無名天地之始（天と地が出現したしたのは、「無名」（名づけえないもの）からであった）」（一章）など、「萬物之宗」は「淵兮似萬物之宗（それは底がなくて、萬物の祖先のようだ）」」（四章）と、それぞれ『老子』本文にみえることばであるが、そうしたことばを用いて、「道」を表現したのは、王弼自身の思想にほかならない。

「道常無名、樸雖小、……」」（三十二章）の注に、

道、無形不繫、常不可名。以無名爲常、故曰道常無名也。樸之爲物、以無爲心也、亦無名。

とあり、「道之爲物、惟恍惟惚、惚兮恍兮、其中有象、恍兮惚兮、其中有物。窈兮冥兮、其中有精、其精甚眞、其中有信。自古及今、其名不去。以閱衆甫。（「道」というものは實におぼろげで、とらえにくい。とらえにくくておぼろげではあるが、そのなかには象《かたち》がひそむ。おぼろげであり、とらえにくいが、そのなかに物（實體）がある。影のようで薄暗いが、そのなかに精《ちから》がある。その精は何よりも純粹で、そのなかに信（確證）がある。……昔から今に至るまで、（「道」の）その名がどこかへ行ってしまうことはなかった。そして（「道」は）、すべてのものの父たちの前を通りすぎる。）」（二十一章）の注に、

恍惚、無形不繫之貌。(16)
以無形始物、不繫成物、萬物以始以成、而不知其所以然。
至眞之極、不可得名。無名、則是其名也。自古及今、無不由此而成。
衆甫、物之始也、以無名閱萬物始也。

とあるのは、相對應して「道」を、「無形」「不繫」「無名」で表現したものといえる。また「故從事於道者（まことに、人が「道」に従った行動をするならば）」（二十三章）の注に、

道以無形無爲成濟萬物。

とあるのも、「道」を單に「無」と表現したのでは、的確ではないと考えたためであろう。實際、「道」について述べて有名な「有物混成、先天地生、寂兮寥兮、獨立不改。……吾不知其名。（形はないが、完全なものがあって、天と地より先にうまれて、それは音もなくがらんどうで、ただひとりで立ち、不變であり、……その眞の名を、われわれは知らない。）」（二十五章）の注に、

混然不可得而知、而萬物由之以成、故曰混成也。
寂寥、無形體也。無物匹之、故曰獨立也。名以定形。混成無形、不可得而定、故曰不知其名也。

とあって、「無形體」とか「無形」ということばが使われる。ただ「道」は「無」だと明言しているところはある。「上善若水。……故幾於道（最上の善とは水のようなものだ。……このことが、（水を）「道」にあれほど近いものとしている）」（八章）の注に、

道無、水有、故曰幾也。

とあるのがそれである。しかしながら、同様に「無名、天地之始、有名、萬物之母（天と地が出現したのは、「無名」（名づけえないもの）からであった。「有名」（名づけうるもの）は、萬物の（それぞれを育てる）母にすぎない。）」（一章）の注に、

凡有皆始於無、故未形無名之時、則爲萬物之始。及其有形有名之時、則長之、育之、亭之、毒之、爲其母也。言道以無形無名始成萬物、萬物以始以成而不知其所以然、玄之又玄也。

とあって、「有」「無」を「故」の字を補って、わざわざ「有形有名」「未形無名」に置き換えており、さらに要約して二十三章注にみたと同じような表現をとっている。従って「有形有名」なもの卽ち「萬物」が「有」と意識され、そう表現されたとき、それに對する知覺で把捉不可能な「無形無名」なもの卽ち「道」は、「無」と意識され、かつそう表現されるのだといえよう。従って上文に續く「故常無欲、以觀其妙」（同上）の注に、

妙者、微之極也。萬物始於微而後成、始於無而後生。故常無欲空虛、可以觀其始物之妙。

とあるのも、「微之極」である「妙」を「無」と表現したともいうことができよう。

「反者、道之動、……天下萬物生於有、有生於無（あともどりするのが「道」の動き方である。弱さが「道」のはたらきである。天下のあらゆる物は「有」から生まれる。「有」そのものは「無」から生まれる）」（四十章）は、『老子』にみえる殆ど唯一の生成論的な「有」「無」の用例であるが、その注に、

高以下爲基、貴以賤爲本、有以無爲用、此其反也。

天下之物、皆以有爲生、有之所始、以無爲本。將欲全有、必反於無也。

とある。最初の二句は、三十九章の本文をそのまま用いたものであるが、後段の注もそうした考え方に影響されてか、「有」が「無」から生ずるといったような生成論的な解釈ではなさそうである。しかも注での「有」「無」の關係は、「天下之物」が「有」と意識され、そう表現されたために、その「所始」「本」が「無」と表現されていると思われる。注の最後の二句、「有」が完全でありうるためには「無」にたち歸らなければならないというのは、本文の冒頭を意識してのものと思われるが、生成論とはほど遠いものといわなければならない。これと同様の思考は「致虚極、守靜篤。萬物竝作。吾以觀復。夫物芸芸、各復歸其根（空虚に向かって進めるかぎり進み、靜寂を一心に守る。（そうすれば）あらゆる物はどれもこれも盛んにのびる。わたくしはそれらがどこかへかえってゆくのをゆっくりながめる。あらゆる生物はいかに茂り榮えても、それらがはえた根もとにもどってしまうのだ。）」（十六章）の第四句の注に、

以虚靜觀其反復。凡有起於虚、動起於靜、故萬物雖竝動作、卒復歸於虚靜、是物之極篤也。

とあるのにもみることができる。「虚」「靜」が「有」「動」の基本であることを論じたものであって、單に後者が前者から生成することを説いたものではないといえよう。

また「道」から「萬物」の生成を説いたと思われる「道生一、一生二、二生三、三生萬物。（「道」は「一」を生み出す。「一」から二つ（のもの）が生まれ、二つ（のもの）から三つ（のもの）が生まれ、三つ（のもの）から萬物が生まれる。）」（四十二章）の注に、

萬物萬形、其歸一也。何由致一。由於無也。由無乃一、一可謂無。[18]已謂之一、豈得無言乎。有言有一、非二如何。有一有二、遂生乎三。從無之有、數盡乎斯、過此以往、非道之流。故萬物之生、

吾知其主、雖有萬形、沖氣一焉。……以一爲主、一何可舍。……既謂之一、猶乃至三、況本不一、而道可近乎。……

とあって、『莊子』齊物論篇の論理で解釋し、本文本來の意味するような生成論的には解釋していない。[19] それはともかく、「一」から「萬物」が生成するというのではなく、冒頭からして、「萬物萬形」が「一」に歸すると説き、それは「無」によって可能だと論ずるのは、「轂所以能統三十輻者、無也。以其無能受物之故、故能以寡統衆也」（十一章注）や「夫衆不能治衆、治衆者至寡者也。夫動不能制動、制天下之動者、貞夫一者也」（『周易略例』明彖）にみられるような、強い一元論的志向に支えられているものといえよう。

それでは「道」乃至は究極的なるものは、「無形」「無名」だとして、實質的には「無」なのか「有」なのか。微妙な問題である。萬物の究極者としての「谷神」「玄牝」を説いていると思われる六章の注には、

谷神、谷中央無者也。無形無影、無逆無違、處卑不動、守靜不衰、物以之成、而不見其形、此至物也。處卑守靜、不可得而名、故謂之玄牝。……欲言存邪、則不見其形、欲言亡邪、萬物以之生、故緜緜若存也。

とあり、究極者は知覺では把捉できないことを説いた、先にも引用した十四章の「其上不皦、其下不昧、縄縄不可名、復歸於無物、是謂無狀之狀、無物之象、是謂惚恍。（それが上にあっても明るさはなく、それが下にあっても暗さはない。次々と連續して名狀しようもなく、何物もないところへもどってゆく。それら

は狀《すがた》なき狀、物とは見えない象《かたち》とよばれ、はっきりとはしないそれらしきものとよばれる。)」の箇所の注に、

欲言無邪、而物由以成。欲言有邪、而不見其形。故曰、無狀之狀、無物之象也。

とある。嚴密にいおうとするならば、究極者は「存」でも「亡」でもなく、「有」でも「無」でもないと、王弼は考えているようである。

王弼注における「無」は「三十輻共一轂、當其無、有車之用。埏埴……鑿戸牖……。故有之以爲利、無之以爲用(三十本の輻が、車輪の中心(轂)に集まる。その何もない空間に車輪の有用性がある。粘土(埴)をこねて、……戸口や窓(牖)の穴をあけて、……。こうして、何かが有ることから(もちろん)利益を受ける。(だが實は)何もないことの有用性(が根本に在るの)である。)」(十一章)の、先にも一部引用した注に、

轂所以能統三十輻者、無也。以其無能受物之故、故能以寡統衆也。

木・埴・壁、所以成三者、而皆以無爲用也。言無者、有之所以爲利、皆賴無以爲用也。

とあって、車・器・室が有用なはたらきをなすのは、それぞれに「轂」や器のくぼみや「戸牖」など「無」なるところがあるためだ、といったような意味でのものがむしろ主であるように思われる。「沒身不殆(その人の身體に終りがくるまで、危險はない。)」(十六章)の注に、

無之爲物、水火不能害、金石不能殘。用之於心、則虎兕無投其爪角、兵戈無所容其鋒刃、何危殆之有乎。

とあるのもそうであるし、「常有欲、以觀其徼(「……決して欲望から解放されないものは、『徼』(その結果)だけしかみることができない」のだ。)」(一章)の注に、

凡有之爲利、必以無爲用。

とあるのも同様であろう。また三十八章注には「以無爲用」がしばしば説かれるが、

以無爲用、則得其母、故能己不勞焉而物無不理。下此已往、則失用之母。

とあるのは、「無」の有用性を説いた典型ということができよう。

以上のようにみてくると、王弼の思想は「無」を根本だとするのはどうであろうか。假に「無」を根本とすると規定したとしても、その「無」の機能をふくめての實態については、さらに討究される必要があるのではと思われる。いま問題提起の意味もこめて「無形」「無名」「有」「無」の問題を検討してきた所以である。

おわりに

以上、『老子指略』の検討から始めて、それを手がかりとしながら『老子』の王弼注にみえる、主要なことばの幾つかをとりあげて検討してきた。『老子指略』が王弼の著作であるか否かは、中國ではすでに検討濟みのことであり、王弼の著作と推定されているようであるが、その推定をさらに補足的に推し進めてみたのが、小論の第一節である。次いでそこにみられる『老子』觀すなわち「崇本息末」の書であるという點に關して、王弼注について検討した結果、彼の「本」「末」關係には、連續するものと非連續のものと、二種類があることが明らかになった。また古くから問題とされてきた

「因循」思想による『老子』解釋が、いかなるものであるかについて検討し、王弼においては尤も理想的なあり方とされ、それが『老子』解釋に重要な役割を果たしている事實を明らかにした。最後に、王弼の最も中心的思想とされている「無」をめぐることばについて検討し、果たして「無」は王弼思想にいて最も中心的なものであったのか、またかりにそうであったとして、「無」の内容の實質はいかなるものかについて、より一層の討究が必要であろうというのが一應の歸結となった。王弼の思想で、究極者がどのようなものとして意識され表現されているかは、「無名」の問題ともからんで、さらに検討されねばならないと考える。

（一九八一、九、三一稿、二〇〇五、四、九補訂）

注

（1）『老子指例略』佚文の發見と考訂についての詳細は『北京大學國學季刊』第七卷第三號に論考があるとのことであるが、筆者は未見。なお樓氏の「校釋說明」では、『老子指例略』『老子微旨略例』を、いずれも『……略例』と誤記している。

（2）樓宇烈『王弼集校釋』では、『老子指略輯佚』（卽ち『老子微旨例略』の校訂）を八段に分けるが、その第四段までがほぼそれに當る。なお『老君指歸略例』と、それとほぼ同文の『老子微旨例略』前半部分の違いは、前者の最後に近い箇所が「……侯王實尊而非尊之所尊。皆理之大者也。名號生乎形狀、稱謂出乎涉求……」とあるところが、後者では「……侯王實尊而曰非尊之所爲、天地實大而非大之所能。聖功實存而曰絶聖之所立。仁德實著而曰棄仁之所存。故……生而不有、爲而不恃、長而不宰、有德而無主、玄之德也。玄、謂之深者也。道、稱之大者也。名號生乎形狀、稱謂出乎涉求」とあって、前者の「所尊」と「理之大者也」の閒、後者の「所爲」と「道稱之大者也」の閒に、後者では二二六字多い。『老子指略』はこの二二六字の部分をも含めており、『老子微旨例略』の文を採用している。

(3) 以下、王弼注の文は、原則としてすべて樓宇烈『王弼集校釋』による。

(4) この句は『老子指略』第四段にみえる「故涉之乎無物而不由、則稱之曰道」と同じ表現である。

(5) これと關聯した語は『論語釋疑』にも「時人棄本崇末……」（八佾）「擧本統末而示物於極者也」（陽貨）とみえる。

(6) 樓宇烈前掲書二〇四頁、校釋（四〇）の樓氏の指摘により、『老子』二十九章王弼注に「因而不爲、順而不施」とあることから、原文は「順」が「損」となっているが改めた。

(7) 樓宇烈前掲書二〇九頁、校釋（九三）參照。

(8) 加賀榮治『中國古典解釋史魏晉篇』（勁草書房、一九六四年）二九五頁、參照。

(9) 樓氏は前掲書一五五頁、校釋（一三）で、ここの「攻」字を、『詩經』大雅、靈臺篇の鄭箋を引用して「作」と解し、この一句を「不使萬物有所作爲、而使其復歸根本」の意味だとするが、五十七章注に「以正治國、立辟以攻末」とあり、『老子指略』（第六段）にも「蓋舍本而攻末、雖極聖智、愈致斯災、……」とあるので、「不攻」は「不攻末」の意と思われる。

(10) これに類似の表現は、二十八章注に「功不可取、常處其母也」とみえる。

(11) 因みに、河上公注についてみると、「上德不德」（三十八章）の注に「……不德者、言其不以德教民、因循自然、養人性命、其德不見、故言不德也」、「聖人無常心、……」（四十九章）の注に「聖人重改更貴因循、若自無心。百姓之所便、因而從之。百姓爲善、聖人因而善之。……百所爲信、聖人因而信之」、「爲無爲」（六十三章）の注に「因成脩故、無所造作」、「而不敢爲」（六十四章）の注に「成人動作、因循不敢有所造爲」とある四箇所にすぎない。

（12）これと同じことばは、「天門開闔、能無雌乎」（十章）の注に「雌應而不唱、因而不爲」とみえる。

（13）「建德若偸」について色々議論があり、兪樾は「建」は「健」で「偸」即ち「媮＝惰」と相對するものだという。小川環樹はこの説を採り「健」字に改めるが、樓宇烈氏は傅奕注や馬王堆出土の『帛書老子』甲本に「建德如輸」とあることなどから、「輸」は愚の意と解し、「建」の字は改めない。また、「不立不施」とあるのは、十八章注に「失無爲之事、更施慧（惠）立善」とあり、「立善施惠」しないことの意味であり、「無爲之事」即ち「因物自然」であるから、全く同じ思想である。

（14）「是以聖人處無爲之事」（二章）の注に「自然已足、爲則敗也」とあることから推測すれば、ここの「因」は「因自然」の意味と解され、「不言」の場合と同じように理解されているものと思われる。亦「聖人無常心、以百姓爲心」（四十九章）の注でも「動常因也」とある。

（15）この句は『世說新語』によれば、「恆訓其所不足」となっている。

（16）原文は「歎」であるが、樓宇烈氏の說により改めた。

（17）馬王堆出土の『帛書老子』乙本によれば、「天下萬物」は「天下之物」となっている。因みに王弼注は「天下之物、皆以有爲生、……」となっているので、本文も或は乙本が正しく、現行本は誤寫かも知れない。なお甲本はこの部分は缺如している。

（18）陶鴻慶の說によれば、「一可無言」とあれば、下文の「豈得無言乎」と一致するから、「謂無」は「無言」の誤りであろうという（『讀諸子札記』）。

（19）　このことについては、福永光司がすでに指摘しておられる（中國古典選『莊子』内篇、八七頁。朝日新聞社、一九五六年）。

あとがき

本書のもとになったのは、以下の『老子』に關する諸論考である。それらは個別に書いたものなので、重複したところがあり、誤りと思われるところがあり、さらに新資料の出現などの事態などがあり、それらに補訂や削除を行って本書に收めた。長短まちまちのままで體裁は悪いが、無理のない形で竝べたと思うので、お讀みくださる方にはわがままをお許しいただきたい。どの文章からお讀みいただいてもよいように番號を附さなかった。これらの文章は以下の諸誌に發表したものである。ただし、それぞれ別個に發表したものなので重複するところや舌足らずの箇所が多く、校正に攜わってくれた小林詔子さんの指摘をうけながら、ある程度の統一をはかることができた。また、多くの重複の削除や補足をしたので、發表當時のものとは內容的には多少の差異があることをお斷りしておきたい。しかし示唆をうけて手を加えたが、十全な整理をして重複をすっかり取り除くことはできず、不體裁な箇所が目につくことになってしまったのは、まったく私の怠惰の致すところで積年の餘弊である。まだ意に滿たないところはたくさん殘っているが、それをいっていてはきりがないので、この邊で我慢することにした。

發表誌や發表年は以下に記した通りである。

一、老子――人物と書籍　（名古屋大學『中國哲學論集』第四號、二〇〇五年）
二、『帛書老子』考――書名〈老子〉成立過程初探――　（東京大學『中國―社會と文化』第四號、一九八九年）
三、『馬王堆漢墓帛書』德篇・道篇考――原初的『老子』試探――　（千葉大學『人文研究』第二十號、一九九一年）
四、『帛書老子』續考――主として乙本の文脈において見た――　（大阪大學『中國研究集刊』盈號、一九九二年）
五、帛書『老子』から見た王弼所注本『老子』原本考　（廣島大學『東洋古典學研究』第十四集、二〇〇二年）
六、『帛書古佚書』乙本考　（千葉大學『人文研究』第二十二號、一九九三年）
七、『莊子』所見老聃考　（汲古書院『汲古』第二十七號、一九九五年）
八、郭店本『老子』から見た『老子』の分章　（汲古書院『汲古』第四十二號、二〇〇二年）
九、郭店本『老子』攷（一）　（廣島大學『東洋古典學研究』第十六集、二〇〇三年）
十、郭店本『老子』攷（二）　（廣島大學『東洋古典學研究』第十七集、二〇〇四年）
十一、『老子』の思想の基本的特徴について――地上的なるもの・女性的なるものの重視――　（東海大學『紀要　文學部』第十九輯、一九七三年）

十二、『老子』王弼注考察一班　（東京大學東洋文研究所『東洋文化』六十二號、一九八二年）

この分野の專門の道に入ってから、かなりの年月が經つが、今日まで續けてこられたのはさまざまな多くの人たちのお蔭である。就中、この分野の研學を續けることができたのは、東北大學の東洋史學の故曾我部靜雄先生の忘れ難いご配慮のお蔭であって、それがなかったら恐らく研學を續けることは無理であったと思っている。また同大學の畏友で現在、濱松の濱名林產社長の仲山喜久彌君の勵ましがなかったらやはり今日の私はありえないと思っている。この分野の研學の道に進んでからは、廣島大學名譽教授　御手洗勝先生から差し伸べられた御厚情は忘れがたいもので、大變あり難く感謝するのみである。さらに東京大學名譽教授　戶川芳郎先生、同じく東京大學名譽教授で現大東文化大學教授　蜂屋邦夫先生、お二人のご配慮による、より良い研學の環境を與えられなかったならば、今日の研學の徒としての私はあり得なかったと思っている。この書が出版できる文章をものすることができたのも兩先生のお蔭である。心より感謝申し上げたい。また廣島大學野開文史教授には自由な發表の機會を與えて下さったご好意に感謝したい。

出版に際しては、實踐女子大學の影山輝國教授から汲古書院へのご紹介をいただいた。その結果、同書院の坂本健彦相談役、石坂叡志社長のご配慮により出版のはこびに至ったものであり、これらの方々のご好意に厚く感謝申し上げる。また出版に至るまでに多くの指摘や丁寧な校正など色々と面倒なことにご助力いただいた小林詔子さんにお禮申し上げる。

なお本書所收の「『莊子』所見老聃考」の原草稿は、西順藏先生の『追悼記念論集』を出すための原稿募集と勘違いして、西先生關係の文集を出すという委員會へ投稿したもので、戶川先生のご配慮によって、『汲古』第二十七號に掲載された一文であることを補記しておきたい。

また終りに、妙な下宿人がいるとつぶやきながらも、放任しておいてくれた妻佐紀子に感謝する。

著　者

二〇〇五年六月

39

中国の文章——ジャンルによる文学史

褚斌杰著／福井佳夫訳　中国における文学の種類・形態・様式である「ジャンル」の特徴を、各時代の作品に具体例をとり詳細に解説する。本書は褚斌杰著『中国古代文体概論』の日本語訳である。
▼340頁／定価4200円

40

図説中国印刷史

米山寅太郎著

静嘉堂文庫文庫長である著者が、静嘉堂文庫に蔵される貴重書を主として日本国内のみならずイギリス・中国・台湾など各地から善本の図版を集め、「見て知る中国印刷の歴史」を実現させたものである。印刷技術の発達とともに世に現れた書誌学上の用語についても解説する。
▼カラー8頁／320頁／定価3675円

41

東方文化事業の歴史

——昭和前期における日中文化交流——

山根幸夫著　義和団賠償金を基金として始められた一連の事業は、高い理想を歌いながら、実態は日本の国力を反映した「対支」というおかしなものからスタートしているのであった。著者独自の切り口で迫る。
▼260頁／定価3150円

42

竹簡が語る古代中国思想

——上博楚簡研究——

浅野裕一編（執筆者＝浅野裕一・湯浅邦弘・福田哲之・竹田健二）
これまでの古代中国思想史を大きく書き替える可能性を秘めている上海博物館蔵の〈上博楚簡〉は何を語るのか。
▼290頁／定価3675円

29
陸賈『新語』の研究
福井重雅著
秦末漢初の学者、陸賈が著したとされる『新語』の真偽問題に焦点を当て、緻密な考証のもとに真実を追究する一書。付節では班彪『後伝』・蔡邕『独断』・漢代対策文書について述べる。
▼270頁／定価3150円

30
中国革命と日本・アジア
寺廣映雄著　前著『中国革命の史的展開』に続く第二論文集。全体は三部構成で、辛亥革命と孫文、西安事変と朝鮮独立運動、近代日本とアジアについて、著者独自の視点で分かりやすく俯瞰する。
▼250頁／定価3150円

31
老子の人と思想
楠山春樹著
『史記』老子伝をはじめとして、郭店本『老子』を比較検討しつつ、人間老子と書物『老子』を総括する。
▼200頁／定価2625円

32
中国砲艦『中山艦』の生涯
横山宏章著　長崎で誕生した中山艦の数奇な運命が、中国の激しく動いた歴史そのものを映し出す。
▼260頁／定価3150円

33
中国のアルバ―系譜の詩学
川合康三著　「作品を系譜のなかに置いてみると、よりよく理解できるように思われます」（あとがきより）。壮大な文学空間をいかに把握するかに挑む著者の意欲作六篇。
▼250頁／定価3150円

34
明治の碩学
三浦　叶著
著者が直接・間接に取材した明治文人の人となり、作品等についての聞き書きをまとめた一冊。今日では得難い明治詩話の数々である。
▼380頁／定価4515円

35
明代長城の群像
川越泰博著
明代の万里の長城は、中国とモンゴルを隔てる分水嶺であると同時に、内と外とを繋ぐアリーナ（舞台）でもあった。そこを往来する人々を描くことによって異民族・異文化の諸相を解明しようとする。
▼240頁／定価3150円

36
宋代庶民の女たち
柳田節子著
「宋代女子の財産権」からスタートした著者の女性史研究をたどり、その視点をあらためて問う。女性史研究の草分けによる記念碑的論集。
▼240頁／定価3150円

37
鄭氏台湾史―鄭成功三代の興亡実紀
林田芳雄著　日中混血の快男子鄭成功三代の史実―明末には忠臣・豪傑と崇められ、清代には海寇・逆賊と貶され、民国以降は民族の英雄と祭り上げられ、二三年間の台湾王国を築いた波瀾万丈の物語を一次史料をもとに台湾史の視点より描き出す。
▼330頁／定価3990円

38
中国民主化運動の歩み
――「党の指導」に抗して――
平野　正著　本書は、中国の民主化運動の過程を「党の指導」との関係で明らかにしたもので、解放直前から八〇年代までの中共の「指導」に対抗する人民大衆の民主化運動を実証的に明らかにし、加えて「中国社会主義」の特徴を概括的に論ずる。
▼264頁／定価3150円

20 グリーンティーとブラックティー
中英貿易史上の中国茶
矢沢利彦著　本書は一八世紀から一九世紀後半にかけて中英貿易で取引された中国茶の物語である。当時の文献を駆使して、産地・樹種・製造法・茶の種類や運搬経路まで知られざる英国茶史の原点をあますところなく分かりやすく説明する。
▼260頁／定価3360円

21 中国茶文化と日本
布目潮渢著
近年西安西郊の法門寺地下宮殿より唐代末期の大量の美術品・茶器が出土した。文献では知られていたが唐代の皇帝が茶を愛玩していたことが証明された。長い伝統をもつ茶文化—茶器について解説し、日本への伝来と影響についても豊富な図版をもって説明する。カラー口絵4葉付
▼300頁／定価3990円

22 中国史書論攷
澤谷昭次著
先年急逝された元山口大学教授澤谷先生の遺稿約三〇篇を刊行。東大東洋文化研究所に勤務していた時「同研究所漢籍分類目録」編纂に従事した関係から漢籍書誌学に独自の境地を拓いた。また司馬遷「史記」の研究や現代中国の分析にも一家言を持つ。
▼520頁／定価6090円

23 中国史から世界史へ　谷川道雄論
奥崎裕司著　戦後日本の中国史論争は不充分なままに終息した。それは何故か。谷川氏への共感をもとに新たな世界史像を目ざす。
▼210頁／定価2625円

24 華僑・華人史研究の現在
飯島　渉編　「現状」「視座」「展望」について15人の専家が執筆する。従来の研究を整理し、今後の研究課題を展望することにより、日本の「華僑学」の構築を企図した。
▼350頁／定価2100円

25 近代中国の人物群像
——パーソナリティー研究——
波多野善大著　激動の中国近現代史を著者独自の歴代人物の実態に迫る研究方法で重要人物の内側から分析する。
▼536頁／定価6090円

26 古代中国と皇帝祭祀
金子修一著
中国歴代皇帝の祭礼を整理・分析することにより、皇帝支配による国家制度の実態に迫る。
▼340頁／定価3990円　好評再版

27 中国歴史小説研究
小松　謙著
元代以降高度な発達を遂げた小説そのものを分析しつつ、それを取り巻く環境の変化をたどり、形成過程を解明し、白話文学の体系を描き出す。
▼300頁／定価3465円

28 中国のユートピアと「均の理念」
山田勝芳著　中国学全般にわたってその特質を明らかにするキーワード、「均の理念」「太平」「ユートピア」に関わる諸問題を通時的に叙述。
▼260頁／定価3150円

11
中国語文論集　文学篇
太田辰夫著

本巻には文学に関する論考を収める。「紅楼夢」新探／「鏡花縁」考／「児女英雄伝」の作者と史実等。付固有名詞・語彙索引

▼350頁／定価3568円

12
中国文人論
村上哲見著

唐宋時代の韻文文学を中心に考究を重ねてきた著者が、詩・詞という高度に洗練された文学様式を育て上げ、支えてきた中国知識人の、人間類型としての特色を様々な角度から分析、解明。

▼270頁／定価3059円

13
真実と虚構―六朝文学
小尾郊一著

六朝文学における「真実を追求する精神」とはいかなるものであったか。著者積年の研究のなかから、特にこの解明に迫る論考を集めた。

▼350頁／定価3873円

14
朱子語類外任篇訳注
田中謙二著

朱子の地方赴任経験をまとめた語録。当時の施政の参考資料としても貴重な記録である。「朱子語類」の当時の口語を正確かつ平易な訳文にし、綿密な註解を加えた。

▼220頁／定価2345円

15
児戯生涯　一読書人の七十年
伊藤漱平著

元東京大学教授・前二松学舎大学長、また「紅楼夢」研究家としても有名な著者が、五十年近い教師生活のなかで書き綴った読書人の断面を随所にのぞかせながら、他方学問の厳しさを教える滋味あふれる随筆集。

▼380頁／定価4077円

16
中国古代史の視点　私の中国史学(1)

堀　敏一著　中国古代史研究の第一線で活躍されてきた著者が研究の現状と今後の課題について全二冊に分かりやすくまとめた。本書は、1時代区分論　2唐から宋への移行　3中国古代の土地政策と身分制支配　4中国古代の家族と村落の四部構成。

▼380頁／定価4077円

17
律令制と東アジア世界　私の中国史学(2)

堀　敏一著　本書は、1律令制の展開　2東アジア世界と辺境　3文化史四題の三部よりなる。中国で発達した律令制は日本を含む東アジア周辺国に大きな影響を及ぼした。東アジア世界史を一体のものとして考究する視点を提唱する著者年来の主張が展開されている。

▼360頁／定価3873円

18
陶淵明の精神生活
長谷川滋成著

詩に表れた陶淵明の日々の暮らしを10項目に分けて検討し、淵明の実像に迫る。内容＝貧窮・子供・分身・孤独・読書・風景・九日・日暮・人寿・飲酒　日常的な身の回りに詩題を求め、田園詩人として今日のために生きる姿を歌いあげ、遙かな時を越えて読むものを共感させる。

▼300頁／定価3364円

19
岸田吟香―資料から見たその一生

杉浦　正著　幕末から明治にかけて活躍した日本近代の先駆者―ドクトル・ヘボンの和英辞書編纂に協力、わが国最初の新聞を発行、目薬の製造販売を生業としつつ各種の事業の先鞭をつけ、清国に渡り国際交流に大きな足跡を残すなど、謎に満ちた波乱の生涯を資料に基づいて克明にする。

▼440頁／定価5040円

汲古選書

既刊43巻

1

一言語学者の随想

服部四郎著

わが国言語学界の大御所、文化勲章受賞・東京大学名誉教授故服部先生の長年にわたる珠玉の随筆75篇を収録。透徹した知性と鋭い洞察によって、言葉の持つ意味と役割を綴る。

▼494頁／定価5097円

2

ことばと文学

田中謙二著

京都大学名誉教授田中先生の随筆集。

「ここには、わたくしの中国語乃至中国学に関する論考・雑文の類をあつめた。わたくしは〈ことば〉がむしょうに好きである。生き物さながらにうごめき、またピチピチと跳ねっ返り、そして話しかけて来る。それがたまらない。」（序文より）

▼320頁／定価3262円　好評再版

3

魯迅研究の現在

同編集委員会編

魯迅研究の第一人者、丸山昇先生の東京大学ご定年を記念する論文集を二分冊で刊行。執筆者＝北岡正子・丸尾常喜・尾崎文昭・代田智明・杉本雅子・宇野木洋・藤井省三・長堀祐造・芦田肇・白水紀子・近藤竜哉

▼326頁／定価3059円

4

魯迅と同時代人

同編集委員会編

執筆者＝伊藤徳也・佐藤普美子・小島久代・平石淑子・坂井洋史・櫻庭ゆみ子・江上幸子・佐治俊彦・下出鉄男・宮尾正樹

▼260頁／定価2548円

5・6

江馬細香詩集「湘夢遺稿」

入谷仙介監修・門玲子訳注　幕末美濃大垣藩医の娘細香の詩集。頼山陽に師事し、生涯独身を貫き、詩作に励んだ。日本の三大女流詩人の一人。

▼⑤定価2548円／⑥定価3598円　好評再版

7

詩の芸術性とはなにか

袁行霈著・佐竹保子訳　北京大学袁教授の名著「中国古典詩歌芸術研究」の前半部分の訳。体系的な中国詩歌入門書。

▼250頁／定価2548円

8

明清文学論

船津富彦著

一連の詩話群に代表される文学批評の流れは、文人各々の思想・主張の直接の言論場として重要な意味を持つ。全体の概論に加えて李卓吾・王夫之・王漁洋・袁枚・蒲松齢等の詩話論・小説論について各論する。

▼320頁／定価3364円

9

中国近代政治思想史概説

大谷敏夫著　阿片戦争から五四運動まで、中国近代史について、最近の国際情勢と最新の研究成果をもとに概説した近代史入門。1阿片戦争 2第二次阿片戦争と太平天国運動 3洋務運動等六章よりなる。付年表・索引

▼324頁／定価3262円

10

中国語文論集　語学・元雑劇篇

太田辰夫著

中国語学界の第一人者である著者の長年にわたる研究成果を全二巻にまとめた。語学篇＝近代白話文学の訓詁学的研究法等、元雑劇篇＝元刊本「看銭奴」考等。

▼450頁／定価5097円

著者略歴

澤田　多喜男（さわだ　たきお）

1932年　東京都に生れる。
1958年　東北大學文學部中國哲學科卒業。
1963年　同大學院博士課程修了。
1963年　東北大學比較文化研究施設 助手。
1969年　東海大學 講師、助教授、教授。
1981年　千葉大學人文學部教授、文學部教授。
現　在　千葉大學名譽教授。
著　書　『莊子のこころ』（有斐閣、1983年）
譯　書　宇同（張岱年）著『中國哲學問題史』上下二冊（八千代出版、1975年、1977年）
『荀子』（中央公論社「世界の名著」所收、1966年）
『荀子』（中公クラシックス、2001年）

汲古選書43

『老子』考索

平成十七年七月十一日發行

著　者　澤田多喜男
發行者　石坂叡志
印刷所　富士リプロ

發行所　汲古書院
〒102-0072 東京都千代田區飯田橋二－五－四
電　話〇三（三二六五）九七六四
FAX〇三（三二二二）一八四五

ISBN4－7629－5043－2　C3310

索　引

書名索引について

*『老子』は、餘り多いので、主に引用文の章を除いては採らなかった。

*巻前『古佚書』は、餘り多いので必要と思われる箇所以外は採らなかった。

*帛書『德』『道』は、餘り多いので必要と思われる箇所以外は採らなかった。

人 名 索 引

あ行

か行

さ行

た行

わ行

書名索引

さ行

た行

は行

ま行

ら行